繁昌文学作品选
（第一辑）

繁昌县文学艺术界联合会◎选编

安徽师范大学出版社

图书在版编目(CIP)数据

繁昌文学作品选.第一辑 / 繁昌县文学艺术界联合会选编.—芜湖:安徽师范大学出版社,2018.6

ISBN 978-7-5676-3296-7

Ⅰ.①繁… Ⅱ.①繁… Ⅲ.①中国文学—当代文学—作品综合集—繁昌县 Ⅳ.①I218.544

中国版本图书馆CIP数据核字(2017)第274940号

繁昌文学作品选(第一辑)

FANCHANG WENXUE ZUOPINXUAN DIYIJI　　繁昌县文学艺术界联合会　选编

责任编辑:刘　佳

封面设计:王　彤

出版发行:安徽师范大学出版社

芜湖市九华南路189号安徽师范大学花津校区　邮政编码:241002

网　址:http://www.ahnupress.com/

发 行 部:0553-3883578　5910327　5910310(传真)　E-mail:asdcbsfxb@126.com

印　刷:浙江新华数码印务有限公司

版　次:2018年6月第1版

印　次:2018年6月第1次印刷

开　本:700 mm×1000 mm　1/16

印　张:23.25

字　数:370千字

书　号:ISBN 978-7-5676-3296-7

定　价:69.80元

前　言

如果定义人是精神的存在，大体没有什么问题。文学，显然属于人的精神层面。文学创造，无疑是一种精神活动；而创造的结果，便构成了精神世界。

文学不可或缺。文学具有向光性。或者说，文学本身就是光源，照亮彷徨者的前路，照亮被遗忘的角落，照亮微小的阴郁的暗无天日的灵魂。文学是火，温暖贫寒，温暖孤苦，温暖弱势。文学自持节操，不为时阿，不因势附，不随俗流，求真，向善，唯美。

文学总是时代的。文章合为时而著，歌诗合为事而作。真实地反映社会状貌，深刻地表达大众心声，准确地把握时代脉动，是文学当仁不让的责任所在。所谓唐诗宋词元曲明清小说，告诉我们的是一个时代有一个时代的代表性文学样式，其实也揭示了文学与时代的密切的关系：为了时代的表达而形成了时代的典型文学样式，只有典型的文学样式才能适应发展变化了的特定时代。

文学又是地域的。尝闻，民族的才是世界的。所谓民族的，换句话来说，就是强调文学的地域性。江南自有江南的小桥流水人家，大漠自有大漠的烈风孤烟落日。日日浸淫于斯，目之所触，耳之所及，心之所感，冶为精神，发为文学，江南便是江南的灵性了，大漠便有大漠的性格了。

文学更具有传承的特性。有了文学的活动，千年万年，其精神内质，其外在形式，一代又一代，不由地便传承下来了。文学的传承，实现了有涯生命向无涯文学的飞跃，实现了共同的基本的价值的坚持，实现了审美趣尚和审美表达的延续和畅扬。

繁昌，一片美好的江南境域。也许是地域的优渥，人类很早就在此生息繁衍。考古显示，240万年前，古人类在这里留下了足迹，境内的人字洞也成为亚欧大陆最早的古人类活动遗址。其后，文明薪火，代不绝续，生民在这片土地上创造了辉煌而厚重的文化，成为中华文化的重要组成部分。然而，繁昌的文学活动起于何时，却无迹可寻。当人字洞人打制出那一片石刀之后，也许由衷地发出了一声赞美。那一缕美的意绪，肯定不是文学活动，但是否已经是文学的美的滥觞呢？我们可以美妙地臆想，却不能由此而得出结论。

繁昌的文学，在这片地域上，文学活动之种种，文学作品之列列，无不显示着文学的地域性特点，又是中国文学百花园里的微微一枝。繁昌的文学，在两个层面上演进。一个是民间文学，一个是作家的文学创作。前者多口耳相传，是繁昌人民的一种精神活动方式，反映了繁昌人的智慧、趣尚和信仰。后者史籍多有记载，作品见诸各种典籍。历代著名文学家刘孝绰、李白、王维、韩愈、梅尧臣、曾巩、张孝祥、杨万里、赵孟坚、刘大櫆等，都与繁昌发生过关联，写下了大量关于繁昌的诗文。这是繁昌重要的文学遗产。而唐代王翀霄、陈商、李晕的马仁山结帐讲学，与其说是一场林泉隐逸，不如说是一次文学聚会活动。文学活动十分重要和必要，能够凝聚人以结成群体，能够纯化文学的灵魂，能够敏化文学的灵思。马仁山中的聚会，不在于聚会本来就具有的文学性意味，不在于聚会者本身的诗文创作和成果，也不在于他们与当时著名文学家韩愈、李贺、贾岛等的过从；而在于，他们的文学活动，强化了自然山水的人化，锻炼了审美，培育了美的创造。

时世嬗替，历史的脚步走到20世纪70年代末，也就是改革开放时代。改革开放，是中国历史进程中的重要事件，从物质到精神层面改变了中国。改革开放，当然也是中国文学的重要事件，它对于文学的颠覆和重构的意义是巨大的。繁昌的文学，在改革开放的宏阔背景之下，在中国文学的硕大园林里，自然也发生了深刻的广泛的发展变化。

这个时期，繁昌的文学呈现出繁盛的景象。

标志之一，是文学期刊《谷雨》的诞生。约在改革开放十年之际，《谷雨》创刊。《谷雨》的出现，有着时代的和地域的原因。《谷雨》一直坚持了下来，已经了有近三十年的积累。《谷雨》从诞生之日起，就坚持地方性和文学性，就着力于发现和培养文学新人。三十年来，《谷雨》团结了一大批文学作者，成为本地作者的一块园地和初试新声的平台。三十年来，一批文学人才从《谷雨》走出来，成为繁昌的文学中坚力量，其中有的已经在全国崭露头角。

标志之二，是作者队伍的出现和形成。其一是文学创作者人数不断增长，已经形成了一个较大的群体；其二是文学创作者的创作日益成熟，创作水平不断提高，已经形成的创作群体相对较为稳定。

标志之三，是文学作品大量的涌现和质量的不断提高。改革开放以来，繁昌作者在全国各类报刊上发表的文学作品，可以说不胜枚举，他们的一些作品获得了有影响的文学奖项，同时还出版了多部文学专著。

随着时间的迁演，进入21世纪第二个十年，繁昌的文学益显良好的发展态势。2011年10月，《繁昌文化丛书·文学卷》出版。这是对中华人民共和国成立以来繁昌的文学一次成果的集成，一个阶段性小结。

近年来，繁昌的文学，无论是审美向度，还是人性深度，抑或是人文高度，都有了积极的进展和可喜的成就。一些作家渐趋成熟，创作势头旺盛；新晋作家视野广阔，创作起点较高。无论是依然在这片土地上生活着的作家，还是已经远离了这片土地寄旅他乡的作家，都受到过这方地域文化的洗礼，有着共同的文化基因，他们的文字之间总是散发着浓郁的繁昌气味；他们无不对时代倾注极大的热情，对社会投入极大的关注，对生灵怀着至深的悲悯，对繁昌充满浓烈的眷怀。

处此改革开放的新时代，总结既往，就具有别样的意义。为此，我们决定编辑出版《繁昌文学作品选（第一辑）》，意在展示既往的成绩，更意在创造更加美好的未来。

本次繁昌的文学作品集成，由“小说”“散文”和“诗歌”三个部分组成，创作者均为繁昌作家，作品限于2009年以来公开发表的文学作品。考虑到集成的容量和体现繁昌的文学整体面貌，我们不得不对作品的长度有所规约。虽然情势使然，但依然不能不说是缺憾。有珠以遗，好在可以在今后的工作中加以完善。

我们期望我们的工作，能够标示繁昌的文学向度，能够反映繁昌的文学深度，能够代表繁昌的文学高度。我们期望我们的工作，能够进一步激发繁昌的文学热情，能够助力繁昌的文化繁荣，能够促进繁昌的更好更快的发展。

长风浩荡，前路广阔，丽景迭现。繁昌的文学未来，我们坚信，我们深深地期许！

目 录

Contents

小说

XIAOSHUO

散文

SANWEN

诗歌

SHIGE

农民在流转，土地在流转，村庄在流转，而岁月和情感一直在流转……

小说

XIAO
SHUO

再见，芭堤雅

◇张诗群

一

作者简介：张诗群，安徽繁昌人，中国作家协会会员，安徽文学院第四届签约作家，芜湖市作家协会副主席。

旅游大巴喘息着停了下来，谷雨用力撑住座椅扶手，才没有一头撞到前排椅背上。从谷雨坐的方向看过去，驾驶座的隔间挡板刚好遮住了司机头部以下的位置，只能看见司机的后脑勺，以及司机转头说话时的半个侧脸。那半个侧脸向靠在挡板上的导游阿三呜里哇啦地说了几句什么，阿三简短地答了一声，把身前的挎包挪到右侧，一边麻利地叠好手中那张自费项目清单，一边用生硬的中文对游客说，就停这里好了，你们慢慢想啊，什么时候想好，什么时候再走啦！

车厢里立刻炸了锅，谩骂和指责声像一群轰然飞起的蝇子。谷雨摁亮手机，屏幕上显示的时间是下午3：45，从离开金三角风情园到现在，僵持局面已持续了四十分钟。她把头转向窗外，远处有几幢红瓦尖顶的建筑缩在一大片绿色植物之间，分不清是寺庙还是民居。大巴停下的位置，一条灰扑扑的公路向前方延伸，公路右侧是热带水果林，几颗青黄色的硕大榴梿吊挂在树枝上，一个黑瘦的女人抱着孩子站在树下，目不转睛地盯着旅游大巴。

谷雨疲倦极了，闭上眼睛，心想真是流年不利、诸事不顺。有一刻，她甚至想发微信问问林子夫，他上趟来泰国有没有碰上这种推销自费项目的导游？念头一闪，心像被针扎了一下。

你们这种黑导游，真可耻！

谷雨一激灵，扭转头，迎面撞上邻座夏新兰愤怒的脸。夏新兰坐得笔直端正，藕荷色小开衫掩盖不住剧烈起伏的胸脯，愤怒让她眼角的鱼尾纹显得线条生硬，出国前刚烫不久的卷发也在微微颤抖。

酒厂和旅行社是签了合同的！你这是强迫，我们要投诉！她握紧右拳挥了挥。立刻，车厢里一片附和声。

两天前，谷雨和这一车人谁都不认识，换句话说，她是以散客身份加入这个泰国六日游团队的。十五人的团，有十二个是皖北某酒厂的客户，据说酒厂每隔两年都要以免费旅游的方式奖励有贡献的客户代表。谷雨后来从夏新兰口中了解到，这十二个人有开超市、饭馆的，有办小企业的，还有在酒店负责餐饮的。他们一路说着荤段子，互相开着玩笑但也保持着谨慎的距离。比如他们称为丁哥、七子和老万的，几个人坐最后几排，别看他们一起叽叽咕咕好像很铁，一下车购物立马拉开距离，谁也不和谁搭伴。剩下的三个人，其中名叫东子的，是江城驿途旅行社涉外部经理周小丽的丈夫，估计属于单位福利性质的免费游；真正的散客，其实只有自己和一个名叫江晓伟的年轻人。

车厢里众口一词的“投诉”声让阿三生起气来，他语速飞快地说，投诉吧！你们去投诉！你们国内的旅行社，包括那些对你们说没有自费项目的人都是王八蛋！三千块钱一个人玩六天，没有自费项目，我们去喝西北风?!这样也行，后面的行程我一天就带你们走完好不好？然后剩下的三天你们就在酒店睡觉好吧?!

你给老子试试！名叫七子的坐直身体回了一句。七子块头大，结实威猛，剃着板寸头，看上去很有几分威慑力。

跟团导游小季快速走到阿三面前，小声急促地和他交涉。阿三摇了摇头，摊开手说，我也没有办法啦，你们这样的话，我真是一分都没得赚。他黝黑的脸上蒙着一层汗油，眼睛里竟有泪光。

时间在僵持中一分一秒过去。谷雨的心里仿佛坠了个铁锤，她有些后悔，何苦要来走这一趟？她甚至羡慕这些吵嚷的人、指责的人、声讨的人，他们的目标多明确，目的多简单，只有她，是来证实一桩丑闻的，是来找不快乐的。

谷雨想起江晓伟，好像那也是个不快乐的人。江晓伟坐在过道左侧第四排靠窗的位置，此时皱着眉头紧闭双眼，右耳耳窝里塞着一团揉皱的面巾纸。两尺长的深蓝色窗帘垂搭在他肩背周围，像把他囚禁在一团墨色里，整个人有一种说不出的幽暗苍白。

叮。谷雨的手机轻轻响了一下。打开，微信里是女儿背着书包龇牙咧嘴的一张笑脸。林子夫向来很少在微信里和谷雨交流，但自从谷雨偶然得知了他泰国游的秘密，两人的关系陷入僵局，林子夫却忽然主动起来，不是发女儿的照片，就是没话找话说些油盐酱醋的家常话。

林子夫说，中午让女儿睡了午觉，一点四十送她去的学校。女儿让我转告你，让你给她买些纪念品，特别是那个大象书签，让你多买，她要送同学。

谷雨照例是不予理睬。虽然懒得啰唆，脑海里还是蹦出一句“多情人必至寡情”，不觉惨笑了一下。这是《小窗幽记》里的句子，原句是“情最难久，故多情人必至寡情；性自有常，故任性人终不失性”，几天前她在国学群里分享过这个句子。

车厢里的气氛有了松动。首先扛不住的是小叶，这个长着一双杏眼的漂亮女孩一直嘟着嘴抱着手机在撒娇，似乎国际长途不收话费。谷雨听夏新兰说，小叶是江城一个景区的餐饮部经理，但同时也是景区秦总的小三儿。小叶煲完电话粥，把长发拂到肩后，娇声细气地问阿三：那你说说嘛，这些自费项目有什么特点嘛？哪几项好玩一点？

小叶的问话使僵持局面有了逆转的可能，阿三的眼里飘进一缕星光，他生怕错过这个机会，于是背书一样从泰式草药按摩、精油水疗说到泰浴、人妖表演和风月步行街，最后阿三的目光越过前排飘向后座的七子等人，像演讲结束时的最后总结，发表了一番诱惑性的推销言词：芭堤雅号称东方夏威夷，是色情之都，男人的天堂！你说，你来泰国不去芭堤雅，不等于没来泰国吗……

阿三多肉的嘴唇像打开了机关一样灵活自如，谷雨很奇怪，那些词语源源不断欢畅地从他的双唇间流出，竟比她这个中国人的口齿还要流利。她拿出手机，对准那张粉红色清单上的“芭堤雅”“美式红灯区”“欧美艳舞”等字样，拍了张照片发给了林子夫。

几分钟后，叮的一声，林子夫回了个表情图，一个头上戳着问号的小人脸瞪大眼睛疑惑地看着谷雨。

装！你慢慢装！谷雨厌恶地摁黑了手机。

芭堤雅以色情娱乐举世闻名，阿三毫无顾忌的撩拨使一种暧昧的气氛在车厢里慢慢发酵，但也有一点难堪。女人们索性装作没听见，男人们的荷尔蒙终究还是被挑逗了起来。

能不能打个折？东子貌似漫不经心地问了一句。

有真刀真枪的没有？光头丁哥话一出口，立刻引来七子和老万一阵抽了筋似的邪笑。

二

谷雨无数次想起那天参加饭局的情景，那天的饭局是一切烦恼的根源。不，也不是。谷雨后来用自己的思维方式考虑过这个问题，她推翻了之前对饭局的埋怨，不管有没有饭局，真相永远在那里，既然发生，便是永难更改的事实。

那天傍晚，林子夫告诉谷雨，说有个朋友请客，晚上不在家吃了。临了犹豫着加上一句，要不，一块去？谷雨记得那天林子夫的心情很好，蹲在地上使劲地给那双金利来皮鞋刷油，一缕淡金色的斜阳穿过窗台落在他的肩上，他哼着曲子，阳光在眼镜片上一闪又一闪。

女儿雨露晚饭在外婆家吃，想想下班后还没来得及买菜，谷雨没多考虑便答应了。做东的是位姓毕的男子，林子夫叫他毕老板，四十出头的年纪，长着一张弥勒佛脸，白白胖胖，笑起来小眼睛里似乎总藏着秘密。一见到谷雨，毕老板堆笑的脸像一朵长了眼缝的大白云，一口一个弟妹叫得甭提有多亲切。啊呀弟妹！真是惊为天人哪！子夫你真是艳福不浅！一边赞不绝口，一边亲昵地伸手去拍林子夫的肩膀。

谷雨那天穿了件孔雀蓝的改良旗袍，长发松松地绾在脑后，薄施了脂粉，有一种知性古典的风韵。林子夫自然是春风得意，不失时机地介绍说谷雨供职于规划设计院，同时还是江城诗词学会最年轻的副会长，出过一本诗词专著，被师大文学院选作阅读书目云云。毕老板用力睁大那双怎么也睁不大的眼睛，一连声地惊叹道，啊呀呀！还是才女呀！大才女！了不起，真了不起！

饭前的热场铺垫殷切圆融，主宾皆大欢喜，谁也不在意这些客套和恭维有多少虚假敷衍。谷雨向来不喜欢参加这样的饭局，但那天例外。毕老板居然懂点诗词，虽然说来说去只有“数风流人物还看今朝”“欲穷千里目，更上一层楼”等几乎人尽皆知的句子，但在谷雨看来已经实属不易。谷雨那天没喝酒，但话说得很多，林子夫也十分尽兴，一张脸喝得像关公，兴起时搂住谷雨的肩膀，趁着几分酒意说起他们恋爱时的浪漫往事，满桌笑语欢声，气氛融洽热烈。这期间毕老板去了一趟洗手间，回来后又开了一瓶说是从法国带回的洋酒，一边说着法国酒如何地道，一边转着圈地轮番斟满，落座后漫不经心地问林子夫，怎么样子夫？上次去泰国玩了几天？

谷雨永远忘不了那一刻，每次想起都如临深渊。林子夫正伸出筷子夹一块驴肉，听到毕老板的问话手一哆嗦，脸色陡然大变，慌手慌脚站起来，端起酒杯举向毕老板，来，我敬你我敬你！一仰脸空了酒杯。那个瞬间的林子夫简直是一只惊慌失措的无头苍蝇。谷雨疑惑地看看林子夫又看看毕老板，笑着问了一句，什么泰国？你几时去的泰国呀？席间的气氛瞬间变得有些微妙，林子夫呼吸急促，口中机械地做着咀嚼和吞咽的动作，像是回答谷雨又像是责备毕老板：他记错了！我什么时候去的泰国?！

毕老板顿了两秒似有所悟，立刻换上满脸笑容，啊呀对对对！张冠李戴了！我想想那是谁……看我这记性，该打该打！来来来，吃菜吃菜！

谷雨浑身像被戳了无数个针眼，细细碎碎地疼。直觉告诉她，这是一个阴谋，林子夫欺骗了她！

谷雨喜欢逛论坛，大概半年前，她在天涯论坛看到一个帖子，标题十分抢眼："别让你的爱人去泰国！"洋洋数千言的内容都在痛斥泰国芭堤雅的色情娱乐。在这个点击量几十万的帖子里，芭堤雅仿佛是个被施了魔咒的孤岛，在那里，男人和女人都会陷入万劫不复的迷途，被夺走原本宁静幸福的生活。

谷雨看得瞠目结舌，想想心有余悸，便当作一桩新闻和林子夫说了，林子夫表情淡定，见怪不怪地说了一句，这是人家泰国的旅游经济特色嘛，有什么大惊小怪的！谷雨原指望林子夫能和她站在同一阵线，于是不满地嚷了一句，怎么？你竟然觉得这很正常?！林子夫说，你怕什么！反正你老公又不去泰国！

到家已近九点，谷雨一直等到女儿做完作业入睡后，才魂不守舍地洗漱完毕来到卧室。卧室没有开灯，林子夫靠在床头拿着电视遥控器不停地调台。谷雨边换睡衣边说，说说你去泰国的事吧。语气出奇冷静。林子夫一反常态地直起嗓门，你有完没完？谁去泰国了？姓毕的不是承认自己记错了吗？

谷雨恨恨地说，林子夫，我太了解你了！你去泰国就去泰国，你干吗要瞒着我？只能说明一件事，你做了见不得人的事情！

九月末的天，暑气还未消退，谷雨却手脚冰凉，泪水流到嘴里，咸得像咽了一口海水。林子夫关掉电视，说了一句你简直疯了！扯起被子倒头就睡。

和林子夫的冷战就此拉开序幕。谷雨在脑海搜索林子夫最近出差的日子。林子夫就任电信公司副总后，每年总要出差几次，时间不长，一般都在两天左右。但在两个月前林子夫说去广州开会，去了一周时间，回来后给女儿带了个大象书签，谷雨还开玩笑说大象也成广州特产了？

猜测不能说明任何问题，谷雨需要证据，于是翻箱倒柜寻找蛛丝马迹。她从床下拖出棕色大号牛皮行李箱，一番搜检后，终于在箱子侧面五六张托运标签中，找到了一张泰文标签。

林子夫哑口无言，不再否认去过泰国，但拒绝承认他在泰国有过不洁行为，至于为何要向谷雨隐瞒，林子夫说，一是此次外出是上级公司组织的不公开的经理级别出国旅游活动，二是怕谷雨忌讳芭堤雅的色情之名，不同意他去。

林子夫的理由貌似合情合理，但从他游移的眼神中，谷雨还是看出了躲闪和掩饰。

她开始在网上查询泰国旅游的相关资讯，跟随关键词几经转换搜索，结果满屏都是芭堤雅色情旅游的不雅图片和人妖、同志、夜店的花边新闻，甚至还有猎艳者津津乐道在泰国猎艳过程的纪实文字。

谷雨的心像被人豁开了一个口子。她不敢想象在泰国的林子夫，以怎样的面目度过了那漫长的一周。

就在那一刻，她做出了一个重要决定，她要去泰国。

三

旅游大巴再次发动已近下午五点。阿三的推销显然有了效果，七子、老万、丁哥等人爽快地选了几个自费项目。在跟团导游小季的调解下，酒厂与旅行社答应共同分担这笔费用，至于散客，每人自费六百元，其余部分由旅行社承担。谷雨本想和江晓伟商量一下，但很难找到恰当的时机，江晓伟不是双目紧闭，就是眼望窗外若有所思，始终一副与己无关的态度，谷雨只得作罢，听从导游的安排。

下一站是去东方公主号游轮上晚餐。车厢里的气氛渐渐松弛，开始轻松愉悦起来。阿三靠在椅子上，神情疲惫，目光茫然，不说话的时候，东南亚人特有的黝黑肤色使他的面部看上去有一种凝重的忧伤。

大巴沿着一条分不清是柏油还是沙石的路面向前方奔驰，窗外次第闪过叫不出名字的高大乔木、白亮的河流和人群密集的街市，女人都黑瘦娇小面貌模糊，男人几乎都和阿三一样有着黝黑的面庞和紫黑的嘴唇。

看！大象，大象！小叶欢呼着，众人跟随她手指的方向看去，一头小山般的大象驮着一个黄衣男子，缓慢地走过溪流上的木桥，长长的象鼻拖垂及地，傍晚的余晖给大象周身笼上了一层淡金色温暖的光晕。虽然只是一闪而过，这充满异域风情的画面仍然引起了一阵小小的骚动。小叶兴奋地对着手机聊语音微信，亲爱的，我看见大象了！超大的大象！

夏新兰碰碰谷雨的胳膊，俯过脸鄙夷地说，现在这些小丫头片子，简直不要脸！别人的老公，她左一个亲爱的右一个亲爱的，要是我女儿，我一个巴掌把她拍到南天门去！

大巴穿过一条窄窄的街道，街道上空到处是蜘蛛网一样密布的黑色电线，众人正感叹泰国小街市的零乱与破旧，却看见远远走来两个白净貌美的女子，贴着车窗一闪而过。老万说，乖乖，不会是人妖吧？

阿三果断地说，这么漂亮的肯定是人妖啦！

阿三，泰国好玩的地方你都去过了吧？丁哥眯着眼睛问阿三，他吐出一口烟，光光的脑袋蒸腾在烟雾中。

丁哥是想问你还有没有更刺激的地方！东子补充了一句。

阿三笑得很神秘，说，那些地方不会列在清单上的，现在不方便说啦，想去的话，等下你们私下告诉我。

夏新兰撇着嘴摇了摇头，对谷雨说，看看，都是些什么人！都是做生意的，我和他们不一样。我做小本生意，吃斋念佛，积德行善。他们，哼，吃喝嫖赌样样来，那个老万——她向后睃了一眼，小舅子在市里当官，今年风声紧稍微差一点，前两年生意好得不得了哎！赚了钱呢，又尽不干好事！

一座金碧辉煌的寺庙在窗外一闪而过，夏新兰赶忙双手合十念念有词。远离寺庙后，夏新兰不解地问，我就是想不通啊，这些人有家有业的，怎么还出来搞这些光屁股乌七八糟的事！

谷雨没心情答话，想到林子夫说过的泰国旅游经济特色，内心一阵沮丧。她想起小时候在南门外看到的那一节被遗弃的绿皮车厢，那是怎样一节车厢啊！绿漆已斑驳脱落，露出一块块赭黑色的锈迹，暮春半人高的蒿草恣肆地在它周围疯长，在它身侧，火车道笔直地伸向没有尽头的远方，义无反顾，没有丝毫的犹疑和眷念。

面对眼下这个世界，谷雨觉得自己就像那节被遗忘在轨道上的绿皮车厢。谷雨承认自己是个怀旧的人，喜欢过去简慢的时光，喜欢中式服装的棉布扣和手工刺绣，喜欢《诗经》和《楚辞》，觉得那里藏着一个蕴藉古雅的中国。可现在呢？过去被称为经典的作品却越来越无人问津。谷雨很郁闷，世界怎么就成了这个样子？

办公室的年轻同事称她为“古典美人”，她明白其实这包含另外一层含意。她传统守旧，不屑于，或者说难以与快节奏的现代生活达成深层次的和解。规划设计院每次开听审会，她总爱拿费孝通《乡土中国》里的句子做发言的开场白，说现在为了形象工程到处在搞“圈地运动”，对此我保留意见，我们也要考虑几千年的历史遗迹和文化根基。她措辞讲究，声音又轻，像片羽毛被淹没在一大堆慷慨陈词里，连阵风都算不上。她有时也反思，不到四十岁，还不老呀，不应该与这个昂首前进的时代脱节。林子夫也提醒她，要适应这个社会，否则才华品味什么的也就是个零，活得会很别扭。可她转而又想，人总得为自己活着吧，什么都比不上内心的安宁，就像她和几个朋友建的国学群，他们轮流在群里研读国学经典，赏析古典诗词，在外人看来像是一场布道，但她觉得踏实温暖，心里有底有根似的，觉得日子就应该这么过。

可她仍然有一种猝不及防的恐慌。自己没变，可林子夫变了！当年的江城还远不及现在这样繁华，夜晚的露天大排档热气蒸腾，几个刚参加工作的单身青年加完夜班总爱在这里聚会，有时会打个电话叫谷雨参加。她和林子夫就是这样相识的。那时的林子夫刚从邮电学校毕业分配到邮电局，戴个黑框眼镜，穿一件磨出毛边的白衬衫和一条廉价牛仔裤，书生气还未褪尽，一开口说话总是“科学地说，这事应该如何如何”，谷雨喜欢他满脑子的逻辑思维和事事认真的态度，她觉得这是一个男人应有的样子。有了好感，恋爱也就顺理成章。林子夫后来告诉她，爱上她是因为有一次谷雨说自己一直有写日记的习惯，写了将近二十本。他说这样的女孩不会差，能沉得住性子的女孩不多了。

没多久邮政电信分家，朋友动员林子夫赶快给领导送礼，这个节骨眼儿上要抓住机会落实个好部门，再谋个科长或部门经理的职务。林子夫说，是金子总能发光，我林某人才不做这样的勾当！谷雨觉得这话说得真是豪气，她庆幸自己有眼力，所以当父母嫌弃林子夫出身农村家境贫寒，她不惜和父母摊牌，这辈子只嫁林子夫！

林子夫顺利地分到了电信集团。因为要拓展新业务，单位派他外出进修两个月。谷雨起了个大早坐火车去看他，见到林子夫的刹那，谷雨心疼坏了，这哪里还是林子夫？胡子拉碴，头发油腻，居然一个礼拜都没洗澡。谷雨巴心巴肝地以为林子夫见到她会大喜过望，谁料才待一天林子夫就催她回去。谷雨气得转身就去了车站，林子夫一路小跑着追过去，谷雨心想这下总算良心发现了吧，结果林子夫买来一张火车票嗫嚅着对她说，你原谅我吧，业务学习不比开会游玩，单位派我来，指望我回去能打开一个局面，不抓紧时间，对不住单位的培养。

就是这样单纯上进的林子夫，居然也慢慢变成了另外一个人。谷雨不记得什么时候开始，林子夫说话有了城府，时不时地打起官腔。每次谷雨揶揄林子夫变得找不到从前的影子了，林子夫总抬出那句话，要适应社会！懂不懂？

谷雨很困惑，要怎样去适应社会？如果社会是一口被污染了的池子，她是不是也应该跳进去喝几口污水？或者像小叶、七子和老万他们那样，活得随心所欲、今朝有酒今朝醉？别人的生活她干涉不了，她只在意和自己朝夕相对的男人，所以尽管有一万个不愿意，她仍然半是赌气半是带着自虐地来到了泰国，去看一看林子夫曾经适应过的社会。

车身晃了晃，阿三站起来，提醒大家准备下车。谷雨向窗外看去，大巴已开到码头。夕阳把暹罗湾涂抹成了绚烂的橘红，上百只驳船和游轮停泊在海面上。海滩不远处是狭长的一带树林，在绿影幢幢的底色上，醒目地立着整个码头都可以看见的红色英文字母“PATTAYA”（芭堤雅）。

谷雨幽幽叹了口气，在心底说，芭堤雅，我也来了！

四

萨瓦迪卡！两个身穿性感胸衣、头上插着彩色羽翎的人妖双手一合，身子微微鞠了鞠，向走进游轮的人们行礼问候。欢快的音乐声飘荡开来，身边挤进挤出都是兴奋的游客。阿三走在前面向服务生问清了桌号，回头挥了挥手，领着众人鱼贯进入船厅，又人挤人地来到中间位置分两桌坐下。

“东方公主号”游轮远比谷雨在图片上看到的还要宽敞豪华。可容纳千人的船厅摆满了长方形餐桌，数百只吊灯和钻石一样的各色射灯镶嵌在不同角落，使船厅漫漶着梦游般迷幻的色彩。几十位穿着暴露、高挑美艳的人妖像一群修炼成精的美人鱼，万种风情地扭动纤细的腰肢，在人群中游来游去，殷勤地上菜，和游客拥抱、贴面亲吻，笑吟吟地露出两排雪白的贝齿。镶着亮片和流苏的文胸在灯光下闪着细碎的光芒，长裙一律系在肚脐以下，裸露的背部和隐约的臀沟像白皙嫩滑的鱼肚，他们扭动出优美的弧线，向欢乐躁动的人群散发性感的诱惑。

夏新兰指了指前方墙壁上“和西施拍照每人二十铢”的繁体汉字，对着谷雨的耳朵大声说，我们要不要去和人妖合个影？谷雨这才发现，桌上不知何时已摆上了泰式火锅、清蒸鱼、油炸酥卷、鸡蛋炒西红柿、凉拌黄瓜和其他菜蔬，加上饮料酒水，不算丰盛，倒也摆了个满满当当，但一桌人只剩下她和夏新兰、江晓伟，其他人早已淹没在乌泱泱的人群中，搂着人妖合影去了！

谷雨开了一瓶貌似橙汁的饮料，给三个杯子分别倒上，举了举杯，喝了一小口。江晓伟礼貌地说声“谢谢”，没有动杯子。夏新兰的目光根本收不回来，牢牢地盯着人妖打转。谷雨夹了一口菜，在人群中搜索其他团友的身影。

一个宽脸红鼻矮胖的中年男人左右手臂各搂着一个人妖拍照，拍了几张不过瘾，将两只手探进人妖的文胸里，嘿嘿笑着，满面潮红，连鼻梁上也挤出了几道扭曲的皱纹。人妖倒毫不气恼，笑容依然万种风情，闪光灯和“咔嚓”声瞬间响如急雨。

夏新兰凑在谷雨耳边问，你说，他那奶子是怎么垫起来的？不晓得是不是跟真的一样？

谷雨微笑着推了推夏新兰说，你也去吧，不用管我。

夏新兰不置可否地问，你不去呀？谷雨摇摇头。

这时，谷雨看见七子和老万他们就在中年男子不远处，正围着一个穿玫红蓬蓬裙的人妖起哄，小叶勾住人妖的肩膀，踮脚作亲吻状拍了张照片。小叶退下后，丁哥左手搂住人妖的纤腰，右手覆在人妖高耸的乳房上，拍完照顺手将二十泰铢纸币塞在人妖的文胸里，又将光光的脑袋抵在人妖胸部来回蹭了蹭。人群里又响起一阵拍掌大笑声。

此时音乐换成奔放的迪斯科，几个身穿玄色紧身衣的人妖在前方舞池的高台上抬起右腿，勾住身边的银色钢管摆了个撩人的性感造型，在闪闪烁烁的灯光里跳起了钢管舞。台下的人妖纷纷拉起游客一起共舞，霎时间，拍掌声、叫嚷声、欢笑声、跺脚声，喧嚣轰鸣着，仿佛要刮起飓风把游船掀翻。

夏新兰坐不住了，对谷雨说，你不去啊？那我去拍一张啊，反正都来了。说完迅速闪进人群，很快搂着一个人妖，对着镜头摆起了剪刀手。

一桌人只剩下了谷雨和江晓伟。江晓伟看看谷雨，疑惑地抬起下巴向人群的方向示意了一下，谷雨知道他在问：你怎么不去？

谷雨抿了一口饮料说，不是男人揩男人的油，就是女人调戏男人，这场面真恶心！说完把头转向江晓伟问，你呢？你怎么不去？不和人妖合影不觉得可惜?！她说得很大声，要不是音乐太吵，听上去会有些神经质。

江晓伟转过脸，显然对谷雨的问话十分反感，同样大声说，我只想早点离开这鬼地方！我坐在这里是把自己当成一尊佛！我像佛一样坐看丑陋人间!

那你为什么要来？没人逼你吧？

江晓伟好一阵没说话。眼神开始悠远，声音放轻，轻到只看见嘴唇在动。谷雨似乎听到他在说，我想潜海，一直想来潜海……嘈杂的音乐声很快将他后面的话淹没。

舞曲总算结束，十几个人胡乱吃了几口，心思也根本没在吃上，场面太香艳嘈杂，肠胃的需求早已退居其次。阿三顺便说了说后面的行程安排，先到酒店放好行李，然后参观红灯区风月步行街。

出了游船，时间已过七点，暹罗湾笼罩在夜色里，铁青色的海水随晚风轻轻摇荡，游船和渡轮上的灯火辉映在海面，有一种神秘辽远的繁华与虚空。通向码头的栈桥很长，十月的海风携带着一丝咸腥气徐徐吹来，不觉得冷，倒让人无比舒适。耳边传来吉他的拨弦声，一个头发微卷的泰国男子背靠桥栏盘腿而坐，旁若无人地弹唱着一首外文歌曲，声音磁性而深情，仿佛要一直坐在这里唱到地老天荒海枯石烂。影影绰绰的游人在栈桥上穿梭，像露天电影散场后在夜色中回家的人们。不，谷雨想，不是回家，在这异域他乡陌生的海湾，他们更像一群不知向何方游荡的梦游人，肉体在此岸，灵魂却丢在来时的彼岸。

酒店在芭堤雅中部一处宁静的海滩边，大堂内铺着驼黄色织花地毯，暗红木质靠椅和棉麻靠垫以及图案繁复的雕梁拱柱洋溢着复古怀旧的气息。谷雨不得不认同，这是一个让人匪夷所思的地方，庄严与放纵在这里组成了两个极端的统一，像白昼的明净与夜晚的躁动，也像一个人的西装革履与暗度陈仓。

开了房间门，夏新兰说要赶快冲个澡，谷雨便到一楼大厅等候。刚坐下，女儿雨露用林子夫的手机发来一条微信语音，女儿说，妈妈，老师今天布置了作文，题目是《记一次特殊的旅行》，你教教我呗。女儿读小学五年级。

谷雨心里咯噔一下，心想这老师怎么了？像会读心术一样。回了条语音说，妈在外面呢，找你爸。

雨露说，不嘛，老爸散步去了。我让老爸教我，他冲我发火，让我自己想！女儿的声音很委屈，谷雨仿佛看到她摇着肩膀撅着小嘴的样子。

谷雨想骂林子夫你个混蛋！但还是努力调匀了气息，教女儿写夏令营去横店游玩的事。

安抚好女儿，谷雨坐在大靠椅上发呆。《记一次特殊的旅行》，这题目多好，戳到林子夫的痛处了，他怎能不发火？

阿三走过来，朝她点点头，在对面坐下。木质茶几上，摆放着一个半尺高的铜质双头大象，一尊两手各执法器的神挺身盘腿坐在大象的头顶中间，有点像中国佛教里骑大象的普贤菩萨。茶几上台灯的光柔暖地倾泻下来，佛像沐浴在灯光里，显得无比安恬与神秘。

阿三对谷雨笑笑，问道，感觉怎么样？玩得还开心吗？

谷雨说，还行吧。不过说实话我不太喜欢你们泰国这种……怎么说呢？太开放了！

阿三说，泰国就这样啦，禁赌不禁黄嘛，好多中国人都喜欢到泰国来玩。我也是华裔，我祖父是云南人。我女朋友也是华人啦，从广西过来的。

谷雨诧异地“哦”了一声，想了想问，在泰国生活幸福吗？

阿三犹豫了一下，说，我们这些小人物，各有各的烦恼，各有各的辛酸。

你能有什么辛酸？每天带团声色犬马的。谷雨的话里有几分揶揄，她想起阿三渲染色情项目时满脸烂歪歪的表情。

就说我那个女朋友吧，阿三说，先是和我一样做导游，后来家里哥哥在外打工没领到工钱嘛，快过年的时候去找老板要钱，结果从楼顶上摔下来造成终生瘫痪，打官司赔的钱还不够看病的。我女朋友为了挣钱寄给家里，就到地下赌场去赌。

谷雨正要再问，看见夏新兰和其他人已陆续聚到了大门口，阿三叹口气摆摆手说，算了，不说啦，反正活着就好。

五

爱好古典诗词的谷雨从未想过，有一天，她居然会出现在芭堤雅这座欲望之城，居然会在举世闻名的红灯区漫步、观看色情表演。在她的美学认知里，一切古雅的、蕴藉的、含蓄的事物，都有一种难言的美。从她小学开始，就对这种美有了心领神会的共鸣。那时她父亲还不是江城文化局局长。父亲的书橱里藏着许多老古董，什么《左传》《越绝书》《大唐西域记》《齐东野语》《洛阳伽蓝记》，至于孔孟老庄，唐诗宋词元曲什么的更是不在话下。父亲下班回到家，总是抽出《诗经》，往竹椅上一坐，让她背“关关雎鸠”。慢慢地，她就对古典诗词着了迷，她想，“窈窕淑女”是多美好的女子呀，能让“君子”那样深情地想念。

在那样的家庭环境里长大，她就自然而然成了那样的人。有一次参加培训会议，她身后是一个穿条纹夹克的男人，那是暮春，男人面前的文件袋里竟有几朵栀子花，散发阵阵浓郁的甜香，周围的女人个个引颈观望，有的干脆嬉笑着索要。男人一边说要放在小车里的，一边却大方地一人分了一朵。

还剩一朵，他喊谷雨，才女，这朵送给你！

谷雨回头，脸颊一热，接过花，道了声谢。男人在身后半真半假地说，这年头还会脸红的女人，真是少见了！谷雨赶忙把手臂支在桌上用手捂住半边脸，将这句话回味了好多遍。

和林子夫刚恋爱那阵，有时她会在银杏叶上写一句诗送给林子夫，林子夫感动得要命，如法炮制在书签一样的邮政小明信片上写几句表白再回赠给谷雨，到结婚前，各自都积攒了厚厚一沓。前年新买了房子搬迁时，谷雨翻出这些“定情物”，明信片还是当年一样挺括，银杏叶夹在书里也压得平平展展，只是边缘已起脆有了裂纹，怕是再经不起轻轻触碰。谷雨笑着叫林子夫来看。林子夫竟有些难为情，笑里有些尴尬，说都老夫老妻了，还留着干吗，烧了吧。

芭堤雅属于夜晚。裸女造型和各色香艳图案的霓虹灯把宽不足十米的风月步行街装点得光怪陆离。沿街林立的露天酒吧、夜店、成人秀场、泰拳表演馆甚至小吃店，无论贩卖什么，似乎都是在兜售欲望。店铺的玻璃橱窗里，扮成猫的性感女子蛇一样盘在钢管上搔首弄姿，街头的行为艺术家把自己装扮成白色幽灵，他身后慵懒地坐着一群有性工作者合法执照的泰女。不同国籍不同肤色的男人女人在这条街上穿梭，在他们触手可及的身旁，是浓妆艳抹的站街女、精瘦萎靡却有一双锐利鹰目的皮条客、身穿红色迷你裙手持价目牌的啤酒女……他们成群结队站在街边，或分散开来坐在夜店和酒吧门前的高脚凳上，裸露着大腿和胸臂，像等待猎物上钩的长腿鹭鸶，凝神不动，却在观望和勾引……

谷雨的心像被一只大夹子紧紧钳着，“咚咚”狂跳，喘不过气来。一丝风也没有，空气中充斥着欲望和金钱交媾的气息，像一杯沾染了腥味的奶酪，搅不动化不开，成了污浊潮湿的一堆烂絮。

她忽然觉得悲哀，那悲哀瞬间要把她击垮了。多少年来，她内心有一片一望无际南方的田野，生长着缓慢的生活、炊烟、野花、河流，古老的《诗经》和《离骚》，生长着平凡的爱情和一生厮守。她的生活和爱情理所应当就在这样的画面里的，对此她从未动摇过。早些年，林子夫骑一辆自行车驮着她在环城路上瞎转悠两人也觉得幸福，即便婚后有了女儿，日子匆忙零乱，她也能过得有分有寸心安理得。随着年龄的增长，她越来越留意起这些平凡生活中细碎的瞬间，女儿踢蹬着小腿啼哭、林子夫笨拙地给女儿换尿布、她为他掉了扣子的衬衫缝上新扣子，俯在他身上低头咬断线头。夜晚她抚摸着林子夫汗津津的背，听着他沉稳的轻鼾，睡得踏实而香甜。生活像粗棉布一样陈旧温暖，不璀璨不华丽，心却是安宁的，安宁得像隔着时光读一阙秋水盈盈的宋词。

但在芭堤雅，它们全都失去了意义。

迎面是一家泰拳馆，进去看了十来分钟泰拳表演后，阿三便领着大家去背街的一家夜食店吃椰蓉燕窝羹。快进巷子时，阿三向一间夜店指了指。门半开着，门边坐着一个光着身子的年轻男子，略弓着背，扭过脸来茫然地看着街上路过的行人。门缝内透出幽暗的光，隐约可见里面站着两排只穿白色内裤的男子，像养在餐馆水池里的一条条鱼，等待着饥饿的客人去点餐。

坐下来等夜宵时，谷雨才透了口气。夜食店很简陋，日光灯白亮的光线里，每个人的脸都苍白得像一张薄纸。一个瘦小的泰女将装满椰蓉燕窝羹的椰壳端上桌，老万拿起勺子，忽然意犹未尽地说了一句，泰国男人真他妈的幸福!

小叶接过话头说，万大哥那你就留下来吧，在这里开个中国餐馆，再租个泰妹当老婆，没事出来逛逛，反正合法，多逍遥呀!

东子说，那保证三天不到晚，老万就成渣了！众人一阵大笑。

江晓伟用勺子慢条斯理地搅着椰蓉，闷头闷脑地插了一句，什么时候去潜海?

阿三说，明天啦，明天就去金沙岛。

七子摊开腿靠在椅子上问，阿三，你经常来这里玩吧?

阿三做了个鬼脸，睁大眼睛夸张地说，当然啊！阿三以前也是很贪玩很疯狂的啦!

谷雨忽然冲口而出：阿三，你们有爱情吗？有爱情信仰吗?

夏新兰诧异地看着谷雨，她不大习惯听谷雨说“爱情”这个书本上才有的词。阿三有些措手不及，闪烁其词地说，爱情这个东西……怎么说呢？大家现在主要是追求快乐啦，毕竟生活都不容易……

事后谷雨回想自己的冲动，很有些懊悔，在世界色情之都扯什么“爱情”？爱情确实不算个东西，更不能说是奢侈品，那会让人笑掉大牙的。

看色情表演是七子他们选的自费项目，步行大约要十多分钟。在街角一侧的马路牙子上，一个六七岁的小男孩蜷缩在白色塑料圈椅里，已经睡得很沉。他光着的小脚丫上沾着泥灰，红色短袖T恤已洗败了色，细长的睫毛在眼睛下方罩上小刷子一样浓密的阴影。在夜店末日般的狂欢和各种重金属的音乐声里，他睡得楚楚可怜又宁静香甜。谷雨停下脚步，站在他面前看了好久，眼眶一阵热，竟差一点流下泪来。

在另一片街区，远远看见一个背着电吉他唱歌的亚洲男子。男子大概六十岁左右，对着直立话筒和电视点歌屏，不慌不忙地弹唱着一首中国闽南歌曲。除了阿三领着大家偶尔路过，整条街再无他人。芭堤雅属于情欲和狂欢，所有人都在夜店、秀场和旅馆里醉生梦死。在一片废墟之上，只有这个人还活着。

夜已经很深，芭堤雅像开在黑暗中的巨大罂粟，在致命的迷幻诱惑中战栗狂欢。看表演的人早已把售票窗口围了个水泄不通，检票口排起了长龙一样的队伍。随着人流走进去，表演现场圆形的观众席上，里三层外三层已挤满了人。台上是赤裸裸的挑逗和色情表演，台下是观众发疯般的喊叫。原先坐在谷雨身边的一位头发花白的老人，看着看着忍不住站起来，挪到表演区前面，赤红着脸，半张着嘴，像一个馋嘴孩子。几乎所有人都像被施了魔咒，他们灵魂出窍，全都疯了。

谷雨往脸上摸一把，竟摸到一脸的泪水。她不知道自己为什么会哭，只觉得内心横着一片好大的荒野，在这片好大的荒野之上，只有她一个人迎着刺骨的寒风在走，孤独和惶恐快要吞噬了她，快要淹没了她。

好不容易挨到表演结束，阿三和七子他们却达成一项新的协议，去芭堤雅南边看另一场真正的“实战”表演。谷雨如临大敌，不等阿三说完就喊，不去，我不去！竟有些歇斯底里。夏新兰也同声附和。阿三有些为难，等大巴开到面前，对谷雨说先送大家一起过去，然后再送谷雨等人回酒店。

二十分钟后，大巴开到地点，车上人陆续下了车。夏新兰犹豫了半天，最后似乎下了很大的决心，也毅然下了车。昏黄的路灯下，建筑的影子零乱地叠映在车身上，把车厢分割出大块大块几何形状的阴影。谷雨看着阿三领着大家迅速转过一座高楼，消失在转角处的阴影里，身体不由自主地颤抖了一下，她觉得自己被抛弃了，虽然是被一团邪恶的阴影所抛弃，可是她并不觉得幸运。

回酒店的路上，司机将车开得飞快，在大巴空洞沉闷的行驶声中，谷雨终于放声痛哭。她听见内心的碎裂，像玻璃一样崩溃得一塌糊涂，这悲壮的痛苦让她不能自已，她张开嘴，从身体深处发出洪水暴发般的号啕声。

右肩忽然传来一股温热的暖流。谷雨止住哭声回过头，泪眼蒙眬中，她看见了坐在身后的江晓伟。江晓伟抽回按在谷雨肩膀上的手，递过来一张纸巾说，不哭了，我理解你。

六

夜风吹过，从屋顶看去，海滩边的椰林在轻轻摇晃。大半个月亮升在夜空，深黑的海面闪耀着碎银一样白亮的月光。时间已过零点，酒店的客人大都已经入眠，或者像阿三他们那样还未归来，此刻，只偶尔听到风吹椰树的微响，大堂内昏昏欲睡的灯光一直亮着，显得异常宁静。

你可能想不到，我是个抑郁症患者。江晓伟趴在围栏上说。他白净瘦削的脸庞在月光下显得更加苍白。

这是酒店十五层的楼顶。为便于顾客欣赏海滩风光，楼顶建成了露天观景台，几把白色大伞下摆着几圈桌椅，白天会有服务生在吧台售卖水果和饮料。

谷雨并没有太惊讶，几天来，江晓伟的落落寡合多少显露了一丝迹象。她叹口气说，无论如何，要珍惜生命。痛哭之后，她轻松了许多，但嗓音嗡嗡的，还是有些沙哑。

你刚才哭，我很理解，这世界太脏了，我时常觉得生无可恋。江晓伟说得很慢，对他来说，谈话仿佛是一件十分困难的事情。

江晓伟是个诗人。这是谷雨从他断断续续的讲述中总结出来的。但写诗只是他的业余爱好，他的职业是教师，在江城五中教物理，却有大半年时间没有上讲台了。读大学时江晓伟是校园诗社的重要成员，他喜欢写乡土田园，他笔下的村落、麦田、高粱地、草垛等乡村事物总是极富诗意，仿佛生长它们的地方是让人向往的世外桃源。

大学毕业后，他在家待了将近一年时间，帮父亲做做农活，真真切切当了一回农民。村子很偏，也穷，年轻劳力都在外地打工，大部分田地撂了荒，没荒的也就是留守老人种点填肚子的口粮。这与他诗中的桃源竟有着天壤之别，为此他鄙视过自己，觉得以前写的那些诗其实狗屁不值。

当教师最初是父亲的愿望，这愿望根深蒂固，几乎伴随着江晓伟的成长过程。父亲在村小当了近三十年代课教师，江晓伟大学毕业时，父亲正赶上全国代课教师清退政策，没能盼到转正，只能无奈地继续在土里刨食。后来，江晓伟考进了江城五中，一家人欣喜若狂，父亲为此特意在村子里摆了八桌酒席，庆贺江家终于出了一个有证书有编制的真正的教师。

他逃一样离开了村庄，但很快他发现自己又错了。

从村庄逃到学校的江晓伟，慢慢看清了一个事实，学校也不是梦想园。上面要求“减负”，他开始信以为真。直到有一天教育厅来检查，才知道几乎所有教师都备有两套作业，一套交上去应付检查，另一套密密麻麻的作业让学生悄悄带回家做。当然令他失望的事情远不止这些。课后他给基础差的学生演示实验，校办室却命令他火速赶到马路上去站岗，说是上面的要求，每个单位必须派志愿者上路进行文明劝导。他身披印着黄色“文明志愿者”字样的红绶带、臂缠“文明志愿者”红袖章在马路上站了近两个小时，却恍然发现那段路是个直通道，根本不存在车辆和行人滞留，但差不多每隔百米左右就有一个站岗的“志愿者”，年轻的靠在站牌后面专心致志地玩手机，六七十岁年老的，是某些单位花钱从街上雇来的“替站”人员。他觉得匪夷所思，找学校评理，不愿这样“被志愿”。校办室请校长来处理，校长把他一通批评，说他年纪轻轻挑三拣四，说他缺乏正能量和奉献精神，他差点没和校长吵起来，却忘了告诉校长，汶川地震时他曾是学校第一个报名去灾区的大学生，并作为志愿小分队的队长，带领五个同学连夜赶到什邡，历经千难万险，当了十五天真正的志愿者……

工作三年，他没有女朋友，买不起车也买不起房，过得不开心，给家里打电话还要装高兴。他的话越来越少，于是从讲台退到了实验室，他不想见人，更不想见熟人，大部分时间只沉浸在他一个人的世界里，没有什么能点燃他的热情，只除了一件事，去潜海……

为什么只想潜海？谷雨问。她觉得周身有了寒意，应该是起露了。

因为……没有地方可以逃吧。江晓伟轻轻地说，海多么宽广、博大，潜海是我小时候的梦想，现今也还是。那是一个纯净的地方，躲到海里和鱼在一起，应该会很快乐。

月光忽然暗了下去，谷雨抬起头，看见冰片一样的月亮穿进了云层，给它周围的浮云镶了一道煎饼黄。

夏新兰回酒店时，已是凌晨三点。她动作轻敏，毫无睡意，向谷雨的床上张望了下，显然有很多话要和谷雨说，想想时间不早，匆匆洗一把睡下了。

谷雨吃完早餐回房，夏新兰还在睡。想着上午要去金沙岛，谷雨轻手轻脚地打开行李箱，取出泳衣和沙滩鞋。拉链小心地"哧溜"了一下，夏新兰便醒了。她"唔"了一声，睁开惺忪水肿的眼睛，有气无力地说，妹子，你不怪我吧？不好意思啊，没陪你一起回来。

谷雨说，没事的，夏姐。

夏新兰打了个哈欠，慵懒地说，本来我也不想去的，但你看那些鬼男人的样子……唉，我一想啊，要是家里那位来了，还不和他们一样？这一想就气。再说钱也交了，干脆心一横就去了。

阿三说八点集合的，现在已经七点四十。但听听楼道里一点动静也没有，想必大家回来得太迟，都还在补觉。

夏新兰忽然来了精神，一骨碌坐起来，表情极为夸张地说，妹子，幸亏你没去呀，恶心死了，妈的我真想吐！

谷雨没有说话。她站在镜子前抹防晒霜，抹完了脸，又开始抹肩颈和手臂。陡然看见发尖处有一根白发，凑到镜子前用手指挑出来捏住，一使劲拔了下来。

夏新兰见谷雨没反应，有些着急，忍不住招呼道，哎呀你过来！快过来！我说事给你听！

谷雨走过去，夏新兰又拍拍床让她坐下。然后用一种宣布重大消息的神秘口吻对谷雨说，昨天晚上，那个七子和丁哥没回酒店！

谷雨没弄明白，眨眨眼睛问，去哪了？

去哪了?！你傻呀！夏新兰怒其不争地埋怨道，还能去哪？嫖去了呗！

夏新兰说，回来的时候路过一处有小树林的海岸，阿三在车上说一到晚上那里就有许多拉客的泰女，七子和丁哥就在那里下车了。

当你们面，就去了?！谷雨有些惊讶，来的都是江城人，再不熟也可能会遇到彼此的亲朋好友。

是啊，当着我们一车人的面，大大方方就下去了！夏新兰停了一下又说，不过老万还不错，我以为他肯定要去的，结果没去！

把重大消息宣布完毕，夏新兰开始起床洗漱，然后挂着黑眼圈，一脸倦容地去楼下吃早餐。

谷雨把沙滩鞋胡乱塞进双肩包，往椅子上一扔，人便直挺挺地仰躺在床上，不错眼珠地盯着天花板。阿三在楼道里挨个地敲门，一边敲一边重复同样一句话：抓紧时间啦，八点半出发！敲到谷雨的房门，敲了好几遍，谷雨一点反应也没有。雪白的天花板像一片雪原让谷雨迷失其间。脑海里一遍遍回放着夏新兰刚才的话，谷雨忽然有一种错觉，仿佛在深夜下车的不是七子和丁哥，而是林子夫，是林子夫去找了泰女，是林子夫彻夜未归……心底一阵刺痛。

微信很安静，从昨天发来一个带问号的表情图后，林子夫不再有消息。也不知雨露的作文写得怎样。这几天应该有太多的敏感因素让林子夫惴惴不安，所以他干脆以静制动。谷雨又想，万一是自己神经过敏呢？万一别的团不是这样呢？林子夫起码受过正统教育，不是三教九流混世无赖，也许不至于呢？但芭堤雅，一想到可恶的芭堤雅，她就再也说服不了自己。

磨磨蹭蹭直到九点，太阳已绕到东边的屋顶，十几个人才像醉酒的猫，慢吞吞地上了大巴。司机的心情很好，脸上挂着意味深长的笑，麻利地一打方向盘，车子转了两个圈后，轻快地驶出了酒店大门。

上车的时候，谷雨特意多看了丁哥和七子几眼。他们今天坐在最后一排，将椅背向后拉到最低位置，半躺在椅子上，一声不吭，神色萎靡。

刚落座，夏新兰就凑到谷雨耳边，发布了另外一条重要新闻：东子和老万刚刚才回酒店，不去金沙岛了！谷雨立刻回头在车上搜索，果然没见到他们。

你不是说老万没去吗？谷雨小声问。她不敢想象东子竟然也？他来泰国，是仗着在旅行社工作的老婆周小丽的方便来的呀！周小丽谷雨认识，圆脸白皮肤，脸颊上有一层淡淡的雀斑，一见人总是未语先笑。

想起之前还表扬过老万，夏新兰像受了莫大的欺骗，一脸的鄙视和愤怒：吃早餐时，听那两个货在骂老万和东子，骂他们装孙子，说他们五点多回来时房间里根本没人！你知道为什么直到现在才走？就是在等那两个东西！

谷雨从喉咙里“呵呵”了两声，这剧情太狗血，根本不值得发表评论。

夏新兰一把抓住谷雨的胳膊，大彻大悟、痛彻心扉地说，妹子，千万千万千万……不能让自己的男人来泰国呀！这芭堤雅，诱惑太大了，哪个男人经得住！

谷雨点点头，泪水不争气地在眼眶里打转。林子夫，他已经来过了！

七

金沙岛海域像跌落凡间的半个蓝月亮，在椰林和沙滩的拥吻下，涌动着湛蓝的液体，与蓝天白云深情相望。谷雨很少有机会见到这样美丽的海岛。江城地处皖南长江之滨，因此江城人与长江朝夕相伴，与海却只能单相思，更别说穿着比基尼在沙滩上晒日光浴了。

更衣室在一溜排简陋的工艺品店后面，是用木板随意搭出的几个格子间，挂着褪了色的碎花布门帘。帘子一掀，一个身穿比基尼的年轻女子走了出来，比基尼是玫瑰红色的，巴掌大的胸衣和三角裤上分别缀着一圈两寸长的荷叶边，她身材曲线玲珑，皮肤白得晃眼。谷雨正要掀帘子进去，发现那女子冲她笑了笑，定眼一看，原来是小叶。

换上泳衣出来，才看见沙滩上蚂蚁一样到处都是人。海水蓝得忧郁而野性，远处的海面在阳光下闪耀着锡箔色的光点，快艇“呜呜”地在海面上奔驰，尾巴上犁出长长的雪浪；降落伞在空中开出一朵一朵七彩花，伞下垂着一根长索系在海上摩托艇上，在摩托艇时快时慢的飞驰拖曳下，降落伞在空中上下飘舞，吊在伞上的游人便发出惊恐或兴奋的尖叫。与这些刺激的海上冲浪相比，香蕉船要温和许多，像一只只憨态可掬的毛毛虫，三五个游人骑坐在上面，让谷雨想起小时候玩过的骑大马游戏。看来大海确实有稀释烦恼的作用，整个海滩就是一个游乐园，所有的不快，似乎都被过滤蒸发掉，成为海天交接处棉花糖一样的白云。

小叶花一百泰铢租了个躺椅，戴上深茶色太阳镜，雪白的身子像一条搁浅在躺椅上的鱼，悠闲地晒着日光浴。谷雨光着脚站在海水里，海水刚到膝盖，脚下温软的细沙贴着脚心，身心酥痒得似乎要化开。她好半天没有挪动步子，任海浪一潮一潮涌来，扑腾在腿上又叹息着退回去。

阿三在背后叫她，问她要不要去玩“拖曳伞”或者“海底漫步”。然后分别朝两个方向指了指，说玩“拖曳伞”去右边集合坐快艇过去，玩“海底漫步”去左边坐快艇。谷雨还在犹豫，阿三问，那个江，你见到没有？

谷雨知道他指的是江晓伟，摇摇头说没有。阿三埋怨道，真是的，怎么也找不到人，出来玩没有时间观念，很麻烦的啦！说完转身到别处去了。

找到江晓伟时，谷雨吓了一跳。他趴在沙滩上一动不动，四肢摊开，像写在沙滩上的一个“大”字。喊了几声一点动静也没有，谷雨一阵忐忑，在他面前蹲下来。江晓伟闭着眼睛，像睡着了一般，鼻梁眼窝处蓄着一滴残留的液体，谷雨无法确定那是溅上去的海水还是泪水。海浪“哗哗”地拍上沙滩，挟着一小股潮湿的风掀动着他的头发。谷雨怕惊了他似的小声说，阿三在找你，问你去玩“拖曳伞”还是“海底漫步”，“海底漫步”就是下到海里去，有点像潜海。

江晓伟睁开眼睛，轻轻笑了一下说，那还用说吗？当然是潜海。

谷雨说，那我也去。

“海底漫步”的入口是在一艘白色游轮上，快艇到达时，甲板上已排起了长队。一起来的还有夏新兰，阿三带着其余人去了“拖曳伞”的地点。这是一片远离海岸的海域，因为没有其他船只，海面显得平滑如镜又深邃无垠。甲板上很嘈杂，广播里用英文和中文反复播放着安全事项，同样的内容也用英文和中文张贴在廊柱和船体的不同位置。两个救生员不厌其烦地向游客演示着水下的手势用语。长长的队伍前面，一把舷梯从甲板伸向海面，游客从这里被潜水师带入海底。

一个又黑又瘦的小个子男孩走了过来，用简短的中文问江晓伟，随我去排队好吗？说完向后指了指。

夏新兰一路抱怨着一千八百泰铢的游玩费用太昂贵。小个子男孩笑着说，在名人岛那边，要三千多铢哪！小个子男孩自称阿允，眼神炯炯发亮，蓄着一头黄发，看上去不过二十岁左右。

好不容易排到前面只有几个人时，夏新兰当了逃兵。她一直很紧张，紧张是正常的，安全提示一再提醒所有人这是一项有风险的游戏。阿允怕谷雨也会中途逃脱，在一旁不停地向她竖大拇指。很快，前面穿橘色波点泳衣的中年女人惊呼一声入水后，江晓伟站在了舷梯上。

他往下走了几步，忽然双手平举做了个飞翔的姿势，回过头，向甲板上的谷雨粲然一笑。一只大鱼缸似的透明氧气头盔罩上他的头顶，随后，穿得像蛙人一样的潜水师抓住他的手臂迅速潜入了水中。

谷雨沿着舷梯一步步向下走，她想像江晓伟那样坦然，心却快要跳到嗓子眼。海水漫过双肩，氧气头盔又大又沉，耳边只能听见自己急速沉闷的喘息声，脑海里忽然闪过一个念头，如果在海底撒手人寰，女儿怎么办？林子夫会不会愧疚得要死？

正胡思乱想间，“蛙人”一把抓住她的胳膊，将她拉入了海水。下沉，下沉，在不断的下沉中，谷雨只觉得无法呼吸，眼前一片黑暗，有一瞬甚至失去了知觉。也许仅过了几秒，却又觉得过了很久很久，眼前忽然有了亮光，抬起头似乎能看到淡蓝的天幕和白色的云影，紧接着又看见了珊瑚礁和色彩艳丽的游鱼，它们成群结队在身边游来游去，像在美妙的丛林中自由自在地飞行。

几分钟后，眼睛渐渐适应了海底环境，谷雨这才发现不远处漂着一些和她一样戴着氧气罩的人。“蛙人”牵着她，将她的手交到一个身材高大的男人手中，男人的脸在透明氧气罩中向她微笑，点了点头算是打招呼，然后，七八个人手牵着手，像漫步太空一样飘移在海底，缓慢地抬腿，迈步，一无所依，空无所碍。谷雨忽然有些迷恋这种感觉，想起江晓伟说过的话，躲到海里和鱼儿在一起，应该会很快乐。

她睁大眼睛，隔着氧气罩寻找江晓伟的脸，却发现哪一个都不是。她努力旋过身子，想换一个方向继续找，“蛙人”却将一小块面包塞在她手里，鱼群一拥而上，一眨眼的工夫，手中的面包荡然无存。“蛙人”又示意她伸手去抓鱼，她在水中将手握了几握，那些美丽的鱼儿却擦着她的手心，飞一样游向了远方。

江晓伟没有上来。

谷雨湿淋淋地爬上舷梯时，夏新兰已候在甲板上。距她下水已过去二十五分钟，海底漫步者在水下的时限是二十分钟，她因为寻找江晓伟已超出了这个时间。

夏新兰一见她就问，江晓伟呢？怎么没上来？他先下去的呀！

谷雨急着换衣服，安慰夏新兰说，有潜水师呢，不会有事的。

换好衣服出来，周围却已大乱。迎面两个泰国男人飞快地从她身边跑过，一边跑一边呜里哇啦地喊叫，还没反应过来，他们已从后面的船舱抬出一副担架，又呜里哇啦地喊着向甲板跑去。

谷雨的心一沉，不祥的预感如乌云笼罩。她飞快地跑起来，胸口像被锤子击打，发出“咚咚”狂跳的声音，她一边跑一边对自己说，不会有事的！不会有事的！

甲板上围着一圈人。谷雨奋力扒开人墙挤到前面，被眼前的一幕惊呆：担架上躺着的人被两个救生员挡住大半，只露出水草一样还在滴水的头发和泡得发白的胳膊腿。救生员一左一右跪在担架旁，一个捏住鼻孔对嘴吹气，一个用力按压胸部。阿允蹲在一边两只手攥成拳头，口中语无伦次说着听不懂的泰语。夏新兰半跪在担架旁，双手合十抱在胸前念叨，小江，孩子啊，这是怎么搞的呀？菩萨保佑啊！

这时，一个身穿制服手拿对讲机的男人挤进来，拉起阿允用泰语焦急地说着什么，阿允将他带到谷雨身边，要导游的电话号码。

制服男人挤出人群去给阿三打电话，谷雨一把拖住阿允惊魂未定地问，怎么回事？他怎么了？

阿允将黑黑的眉毛拧成了纠结的疙瘩，脸上的表情瞬息万变，他吃力地用手比画着，终于从牙缝里迸出几个字：他！不想上来！

江晓伟不远万里到芭堤雅来是为了自杀？哪有这么诡异的事情！想起江晓伟入水前站在舷梯上的微笑，谷雨打了个寒噤。

人群中弥漫着慌乱紧张的气氛，金沙岛上百分之九十都是中国人，大家都很焦急，七嘴八舌地支着招，不停地咂嘴叹息，但显然一点忙也帮不上。

时间一分一秒过去，每一分每一秒都像刀子一样戳着谷雨的心。躺在担架上的江晓伟像一条被钓上岸的大鱼，脸色惨白，奄奄一息。谷雨好懊悔，只有她知道江晓伟是个抑郁症患者，但她只顾想着林子夫的事，竟完全忽略了潜在的危险。她掐着自己的手心在心里骂自己：你傻透了呀！一个抑郁症患者说自己想和鱼儿在一起！你傻透顶了呀！

忽然，江晓伟身子一缩，发出一串憋闷的呛咳声，随之喷出一口海水。人群中一阵欢呼，夏新兰口中念着阿弥陀佛，几乎是喜极而泣。谷雨的眼泪唰地一下流出来，她无力地蹲下来抱住膝盖，将头埋进臂弯里，喃喃自语道，谢天谢地！

八

利康医院是家私人诊所，在芭堤雅南部一处僻静的巷子里，院子西南角有一株高达十多米的菩提树，枝繁叶茂，浓荫蔽日。阿三到哪里都改不了职业本性，他指着那棵树告诉大家，菩提树也叫智慧树和觉悟树，佛祖曾在树下悟道成佛，凡人也应看透人间迷雾，才能得以解脱。

这是谷雨在泰国的第五天。把阿三和其他团友送出诊所后，她站在门厅的导医台前，看着那棵菩提树，把阿三的话想了又想。人在难以更改的挫折面前，总会找一些貌似哲理的劝谏来麻痹自己，填补一些心理上的失衡，近来她居然常常如此。

江晓伟已从急诊转为住院观察，体征已基本平稳，看情况明天回国应无大碍。在他的坚持下，阿三带着其他团友继续后面的行程，谷雨经此变故对游玩已提不起丝毫兴趣，于是主动提出留下来照顾江晓伟。

病房是两人间，另一床空着，无意间就成了单人独享。白墙白床单衬着江晓伟苍白的脸。毕竟年轻，经过急诊治疗和吸氧休息，此刻他虽然神情落寞，眼神却十分清亮，同那天湿淋淋躺在担架上的江晓伟已判若两人。谷雨走到窗台边，把淡蓝色窗帘拉开，又推开了玻璃窗。八九点钟的阳光迎面洒下，一股淡淡的花香隐隐袭来，她伸头向楼下看去，诊所的后楼有一排小树林，中间圈着齐整的花圃，一种红黄相间的小花开得正艳。

江晓伟动了动，咳了几声，轻声喊，谷雨姐！

入院后，江晓伟很脆弱，话也说得极少。谷雨走到床边，江晓伟说，我没有想要自杀，真的。

谷雨点点头，她一直不敢正面问他这个问题。

我当时确实不想上去，但也只想多待一会，没想过要自杀……后来就滑倒了。他声音很轻，检查他的肺部虽然没什么要紧，但声音仍然嘶哑。

阿允那天解释给谷雨听，说江晓伟和别的游客不一样，别人到了海底很配合潜水师，喂喂鱼，观赏观赏海底景色，到了时间就上来，江晓伟却一直跟着鱼走，鱼游到哪儿他也想去哪儿，后来潜水师做了无数向上的手势，他也不愿上去。潜水师就去拉他，谁知拉扯中他攀住珊瑚礁一个趔趄，整个人横在了海底，氧气罩倾斜后很快涌进海水，要不是施救及时，后果不堪设想。

谷雨不完全否定江晓伟有过自杀的念头，她努力笑了笑，说，我也大意了……后面的话却没有说出来。她本想说我也大意了，明明知道你有抑郁症。想了想不大意又如何？萍水相逢，她有什么权力阻止人家下海？

有人轻轻敲了几下门，节制而礼貌。谷雨把门拉开，一个白衣白帽的护士和一个中年男医生站在门口，满脸微笑地鞠躬说了声“萨瓦迪卡”才走进来。

医生和护士都不懂中文。阿三昨天说，在泰国，只有国际性的大医院和专对外国人服务的大型旅游医院才配有翻译，这家私人诊所显然不够级别。好在阿三已对接好一应事务，即使他不在，接下来的检查和用药也基本能够完成。

男医生听了听江晓伟的胸肺，听完后向江晓伟做了个“OK”的手势，医生面皮虽然黑，脸上却始终挂着亲切和善的笑容。护士推着小车走过来，同样微笑着给江晓伟手腕扎上针，将塑料输液瓶高高吊起。检查和扎针的过程倒很顺利，接下来的交流却如坠五里云雾。

男医生和护士站成一排，先互相聊了几句，男医生似乎在向护士问询着什么，护士答得很快，然后两人一起转头看看谷雨又看看江晓伟，医生先说了一大串泰语，看到听者费解的表情，只好尴尬地笑着摇头耸肩。护士接着又说了一大串，这回说得很慢，边说边做手势，眼珠飞快转动，忽然惊喜地念出一个单词："Money（钱）!"，看到谷雨一边点头一边面露疑惑，赶快又笑着摆手解释着什么。

钱！医生和护士是要让他们去交钱吗？等医生和护士离开，江晓伟忧心忡忡地说，我可能没那么多钱……

在江城，和旅行社的合同里虽有一份人身意外保险，医院却是即时消费的地方。泰国拥有举世闻名的优质医疗服务，但三十铢便可享受任何国营医院医疗服务的待遇只适用于泰国籍公民。

谷雨给阿三打电话，说江晓伟担心钱交不齐被医院拒治，这样的事在国内十分常见。阿三说别急我马上来问。阿三正带着大家逛杜拉拉四方水上市场，能听到他周围的环境十分嘈杂。

阿三回电话时，护士已进来让江晓伟吃完了药。阿三说，医生不是催着交钱啦，是提醒你们，诊所已垫付了所有费用，但出院时要交清。

谷雨松了一口气，笑着安慰江晓伟说，这么多人，还怕凑不齐你的医疗费？

下午两点多的时候，阳光已移到窗外，病房里来了一位坐轮椅的女孩。

谷雨正靠在那张空床上翻看手机里国学群的消息，一见那女孩转着轮椅进来，以为是新来的病人，赶忙让出床位，准备搭把手扶女孩到病床上去。

女孩腼腆地笑笑说，我是阿三的朋友，他让我来给你们当翻译的。女孩说一口不太标准的普通话。

谷雨问，你是……中国人？

女孩说，对呀，广西的，过来快十年了。

谷雨想起阿三说过他有个广西来的女朋友。女孩却垂下眼帘，咬了咬嘴唇说，不是，我只是他很好的朋友而已啦。

女孩姓奚，穿一件半旧的浅绿色连衣裙，长发到肩，一脸素净，笑起来右脸颊上有一个小小的酒窝。一条暗紫色条纹方巾从膝盖处一直搭到脚踝，顺着方巾往下看，谷雨只看到一只孤零零的左脚踩在轮椅的踏板上。

小奚似乎有意回避残疾的事情，为缓解尴尬，主动说起泰国的旅游，说她几年前做导游的时候，中国人最喜欢去的地方就是芭堤雅的风月步行街。

江晓伟哑着声音插了一句，还是海岛好一点。

谷雨忍不住笑出声说，都差点淹死在海里，还海岛海岛的。

小奚微笑着沉吟了片刻，忽然看着谷雨问，你有没有觉得很奇怪，芭堤雅这种风景美丽的地方，竟然还有发达得出人意料的色情业。

谷雨没有说话，闭上眼睛用力点了点头。心底又沉渣泛起，她不能告诉小奚，她为什么会到泰国来，又为什么会伤心欲绝。

小奚将轮椅摇到窗边，对着与墙壁平行的方向指了指说，著名的芭堤雅红灯区，就在这条马路的对面，每天有来自世界各地的游客在这里醉生梦死。有点想不通是不是？刚来的时候我也一样，可是想不通也得过，我每天都在这样的世界里活着呀。

小奚脸上绽开一朵笑容，平静得像说别人一样。谷雨把手支在窗台上半天没有说话。楼下有家属在接痊愈的病人出院，几个穿白大褂的医生站在大门边，挥手目送着他们离去。谷雨把眼睛抬了抬，看见菩提树在阳光下织出了一团浓荫，像一蓬沉默不语的蘑菇。

九

阿三是送团友回酒店时拐到诊所来接谷雨的。大巴停在巷子口，阿三怕人多影响病人休息，提议让陪团导游和夏新兰、小叶、老万为代表，一起去看望江晓伟。

病房不大，一下多出几个人显得格外拥挤。夏新兰和小叶一进门就从一个黄色的方便袋里往外掏东西，有在水上市场买的糕点小吃、织花的丝巾、几个椰壳工艺品，还有谷雨再熟悉不过的大象书签。

大象书签是谷雨托夏新兰买的，买了十五个。夏新兰又从一个木匣子里取出一串佛珠，给江晓伟戴在手腕上。江晓伟嗫嚅着推让了一下，夏新兰按住他的手，一脸严肃地说，听话！值不了几个钱，但阿姨是求了菩萨的，保佑你消灾！

值夜的护士送来了洗漱用品，见人多，将食指放在唇边做了个安静的动作，然后双手一合，鞠了个躬，微笑着退出去了。

离禁止探病的时间还有一个小时。几个人聊了聊一天的旅游见闻，阿三又说了说明天的安排：上午购物，下午回国，江晓伟明天上午要办好出院手续。

老万自进门起就没吭过声，此时打断阿三的话对江晓伟说，小兄弟，我来就是给你带话的，把身体养好要紧，钱的事你不要急，我们先帮你垫。

江晓伟说了声谢谢。谷雨将目光挪到墙壁上，她对老万这个人有很强的抵触情绪。

后来，又说到小奚。小奚住得不远，晚饭时间回去了。

下午有小奚在病房，陪谷雨和江晓伟说说话，给他们做做翻译，一下午的时间过得很快，和医生护士的交流也方便了许多。

谷雨觉得，小奚身上有一种经历过风雨的成熟和冷静。她对阿三表达了谢意，顺便将自己对小奚的印象告诉阿三。

阿三的眼神黯了下去，叹口气说，她原来和我们一样，也是健康活泼的一个人啦。

既然抛出了话头，阿三就简要讲了一遍他和小奚的故事。

小奚从边境来到泰国五年后认识了阿三，在阿三的介绍下做起了华人导游。虽然那时的阿三是混迹于芭堤雅夜店的浪仔，爱情却不由自主地开始发芽，他和小奚恋爱了。阿三在年幼时和当地大多数男孩一样，在寺庙短暂出过家，但现实世界早已无法让他们安分守己，和小奚同居好几年，谁也没有想过结婚的事。后来，他们的生活突遭变故。阿三在地下赌场找到小奚时，她已经成了半个赌徒，每周她都会按时将赢来的钱汇到老家给哥哥治病救急。泰国是严禁赌博的，地下赌场被端掉后她去了缅甸，渐渐输得一穷二白还欠了一大笔赌资。赌场黑佬将她囚在一间小黑屋子里，通知阿三去赎人。

阿三那时刚在曼谷附近订了一套房子，情急之下只好将房子卖掉赎回了小奚，但此时小奚的右腿小腿已腐烂坏死，好端端的一个女孩落下了残疾。

后来，我就向她求婚啦，让她嫁给我，可她不同意。阿三继续说。

小叶皱着眉头问，为什么呢？

阿三垂下眼帘，无奈地说，她说要回国去照顾哥哥嘛，我知道这是借口，是怕拖累我，又说我为她花光了钱。其实她是不想离开我的啦。

大家看着阿三，说什么似乎都不合适。小叶两手握在嘴边，自言自语地说，天啦，我又开始相信爱情了。

阿三叹口气继续说，我这几年也是在拼命赚钱啦，她的腿要经常去医院检查的。等她嫁给我有了泰国籍，差不多就可以免费看病了。

阿三黑黑的脸膛布满了油汗和倦怠，谷雨忽然发现，对一个人印象的转变有时是在须臾之间的，短短几天的相处，那个将大巴停在路上逼大家选自费项目的阿三，现在看起来竟有几分憨态可亲。

谷雨记得就在今天下午，她也困惑地问了小奚这样的问题，在芭堤雅有爱情吗？有爱情信仰吗？

小奚抿着嘴微笑，歪着头，目光斜向右上方，小酒窝像盛了一杯酒，低声说，嗯——也许有吧，爱情有时候说不定会出现在最不配有爱情的地方。她转动着黑加仑一样明亮的眼珠，眼底像藏着一个美好的秘密。

谷雨看着疲惫的阿三，想起小奚幸福的表情，嘴角弯出了一抹淡淡的笑痕。但她又想起小奚的那句话，在最不配出现爱情的地方却有了爱情。反过来呢？在最应该生长爱情的地方，却正在慢慢丢掉爱情和许多美好的东西，这真是莫大的讽刺。

出诊所大门的时候，谷雨的手机响了一下，是林子夫的微信：明天几点回来？我和女儿去机场接你？

谷雨不想回复。大巴向灯火交错的街区行驶，巷外几百米处有一片陈旧的居民区，窗户里星星点点都是人家的灯火，在夜色里像一只只温暖含笑的眼眸。谷雨攥着手机，点开微信又关掉，关掉了又点开，最后终于回了一个字，好。

街市上灯火辉煌，人影错落，各式各样的玻璃窗前都挤着一堆人，芸芸众生每天都重复着同样的生活，无奈又卑微地面对如此庞大又纷纷扰扰的世界。谷雨忽然觉得，她其实就是玻璃橱窗里的一块柔软丝巾，从密封的橱窗里取出来，被混合着尘沙的风吹到枝头，看着像一面亮烈的旗，其实已经伤痕累累，残破不堪。好在她仍然坚守在枝头，守望着废墟里的一株幼芽，还有一丝温暖的渴盼。

想起这是在芭堤雅的最后一夜，她心潮起伏，探出头去，向着前方不夜城的街市，轻轻说了一声，再见，芭堤雅。

她忽而又想到，过完这个十月，她就四十不惑了。

蓦然间，如闻叹息，心底一片苍凉。

潮湿的春天

◇俞　莉

一

作者简介：俞莉，安徽繁昌人，广东省作家协会会员，深圳市南山区作家协会副主席。

刘诗诗什么时候从教室里离开的，谁也没在意。大家都在安静地晚修，白亮的节能灯下，36张桌椅，每张小桌上都堆放着厚厚的一摞书本，间或还夹有笔筒、水杯和小茶叶罐等常备物什，抽屉里也溢满了书和文具。留出的空间只够容一人堪堪坐下。教室很大，对于只有36人的小班来说显得略有些阔绰。前后各有一台柜式空调，眼下是三月，空调还没派上用场。左右墙壁上对称挂着几幅楷书写就的励志贴——“不问耕耘，但问收获，天道酬勤。”“滴水穿石战高考如歌岁月应无悔，乘风破浪展雄才折桂蟾宫当有时。”“造物之前，必先造人。”“与其临渊羡鱼，不如退而结网。”米色条纹布窗帘半拉着，靠过道的那一面墙有一排三合板的储物柜，每人一格，放着各自的书本资料以及属于自己的杂物。日光灯静静地照着，仔细聆听，有笔落在纸上细微的沙沙声，有翻书的摩擦声，有苦思冥想的叹息声，有吞咽唾液的喉咙滚动声，有做完一道难题如释重负的吐气声……这些声音交织在一起，更凸显出教室的安静。不愧是火箭班的孩子！

在这个班，你见不到交头接耳，见不到低头在抽屉里偷偷读小说、玩手机的现象，也不会有不学习，眼睛痴傻地盯着窗外，眼神与你碰个正着的令人生气的景象。

班主任冯贞屏老师每每经过自己班门口，打心眼里就高兴，她觉得这些埋头学习的孩子太可爱了，她爱他们！教了快三十年的书，像她这样的年龄，还当班主任的，学校已经找不出第二个。快退休的老师一般都能享受到特殊照顾，少教一个班，少带点课，或者去图书馆资料室等清闲部门，享享清福。但冯老师从不觉得自己老，学校领导也不觉得她老，高一刚组建火箭班时，曹校长钦点冯老师为这个班的班主任。“我希望你能为自己的职业生涯画上一个完美的句号。”面对曹校长的重托，冯老师是不辱使命。

冯老师是木棉中学出了名的拼命三郎，她四十岁从湖南到深圳，之前已成绩卓著，是学科带头人，全国教育系统劳模，职务上做到校党委书记。她调动到深圳属于特招，一年就解决了户口，她在深圳带的第一届班级高考，出现了全市最高分，数学平均成绩全市第二，这在木棉中学历史上是绝无仅有的。木棉中学不是深圳名校，总在二流堆里徘徊，生源基本都是人家挑剩的。能冒出一个全市最高分，木棉中学大大红了一把，冯老师因此而荣获当年的“先进个人”称号。一开始有人认为她碰巧，后来实践证明，她所带的每一个班，平均成绩每次都要甩其他平行班好多分。大家无话可说了。不服不行，她是真干出来的，大家看在眼里，谁能像她那样起早贪黑？一天到晚做题，钻研，一丝不苟，给学生的作业从来也都是精挑细选，绝不是网上随便找来下载剪切复制粘贴拼凑而成；谁能像她那样，每天除了几小时的睡眠，其余大部分时间都泡在学校，泡在班级，乐此不疲地给孩子们辅导讲解，处理他们遇到的各种问题？

有记者采访她时，曾问：“您不觉得累和苦吗？”冯老师笑道：“其实哪个人愿意自找苦吃啊，只是我一点不觉得苦累了，我喜欢和孩子们在一起。”老师们最佩服她的就是这个。怎么没有职业倦怠感呢？日复一日的教学任务，改不完的试卷，做不完的题，各式各样的学生，层出不穷的问题，烦人的家长，比不完的升学率……

冯老师不是“春蚕到死丝方尽，蜡炬成灰泪始干”，她是百炼钢化成绕指柔，真心实意地爱这个职业，爱她的学生。

今天的晚修，是化学老师小杨看班，他跟学生一样趴在讲台上认真做题。冯老师在办公室备完课，准备好第二天要发给学生的案单，已经8点半了，从早上6点半来学校到现在，14个小时过去了。她直起身，揉揉僵硬的老腰，收拾好要带回家的东西，准备一会儿搭乘学校9点20分的班车回家。她没买车，年纪大了，不学车了。回去之前，照例去班上看一眼。学生都在安安静静地学习，冯老师一眼发现刘诗诗的位子空了，脑袋“嗡”的一黑，脸色突变。立即走进去，弯腰问刘诗诗的邻桌陈然，她去哪儿了。陈然做梦一般睁大眼睛，她也不知道刘诗诗去哪儿了，好像出去有一会儿了。她以为是上厕所，怎么还没回呢？陈然说我去厕所看看。全班同学都醒过来了。陈然在厕所没有找到刘诗诗。小杨老师焦急地从讲台上走过来，搓着手。太大意了，怎么没有留意刘诗诗呢？她什么时候出去的？万一……大家都不敢联想。前两天刚出一个新闻，某省的一名高三男生，在课堂里，好好地突然跑出去，冲到阳台跳了楼。这类消息最近听了不少，某市重点中学一开学，连续跳了两个。深圳不久前也闹出一起，一名男生因考试帮人作弊，被老师发现，从楼上跳了下去……

冯老师指挥几个班干分头去找。学生宿舍，操场，图书馆，美术室，试验室，天台……总不会出校园的，门口有保安，学校各个角落都有监控。

木棉中学今天晚上比平时热闹，高一年级召开家长会。报告厅还亮着灯，家长会从7点开始，到现在还没有结束。容纳千人的报告厅都坐满了，有的一个家庭还来了两个，篮球场上也零星站着家长。领导讲话时间太长了，接下来还要分散到各班，估计不到晚上11点也收不了场。高一年级的家长是出了名的热情负责，他们成立了家长委员会，设有会长、秘书长、理事，除了协助老师处理学生问题，组织家长研讨交流，还轮流义务值班，每天晚上有一名家长来学校看守晚自习，让高一的老师分外感动，也更加不敢松懈。高一的势头这么好，冯老师颇有压力，她除了是火箭班的班主任之外，还是高二的年级长。其实高一家长委员会的做法，冯老师班早就走前头了。去年，她曾跟学校申请，以培优的方式让火箭班的学生周日来学校补课，上午各科老师轮流来辅导，下午家长轮流看班。这个举措得到大部分家长的拥护，双休时间太长了，学生在家学习效率不高，老师们既然都这么乐于付出，家长自然更责无旁贷。不过，这做法只坚持了一学期就停掉了，倒不是家长怕麻烦，也不是老师不愿意来——火箭班的老师都是精挑细选的，在铁人冯老师的带领下，个个都成了拼命三郎。停掉的原因是一起突发事件。就是在那个暑假，一名高三学生在补课的头一天，突发心肌梗死，不幸身亡。那真是学校灾难的一天。校长当时在老家，连夜从山东赶回，紧急召开校委会，去教育局汇报交代情况。幸而学校有监控显示，学生老师积极采取救助措施，校医到位，120急救电话也及时拨打，才免于问责。就这样还麻烦不断，家长伤心过度，要告学校，说学校没有教会学生正确的抢救方法，急性心肌梗死不能乱搬乱抬，要按压帮助呼吸，最佳抢救时间只有8分钟，而校医从办公室赶到还绕了几个楼层……家长向学校索要90万赔款，近乎无理取闹了，心情当然可以理解，那个爸爸五十多岁了，是某企业的老总，就这么一个独子，早上出门还好好的，他开车送来的，转眼人就没了，任谁也接受不了。学校深表同情，也决定给些抚恤金，但90万，太过分了。要打官司，学校奉陪，请了律师。已经掌握到有利学校的情况，那名不幸的学生当天没有吃早饭，早读课就趴在位子上，第二节课间，起身准备去小卖部买点东西来吃，走到过道没两步就倒在地上了，学生立即过来搀扶，叫校医。又有学生爆料，他前两天就感冒生病，连“宏图”培训班的课都没上完。“宏图”是遍布深圳的课外培训班，许多同学都在那里补课。有人把假期上“宏图”称为念第三学期。官司自然后来没有打，家长是企业老总，不差钱，孩子没了，再多的钱，又有什么意义？

这件事后，学校自然不敢搞假期补课了，教育局明文下达，补课一律叫停。连高三都不补了，高一高二就更不用说。高三的老师很着急，就像广东荔枝有“大年”和“小年”之分，他们这届就是“小年”，生源前后都比不上，也没有用重金吸引高分学生搞出一个火箭班，他们现在的尖子班跟名校相比，中等都排不上，校长心心念念的北大清华想都不要想。

寒假快到的时候，高三年级长沉不住气了，准备在学期结束后再多上一周课，课表刚排出来，就有学生投诉到电视台第一现场。记者追到学校，办公室主任赶紧辟谣，我们还没补，课表都是谣传。无可奈何，计划就这么泡汤了。高三年级长气得七窍生烟。

还是高一有办法，家长承当起责任来，除了晚上轮流看自习，他们主动要求双休日也来守半天自习，是以家长委员会的名义。冯贞屏一直在考虑要不要在高二引进这种模式，若不是刘诗诗的事，她大概早就行动了。唉，刘诗诗！

二

就在大家焦头烂额遍寻刘诗诗不着的时候，刘诗诗拿着手机若无其事大摇大摆地回到了座位。晚自习已经结束了，除了个别回家的走读生，其余都在教室里等她。冯老师当然也没赶上9点20分的班车，她搭小杨的车回去的，到家快11点了，也没怎么批评刘诗诗，只是让陈然等几个同宿舍的多留意和关照她，有什么情况及时汇报。

陈然没有告诉冯老师，刘诗诗在宿舍里得意扬扬地说，她混进高一家长会场，在里面一个劲地玩手机，周围的家长都看着她，好过瘾。冯老师要是听见一定气晕过去。学校三令五申不允许学生带手机，家长会上领导肯定会说到这条纪律的，刘诗诗就在那儿公然玩给家长看，是什么意思？

简直不可理喻！用曾逸凡的话说是发生了基因突变。的确，刘诗诗最近以来的表现太令人讶异了，这学期一开始，刘诗诗就有点反常。

首次让大家瞠目结舌的是开学不久的一堂化学课，刘诗诗上台发言。小杨是这个学期新接手火箭班的，原来的肖敏老师怀孕生孩子去了，杨老师有条新例规，每节课的课前五分钟让一名学生上讲台来讲述上一节课的知识要点。刘诗诗是化学课代表，老师让她最先发言。

那天，刘诗诗不紧不慢地走上讲台，她个子不高不矮，短发，方方的脸，戴着眼镜，偏瘦，站在讲台上，没有丝毫紧张。身为班长，又是化学课代表，她是经常上讲台的。尽管在火箭班，她的学习成绩不算好，但工作能力强，认真负责，天生一副干部相。火箭班的其他班干都是民主选举的，唯有她是冯老师亲自点将。从高一起就当班长，她的干部履历很长，可追溯到小学一年级。火箭班能人多，当过班长的也不止刘诗诗一个，但冯老师还是义无反顾地相中了她。实践证明，冯老师的确是慧眼。整个高一，刘诗诗管理班级表现突出，帮了冯老师不少忙。冯老师欣赏她，因为刘诗诗身上有跟她一样铁面无私的敬业精神，她不怕得罪人，也敢管。学生私下称她“冯二”，曾逸凡则叫她“刘狗”，因为他被刘诗诗得罪过。

说来话长，曾逸凡是高一下学期进的火箭班。火箭班是动态的，实行末位淘汰制，每次大考之后，成绩落在后面的同学就进到下一阶梯的实验班，若实验班还不行，再下到普通班。相反，考得好的也可成功晋级。曾逸凡原先在普通班，高一上学期末区统考，一跃年级第五，连跳三级进了火箭班。像曾逸凡这样的特例，木棉中学几年也冒不出一个。这孩子太聪明了，潜力无穷。但也正是他，一度让爱才的冯老师头疼莫名。曾逸凡学习成绩虽好，却一身毛病，行为习惯与火箭班格格不入。

他进来的时候，冯老师跟他再三交代，不仅要好好学习，其他方面也要跟上，“我不要求你马上能做到一点错误不犯，但起码的规则要遵守，否则，哪里来的再回哪里去。”冯老师话语体贴，又透着威严。全年级的孩子都知道老冯的威名。曾逸凡头点得郑重其事。能进火箭班是他的光荣，早在普通班时，他就不服气那些神气活现的火箭班同学。曾逸凡天资聪颖，中考没考好，是因为他缺考了一门课，当时他妈妈跟学校说了他的情况，想进火箭班，冯老师没同意，说一切按分数来。这不，还是进来了吗！

曾逸凡虽然信誓旦旦地跟冯老师做了保证，可是，积习难改。开学头一天，升旗礼就迟到了，迟到是要扣班分的。至此，火箭班零扣分的神话记录随着曾逸凡的到来被打破了。

不仅迟到，曾逸凡的诸多毛病也随之次第显露。英语课堂上，他偷偷吃泡面，香味刺激得英文老师胃疼，她气愤地说：“我也没吃早饭，从早读课空腹上到现在，你却在这里吃得快活，像什么话！给我站到后面去。”曾逸凡很听话地起身站到后面墙角，一米七几的个子，一点也不害臊，他是被罚站惯了的人。墙后面有张空桌子，曾逸凡站着站着就靠着桌子上了，还一条腿舒服地压着另一条腿借力，把英语老师气得不行。

任课老师纷纷都找冯老师投诉，曾逸凡上课讲话，吃东西，不交作业，写字鬼画符……

冯老师是个铁腕人物，她当然不允许好好的班级出现“一粒老鼠屎带坏一锅粥”的现象。

整治曾逸凡费了她不少心血，这孩子自由散漫，偏又人缘好，点子多，会玩，在同学中挺有号召力，有时他的犯规居然能逗得大家开心大笑，他一来，就拉了一班人打篮球，天天疯到一身汗，晚修都迟到。过去班上同学哪敢啊。

必须拿他开刀。对付不了他，她还是冯贞屏吗？

她知道，猴子性躁，扭也得有个过程。

曾逸凡也是个老油子，在多年和老师的斗智斗勇中积累了不少作战经验。他善于承认错误，甚至态度还很诚恳，让老师相信，他真的想改好。又善于找理由，为自己开脱。最要命的是，他很会赖账，若你没掌握到十足的证据，他会装得很无辜，把自己撇得一干二净。

有一次，周一升旗礼，他又迟到了，冯老师很生气，拿出他上次写的保证书给他看。他摸着脑袋很无辜懊丧的样子，说，早上妈妈开车送他，路上堵，还出了车祸，车撞坏了。冯老师打电话给他妈妈求证，他妈妈电话里先是一愣，然后就说，确实是撞车了，耽搁了一些时间，责任在她。

冯老师心知肚明，叹道，家长惯孩子，惯成这样。

收拾他还得靠学校。

有一节晚修，看班老师临时有事出去一会儿，曾逸凡不知从哪儿弄了副乒乓球拍，对着后墙拍打了几下，恰巧被对面高一教室的一位值班家长看到，那家长好事地跟当天的巡查领导说了。巡查领导找到冯老师，冯老师找到曾逸凡。曾逸凡说他没有玩，冯老师问同学，同学都说没看见。冯老师第二天请电教老师打开教室监控，在证据面前，曾逸凡无话可说，他乖乖地打扫卫生一周，并从后排位置调到最前面，单独一座，横在老师眼皮底下。这种处罚，曾逸凡小学就挨过，现在是高中生了，重温旧梦，曾逸凡好几天情不是好孩子，我很坏，你们被我骗到了。”刘诗诗嘴角绽出一个得意而又诡异的微笑。

班上一阵哗然，杨老师惊愕地望着她，她讲的内容完全偏离了轨道。他刚接手这个班，不太了解这些学生，带火箭班，本身就有压力，又是半途接，他都能感觉到同学们对他的排斥。

“我不是好学生，以前的好都是装的，我装累了，以后不装了，我要活出真实的自己来。一个人为什么不能自由自在做自己？干吗要伪装？你们大家别笑，其实，你们也和我一样，你们难道不是在伪装吗？你们是真正的自己吗？”

大家笑得更厉害了，这节课变得有趣起来，他们班还从来没有这么有趣过。

“我说得不对吗？做回自己，只要不犯法，想怎样就怎样，干吗要有那么多约束？你们留意过没，我们一进校门的墙壁上贴着的两句校训——‘千教万教教人求真，千学万学学做真人’。扪心自问，你们做到了吗？你们不虚假吗？杨子豪，你别笑，你是什么样的人，我一眼就看得出。”

被点到名的杨子豪摸摸脑袋，笑得很不好意思，同学们就起哄，让刘诗诗说说他是什么样的人。

“杨子豪嘛，貌似洒脱，不拘小节，其实，心比谁都细，又自恋，很在乎别人怎么看他，尤其在乎×××。”

大家再次哄笑起来，×××是隔壁班女生。杨子豪恼羞成怒地骂了一声。

刘诗诗仿佛得到鼓励，又点评起其他同学来，被点评到的很兴奋，没被点评到的盼着被她点评。这节课不用上了，玩吧。杨老师在一旁瞪着眼，这个牛气冲天的火箭班，到底有些什么样的奇葩孩子？刘诗诗是班长，他目前真摸不准该怎么办，是制止还是听任。已经无法制止了，学生们现在都很起劲地听刘诗诗发表即兴演说，半节课都没了，索性，他也了解一下这些学生吧，听听刘诗诗还“放什么厥词”。落下的课，找其他时间再补。

“……学校规定有些不合理，不让我们带手机，凭什么不能带手机？手机现在是我们和世界沟通的唯一方式。”这话从刘诗诗嘴里出来真是太搞笑了。曾逸凡不由想起心头之恨，刘诗诗的眼风扫射到他脸上，仿佛完全知晓他的心理活动，发出会心的一笑。

“我们早上6点半起床，到晚上11点熄灯，扣除吃饭、睡觉的时间，全天都在学习、学习、学习，没有一点点自由和空闲。大家观察过我们的宿舍吗？从外面看像不像牢笼？有时候，趴在封闭的阳台上，我真想飞出去看看。对面就是华润大商场，你们能听得到夜晚街市上的人声吗？

“据我所知，在国外，学生是比我们自由的，可以发表任何观点，可以带手机，带电脑——本来这些东西发明出来就是给人使用的，为什么不相信我们呢？把我们当贼一样防范。管头管手管脚。再比如说吧，为什么我们不能穿自己衣服？非要穿校服不可？什么都得统一，不能有自己的个性？校服要是好看也罢了，像有的国家，那校服真是好看，哪像我们这种，丑死了，显不出身材，分不出性别，无美感无品味，甚至还不如民国的校服好看。穿也罢了，还天天派人查，不准改腰身，不准改窄脚裤，现在更过分了，还非要人家贴上木棉中学的校徽，把精力都放在搞这些形式主义上……”

即兴演讲变成了刘诗诗的吐槽脱口秀，她想到哪里讲到哪里，兴之所至，滔滔不绝。这些话真是洗刷了大家的耳朵。作为学生干部，作为学校规章制度忠实执行者，她现在站到了对立面，猛烈抨击。这简直太滑稽，太搞笑，太不可思议了！连曾逸凡都觉得吃惊。她那些话应该由他说才对，他就改过校服，被查处过写过检讨呢。刘诗诗简直说出了他的心声，可是，连他也不敢这样明目张胆地吐槽啊。这些话要是传到老冯耳朵里，可吃不了兜着走。

刘诗诗似乎并不怕传到老冯耳朵里去，甚至，她就故意要传到老冯那里。

在石破天惊的那番宣言之后，刘诗诗果然身体力行地做真实的自己了。

第二周的升旗礼，刘诗诗穿了件宽大的黑风衣很扎眼地站在清一色的校服队伍里，像一只不协调的黑色大垃圾袋。

从来都是对老冯服服帖帖的刘诗诗，在办公室跟班主任争辩起来，她说她没错，没有哪一条法律规定她不能穿风衣。冯老师感觉到刘诗诗是故意这样的，她变了个人，难道是受了什么刺激？抑或青春叛逆期来得晚？爆发得更凶猛？

刘诗诗的爸爸被请到学校。这学期他已经是第二次来冯老师办公室了，自己也觉得过意不去。往常，他都是带着骄傲和感激来的，如今却是心怀忐忑，头皮发麻。

“诗诗寒假过得怎么样？没有遇着什么事吧？”冯老师给刘父泡了杯茶，让他坐在沙发上，慢慢聊。

冯老师是名师，单独一间办公室。

“没有什么事，寒假学习也很认真，还报了‘宏图’，培训物理和数学，就过年几天放松了一下。”

“在培训班怎么样？没遇到什么刺激吧？有没有交什么不良朋友？”

“没有，没有，她很乖，每天都是她自己坐地铁去，地铁回。在家里就关着门在屋里面学习，还说，下学期一定要考好一点。”

“诗诗想过将来上什么大学吗？有没有定目标？”

“我跟她妈妈给她分析，按照她那个成绩上国内一本应该没太大问题，当然，一流的好大学肯定考不上，她自己以前想上中山大学，最近又改变主意了，想出国，去国外念书。这是受她表姐影响，她表姐在美国伊利诺伊大学厄巴纳-香槟分校读书，这次寒假回来了，给她讲了很多国外见闻。她现在心心念念也想出国。说实话，不瞒您我们家庭条件也不是十分好，要供她出国，把房子卖了也不够。这些情况她也知道。不过，我还是鼓励她的，真要出去，我们砸锅卖铁也给她凑。就这一个女儿，供不起也得供，是不？”刘父四十多岁，看上去有五十多的样子，比别的同龄父亲老相，瘦削的脸，布满皱纹，头发灰白，也没染，刘诗诗长得像他。每次家长会都是他来，冯老师从没见过她妈妈，想必是忙。

“诗诗也很体谅我们，就说出国的事等以后再说，等将来上了大学，争取拿奖学金出去，可是，你看她成绩又掉队了不是？她自己也急，假期很认真在补。唉，没想到开学是这个样子。”刘父唉声叹气。现在许多家长都是他这个样子，面对小孩无计可施，管又管不到点子上。冯老师见得多了，只是没料到曾经最让老师和父母省心的刘诗诗也令人束手无策了。

刘诗诗也被叫到办公室，她瞟了一眼父亲，脸微微发红。

“你是班长，一直以来都能起表率带头作用。老师相信你只是一时情绪不佳，学生穿校服，这是学校的规定，没什么好说的，全深圳市都这样。”

“深中不是这样。”

“这个，我也知道，深中，它是重点中学，比较特殊，他们有不同的理念，学生还可以带手机，但是，你也知道，深中的学生素质高，考进去的都是好学生，他们的自控能力也强，像我们这样的中学，肯定不能比。退一步讲，学生穿校服也是应该的，有归属感，也能杜绝攀比现象，是不是？”

刘诗诗不以为然地撇撇嘴，衣服不能比，难道鞋子袜子文胸底裤不能比？还有手表、发卡、洗发水、零食，可比的东西太多了。

刘诗诗想要反驳，看见父亲可怜巴巴的眼神，皱了一下眉，把话吞咽了回去。

四

吴春找宿管申请，要求回家住，那天中午，她跟刘诗诗吵了一架。午睡的时候，刘诗诗一个人不睡，把窗帘拉得大开，借着外面的阳光看书。吴春在刘诗诗的上铺，阳光亮眼，刺得她睡不着。对吴春来说，这半个小时的午休特别宝贵，可以支撑她熬到晚上12点。她起身将窗帘拉上，刚躺下，没睡两分钟，窗帘又给拉开了。

“你什么意思？还让不让人休息？”吴春憋着气，小声地质问，怕惊动其他熟睡的人。

“你睡你的呀，谁不让你睡了？”

“那你在这里看书！”

“我看我的，又不出声音，碍你什么事？”

“你窗帘开着，这么亮，叫人怎么睡？”

“我这是节约电啊，我都没开灯，这是自然光，怎么啦？你怪太阳去啊！”

“你讲不讲道理？！”吴春哗啦一下坐起来，声音也大了。其他同学醒了，有的根本也没睡着。

“好了，好了，别闹了，刘诗诗你不困吗？要不你去阳台看书也行，窗帘开着确实太亮了，我也没睡着。”陈然爬起来打圆场。陈然在班里也是很有威信的一个人，女学霸，每次考试都是年级数一数二，冲击北大清华的好苗子，老冯对她器重有加。她是班上的学习委员。老冯让她多留意和关照刘诗诗。

“阳台风大，要是感冒了，得了甲流什么的，传染你们岂不是更不好？”刘诗诗捧着物理书，屁股动都没动，眼睛也不抬。

陈然相信她一个字也没看进去的。用功也不是这样用法，刘诗诗现在就像打了鸡血一样，晚上熬夜，中午也不睡觉。本来宿舍里最刻苦的是吴春，每晚熄灯后，总要躲在被子里亮个小手电，再看一会儿书。现在晚睡记录被刘诗诗打破了，她能熬到深夜1点。陈然打心眼里瞧不上这样卖命学习的。宿舍里人其实都很有意见了，一天学下来，谁都很累，睡个囫囵觉都被打扰。

“大家住集体宿舍，不是一个人一间，还是应该谦让点，不管怎样不要影响别人才好。”陈然说道。

“那好吧，我让你们，我出去。”刘诗诗摔门而走。

大家面面相觑。陈然正准备出去找她，刘诗诗又折返回来，拿她的书本。快2点了，没法睡了，吴春恨恨地骂了一声：“神经病！”

冯贞屏现在头疼极了，不仅学生投诉，老师也被搞得心神不宁，小杨老师继上次给刘诗诗搅黄一节课之后，再次收到她的“礼物”——被劝下课。

那天，刘诗诗来到小杨老师的办公室，郑重其事地对他说，我们班同学都喜欢以前的肖老师，你的教法，大家不能适应和接受。

小杨老师三十岁出头，还是临聘老师，在木棉中学教了四年书了，有两年连续带高三，教学能力不俗，才被老冯挖到火箭班来的，小杨自己也想出成绩，好早日正调进来。没想到受到这样的迎头打击。刘诗诗是班长，她的话在他看来是代表全班同学的意见。这让小杨老师既伤心又委屈，他那么战战兢兢，努力教学，一丝乱子都不敢出，也不敢得罪学生，竟受到这样的待遇。当天，他到教室上课，心情沉重，对大家说：“我带你们班，是学校对我的信任，我自己也会很努力，一定不辜负大家。请你们相信我，我……”

杨老师停顿了一下，眼圈都快红了。

同学们丈二和尚摸不着头脑，怎么好好的，老师上来说这些？待得知是被刘诗诗“代表”了之后，纷纷跑过去安慰杨老师。

这件事冯老师在班上不点名地批评了刘诗诗。“对老师教学有意见和建议可以提，但要实事求是，不能伤人，更不能把一己的想法绑架给所有人，杨老师的努力大家有目共睹。与老师和谐相处，对我们的学习非常重要的，希望以后不要再出现这种事情了。”

刘诗诗不以为然。她说大家虚伪，明明都是希望肖老师来教，现在又故意讨好杨老师。“中国人就是不敢说话，不敢表达自己的意见。”刘诗诗现在俨然众人皆醉我独醒的样子，愈加愤世嫉俗起来。

政治课上，老师讲经济生活，分析书中的一个案例。

79岁的张大爷在家中开了个经销店，本小利微，但他时刻不忘纳税，年年被评为“纳税标兵”。这年12月1日，病危的张大爷把儿子叫到床前，嘱咐说：“我一生从没拖欠过国家一分钱税款，你替我到税务所把11月份的税款交了吧。”儿子交完税款，张大爷安详地离开了人世。

请问，张大爷积极纳税，给我们什么启示？

刘诗诗站起来说，“老师我有个疑问，这个案例不符合人之常情，一个病危的老人死前最挂念的不应该是自己的子女亲人吗？难道不交税就死不瞑目吗？太假了吧！”

全班都哄笑起来。政治老师给问愣住了，干咳了一声，敲敲桌子说，大家看题目，不要扯没边的东西，我们搞清楚问题要问的是什么，这里讲的是税收和公民依法纳税的义务……

理科班的学生学政治本来就是不上心，要不是高二有个会考，课都不开了，刘诗诗一搅和，大家都来劲了。政治老师收他们的作业，看到五花八门的答案。

不交税张大爷就死不了，不孝的儿子，别偷懒了，赶紧交去！

赋税太重，都逼死人了！

张大爷知道做事须谨慎，不能授人以柄。

张大爷真心傻。

……

简直就是瞎胡闹了。这些熊孩子，只会在他的文科课上轻松轻松，他们是有恃无恐，会考不过是个形式，肯定都能过。他惊讶的是，一直乖巧的班长怎么变得这么放肆大胆起来。

不止如此，语文老师也被刘诗诗给闪到了。那天是作文课，语文老师布置大家写一篇作文，是某地考过的高考作文，材料题为“坐在路边鼓掌的人”。这篇文章大意讲的是，一个总是考23名的学生，并不自卑，她乐于助人，乐于为别人鼓掌喝彩，她说：“妈妈，我不想成为英雄，我想成为坐在路边鼓掌的人。”

这是一篇话题作文，命题内容让大家尤其是学困生更有话说，体现了素质教育课改要求的理念。“教育的实质，是让每个人的生活更美好。因此它不要求学生与学生之间比高低，而让学生每天都有进步，从进步中感受到快乐。”语文老师启发道。

刘诗诗笑出声来，老师的思路被打断，怔怔地看着刘诗诗，刘诗诗道：“这个妈妈真虚伪，她说她不在乎孩子名次，其实越这样说，越说明她在乎。她是吃不到葡萄不敢说葡萄酸。再说了，大家都在路边鼓掌，谁去当英雄啊？”

刘诗诗这一打岔，语文老师半天回不过神来，同学们在下面七嘴八舌地议论起来。语文老师说，你们可以有不同观点，但注意了，高考作文题，你们在考试的时候千万不可造次，不要乱质疑，要按照规范去写，尽量正面。

大家安静下来，只有刘诗诗一个人不以为然地撇着嘴。

五

小白兔变成一只小刺猬，冯屏贞不知拿刘诗诗怎么办。她不是曾逸凡，皮实，打一下，骂一下，甚至罚回原班都没事。她是一个女生，一个一直优秀的女生，她的得力助手左膀右臂。刚带这个班的第一天，刘诗诗就给她留下突出的印象。那时大家都刚来，彼此都不熟悉，跟老师也不熟。新生报到完毕，老师交代了些事情，就各自散去。刘诗诗却没有立即离开，她在教室里拾捡那些废弃的纸张，垃圾。冯老师很感慨，现在的孩子都比较自我，注意不到别的事，刘诗诗却能想到这一点，而且做得十分自然，仿佛天经地义。一问，果然过去在班里当班长。

刘诗诗跟冯老师很亲，每逢教师节、元旦、妇女节、母亲节都会自制手绘贺卡给老师。她心细，高二上学期同学们参加社会实践，去广东梅县一周，参观叶帅故里，去山区学校结对子，听报告。一周下来，个个都像累坏了的残兵败将。回到深圳，各自拖着行李箱作鸟兽散。谁也没有注意到冯老师的狼狈，虽一直以来她都给人以精力无穷，拼命三郎形象，在同学眼中也如此，但毕竟年过五旬，又比较矮胖，累了一周，到底体力不济了，她也拉着个拉杆箱，笨重地走在最后。刘诗诗本来是走在前面的，她突然停了下来，等老师，正好看见曾逸凡，立即叫住他，帮老师拉一把。

回忆这些细节，让冯老师越发觉得心疼。

现在的刘诗诗跟她好像隔着千山万水，她走不进这孩子的心了。跟她谈了几次话，刘诗诗不像过去那样，亲密地偎在她身边，也不像过去那样，跟她同声共气地分析班级问题，替她分忧解难，出谋划策。如今站在对面，像块冬天的坚冰，又冷又硌人，眼神躲闪着，都不看老师。跟她说什么，她就被动地应着。只有说请父母的时候，她才抬头略带惊恐和怨怼地瞟一眼。她怕家长？

"她哪里怕我们，是我们怕她呢。"刘诗诗的父亲在电话里说道，他也发现到女儿的问题，在家里也不跟父母说话，"一个星期没见面，双休日回来，我们想问问在学校情况，跟她交流交流，她一句话没有，吃饭就盯着手机看，说她，她就发火，不耐烦。吃完饭，过去她还抢着洗碗，现在她妈也不让她洗了，说学习紧张，让她多点时间看书。她就门一关，躲在房间里。老师你说过，孩子学习，最好不要让她关门，家长可以看得到。可是，你要是让她开门，她火气就很大。说我们外面有声音吵到她学习。哪有什么声音啊，我和她妈现在连电视都不开了，说话也不敢大声，家里安静得不得了呢。"刘父在电话里诉苦。

家长被孩子折磨，冯老师见得太多了，教了一辈子书，发现现在家长是越来越难当了。亲子关系像寇仇的不在少数。前几年，有一次开家长会，一个妈妈当场哭了起来，她看到儿子在给家长的一封信里，只有一个字："滚！"是什么使得世上最亲密的关系变成这样？

"我跟孩子她妈说，诗诗现在有点不正常，她妈反怪我，说，刘诗诗只是上次没考好，学习压力大，如果她不正常，那不正常的也太多了。她说她那个电子厂的同事都羡慕她，女儿在火箭班，又是班长，那么优秀，不像他们的小孩，有的考不进高中，读职校的，吸烟，酗酒，打架，沉迷游戏，乱交网友什么的，比起来一个天上一个地下。诗诗还有什么可挑剔的？唉，说得也是，她比过去还要认真。唉，我们也不知该怎么办，老师您就多帮帮她吧，多开导开导，她听您的。"

冯老师放下电话，心情很沉重，球还是踢到她这儿来了，她可以感觉到刘父的心力交瘁，把她视为救命稻草。

"我看啊，就是惯坏了，得狠狠敲她一棒，把她敲醒。"语文老师说道。其他老师也有同感，这孩子没吃过什么苦，父母一直当宝贝，在学校也总被表扬，太骄了。得给她清醒清醒，否则，到高三怎么办？

大家建议把她的班长职务给下掉，她目前的样子，再让她当班长是说不过去了。

冯老师说要慎重，还没来得及实施，刘诗诗仿佛听到了老师们的交头接耳一样，主动提出了辞职。

当然，她没有听到老师背后的议论，她辞职，是因为另一桩事。

那天是周五，周五是住校生返家的日子，不用上晚修，平常下午三节课后就可以走了。但那天，学校有个庆祝活动。曹校长当校长三十周年，搞了一个座谈会，嘉宾有教育局领导，还有他过去在老家学校的代表，有媒体记者，也有很多木棉中学老师自愿参加，多功能厅的人都溢满了。场面很温馨，曹校长充满感情地回顾了自己一辈子的教育生涯，他说，木棉中学将成为他人生最具意义的一笔。座谈会一直开到日落，当他在老师们簇拥之下出来的时候，一排学生打着横幅迎上前去，他们高声说道："曹校长好，祝贺曹校长从教三十周年，桃李满天下。"曹校长一下子被感动了，热泪盈眶，和学生们握手合影。他没想到，同学们那么有心，这一辈子值了，曹校长老泪纵横。

在这群举横幅的学生中，就有刘诗诗。她本来可以五点多就回家的，结果等到六点半。她认为学校的这种做法虚伪，故意制造感动，讨好校长。她没想到一向刚正不阿，不会溜须拍马的老冯竟也参与，让他们几个班干留下来，害得他们在多功能厅外面苦等了整整一个多小时。

仪式一结束，她就跑到老冯办公室，请求辞职。

冯贞屏也有点无奈，确实等得久了一点，当时没想到会议有那么长，这个创意是中层会议上几个老师一起动议的，要给曹校长一个惊喜，因为任何礼物比不上孩子们的热爱。火箭班本是曹校长的心头肉，又多次去他们班听过课。所以，这个事情就由高一高二两个火箭班的学生承担了。

“我不想当班长了，以后这样的事，我坚决不参加。”刘诗诗在路上口气很冲地对陈然说。

“这有什么的，偶尔为之。今天是周五，也没什么关系。”

“我的时间很宝贵，我不像你，学习那么好。”

冯贞屏同意了刘诗诗的请辞。

六

清晨，天还没有完全亮透，风凉飕飕的，路面半干，小区里茁壮的阔叶草、矮棕榈、散尾葵湿漉漉的，积着水珠。春节之后，这一个月来，寒流连续来了几波，比冬天还难受，气象部门统计本月日照时间加起来不足五小时。

深圳的春天用春寒料峭来形容一点不为过，在北方人眼里，这个城市终年无雪，一年到头花红树绿，四季如春的样子，要是说冷，倒被笑成矫情。只有在这里真正生活过的人，才能体会到那种蚀骨的寒意。

冯贞屏走在清冷少人的路上，背着一只大黑包，包里鼓鼓囊囊地装着钱包、手机、餐巾纸、老花镜和近视镜等这些离不开的必备用品，还有一把折叠伞，手里另外还拎了一只印有木棉中学字样的环保袋，里面放着数学试卷案单什么的，是她晚上带回去做的。环保袋里还备了一件蓝色卫衣，白天热起来的时候可以换。春天温差大，这样的季节，穿短袖的和穿棉袄的有时会同时出现，一日四季都不奇怪。像她这样家离得远的，出门又早，衣服得多备一点，年纪大了，体质不如以前，得自个儿多注意，不能生病，生病就把学生给耽误了，也给别的老师添麻烦。

雨后的空气很清新，早起的黑头小鸟快活地一声接一声啼叫着，从枝头飞到草地，又从草地跃上枝头，神气活现。看样子今天不会再下雨了吧？

路边的木棉树红了，一朵一朵硕大的花簇拥着，累累地压在枝头，天天走这条路，竟没有留意到花苞是什么时候绽放的，大叶榕也仿佛一夜之间推陈出新换了新装，碧绿青翠，新生的绿叶可看得见绒绒的细毛，像初生的胎儿。地上跌落的是陈年旧叶，它们挨过了整整一冬，终于无愧地躺下了。春天也落叶，这番景象大约也只深圳看得到吧。冯贞屏走在厚厚的落叶上，好像第一次发现这触目惊心的景象，这满地的落叶，让她想到故乡的秋天，也让她想到自己的衰老。她是近来才有这感觉，岁月不饶人，到底有些力不从心了。腰酸背痛，早上起来，枕头上盘旋着一根根混乱纠结的头发，是不是这些天睡不踏实的缘故，头发掉得越发厉害？还是更年期趁机袭来？对于衰老，她保持着从容心，这是自然规律，但她从没有想到，自己真的会衰老。过去，她走这一条路，步子是轻盈的，心情是欢快的，早些年，女儿在她的学校，她和女儿一道走，一路听女儿用柔柔的声音背英语课文，尽管一句也听不懂，在她也是享受。女儿上大学，出国了，她的心就全在学生身上。她喜爱小孩子，喜欢跟他们在一起，感受他们的朝气，这让她觉得自己年轻，她也能感到孩子们对她的爱和信赖。有什么比看到学生的成长更能让人欣喜的呢？不知不觉这一辈子教学生涯就要走到尾声了。她终于有累的感觉了。她没想到，在她准备完美收官的这一届，竟然出现不可预料的惊险一笔。刘诗诗那天晚自习的失踪着实吓得她一身冷汗。万一，她有什么意外，她的余生如何度过？好几个晚上都睡不好觉，总是从噩梦里醒来，梦里刘诗诗的眼神充满哀怨。她恨她？

冯贞屏上了学校的班车，这辆中巴车乘客并不多，绝大部分是还没买房子的小年轻，或租住在附近的临聘老师。年轻人瞌睡大，有的还打着哈欠。半个小时的车程，够他们在车上补个回笼觉。

进了校门，在门口的打卡机上，按一下手印，这是木棉中学的考勤方式。她刚来深圳时，还不太习惯按手印，这个以现代工业文明著称的城市，把工厂管理模式也运用到学校了。进门出门都打卡考勤。一开始，她记不住，大会多次强调后，也就慢慢习惯了。一进门就自觉地按一下手印。时间显示7点15分，离早读还有一刻钟。冯贞屏沿着校道快步走到她所在的教学办公楼层，打开门窗，电脑，把包先放好，来不及泡茶，就先走到同一楼层的教室，她的火箭班。语文老师已经来了，正带领学生早读，同学都已到齐，刘诗诗也在，她低着头看书，头发遮住了整个小脸。冯贞屏松了口气，又一路巡视了高二所有年级。然后去食堂吃了早餐，再回到自己的办公室，泡了茶，把书本试卷资料拿出来。第二节课，学校还有个临时会议，省教育督导评估团明天要来学校检查工作，领导要布置相关事宜。她的备课时间经常要从这些事务性工作中挤出来。

办公桌前方有个黑色监视器，一打开，就可以看见她的班级。这是上学期末才装的，学校采买了一批新的监控器材，给领导和名师办公室都装上了。

监视器安装的时候，刘诗诗恰好在办公室。冯老师当时在找她谈话，因为期末考试跌出年级前四十，刘诗诗情绪不太好，冯老师安慰她，并保证不会给她降班。刘诗诗当时说，她愿意去2班，省得老师工作不好做，她自己也不好意思。这孩子总是很体贴。冯老师说，你是班长，为班级做了许多事，虽然这次退步了一点点，问题也不是很大。我已经跟学校说了，火箭班尽量不退人出去了，除非差得太远，跟不上。

那当儿，她看见安装器材的小工，就问老师那是装什么。

冯贞屏笑道，监视器。刘诗诗愣了一下。冯贞屏道，以后你的工作就减轻了，老师在这里就可以看得到班里，省得你委屈，老师知道你管班得罪了些人。

刘诗诗身体好像被谁猛推了一下，朝后仰了仰，眼神复杂。

你是为班级工作，不必担心，咱班同学还是明事理的，你看，期末评优秀班干，大家不还都选你了吗？

刘诗诗点点头。但她的目光不时瞟在监视器上，仿佛那是什么值得让人玩味又令人恐惧的怪物。

现在回想起来，那眼神就是冯老师梦里出现的眼神。

冯贞屏打开监视器，看见刘诗诗正好回头找人讲话，还露出一个得意扬扬的笑容。

自从辞去班长职务之后，刘诗诗似乎更加不在乎自己行为举止了。

冯贞屏不知道，刘诗诗回头找后排同学说的一句话是，“我现在有一种犯罪的快感。你们要不要也试试?”

刘诗诗现在经常口出狂言，她的活出自我，就是口无遮拦。她还说，“你们看，连曾逸凡见到老冯都唯唯诺诺，我现在才不怕她呢。”

被她点到名的曾逸凡对她很不屑。刘诗诗总是在他面前耀武扬威，好像要跟他比试谁更能气着老师似的。看到老冯布满血丝没睡好的眼睛，曾逸凡现在由衷地同情老冯。唉，什么叫心腹大患，这就是了！上次刘诗诗晚修出逃，害得大家一顿好找。她竟然若无其事半开玩笑半认真地对曾逸凡说：“哼，担心我跳楼？我要是跳楼也会拉上老冯的。”

真是白眼狼，这话要是给老冯听到，一定会气出心脏病。

七

三月末，学校组织第一次月考。每一次考试都是高考的一次模拟演习，包括考场的安排都跟大考一样。单人单坐，四十人一个考场。

刘诗诗在第二考场。他们是按考试名次顺序排座位的，这个做法从初中就开始了，说是有利于促进学生的竞争意识，也便于管理。

这个教室只有她一个是火箭班的。六门功课考两天，安排在周四周五，那两天天气照例不是很好，阴沉着，跟刘诗诗的脸色差不多。上午考完数学，回宿舍，几个女孩正围着陈然对答案，她把卫生间的水放得大大的，洗脸洗手，然后重重地脱鞋，上床，抱着书看，看了没一会儿，把书狠狠地朝地下一掼。大家吓一跳，也不敢对答案了，各自散开，有的睡觉，有的躺床上看书，有的干脆去了教室。老冯让大家多担待些，不要跟她计较。有两个人已经要求回家住了。

月考卷子很快就改出来了，排名和各种数据曲线都也跟着出来，刘诗诗这次 36 名，居然进步了。在班会上，冯贞屏特地表扬了她。晚自习的时候，陈然坐在刘诗诗旁边，她发现刘诗诗似乎并不太开心，好像还在悄悄地抹眼泪。陈然递了张纸条给她，写着："怎么了?"打了一个大大的问号。刘诗诗没有回应。放学的时候，刘诗诗主动走到陈然身边，好像有什么话要说。

"有什么事吗？谁欺负你了?"

"曾逸凡。"

陈然唬了一跳，他欺负她？

"他嘲笑我，看不起我，他恨我……我可是为他……"刘诗诗咬着嘴唇，眼里忍着一眶泪。

啊？陈然吃惊不小，刘诗诗竟然那么在意曾逸凡，难道她看上那个家伙了不成？太不可思议了，曾逸凡不可能喜欢她的，那家伙女孩缘好，"绯闻女友"好几个，目前似乎正跟文科班的某个女孩拍拖。班里许多人都知道，除了老冯。刘诗诗不可能不知道吧。何况，她还得罪过他。

刘诗诗不再说话了，任陈然使出浑身解数，她突然就关闭了好不容易开了一点点的窗口。

难不成刘诗诗的种种反常是因为早恋？陈然留心起来，越发觉得她怀疑得对。刘诗诗常常长久地盯着曾逸凡，曾逸凡写字笔水写没了，她第一时间递过去；那家伙有时起晚了，忘吃早饭，刘诗诗竟打包帮他带来，放到他桌上，她讨好他的样子十分明显。大家都起哄曾逸凡走了桃花运，被刘诗诗看中了。曾逸凡很恼火。

刘诗诗并不在意别人的眼光，若哪个女生和曾逸凡在一起说笑，她脸上就流露出一种受伤的神情。她刻意打扮起自己来，齐耳的短发用两个粉红的发卡夹起来，手腕上也换了只粉红时尚的电子表，她过去是最不讲究这些的。最过分的是，竟然还打了耳洞，戴上了耳钉。这已经违反校规了。好在她的头发遮住了，只有在曾逸凡面前，她才会不经意一样，撩起头发，露出亮晶晶的银色耳钉。只可惜曾逸凡对这一切视而不见。

有天晚自习，刘诗诗没来，值日老师叫陈然赶紧去宿舍找找，她一没来，大家都提心吊胆。宿舍没找到，陈然回到教室，发现刘诗诗已经来了。

晚修下课，陈然要和刘诗诗一起回，刘诗诗却故意去厕所磨蹭，等了半天，陈然只好先走。

刘诗诗回宿舍的时候脸色很不好。大家都睡了，她一个人躲在被子里不知在写什么。有人说她今天被曾逸凡耍了，白天，她收到曾逸凡的约会条，约她晚饭后去图书馆聊一下。结果等到晚自习铃响，曾逸凡也没来。晚自习后，她约曾逸凡一起走，把话讲清楚，自然，曾逸凡又逃之夭夭。

陈然很生气，这个曾逸凡也太不地道了，就算看不上人家刘诗诗也犯不着这样。面对陈然的指责，曾逸凡丈二和尚摸不着头脑，他羞恼地说，谁约她那个三八了！看样子不像撒谎，难道是有人故意逗刘诗诗？谁会逗她？现在大家都不太敢招惹她呢。该不是她臆想出来的吧？

陈然抽了口冷气。她想起前天吃饭时，刘诗诗叫外卖“必胜客”，校后门对着马路商场，许多学生都隔墙在那里叫外卖。刘诗诗一边吃一边对陈然说，你还敢吃食堂，菜里有地沟油。她说她那天亲眼看见食堂师傅从外面运来一桶地沟油。

陈然当时以为她是开玩笑。现在看来，是不是真的有妄想症？

八

雨暂时停了，一大早，天黑得像黄昏，乌云翻滚的天空充满着诡谲叵测的意味，看样子还得下。大风吹得树枝摇曳，地上满是跌落的黄叶。木棉花也开始落了，一朵朵，鲜红醒目地摔在路中间。它们才开多久？这么快就轰然倒地了。深圳的春天真是奇绝，不仅落叶成堆，也落花满地。人们往往只看见它们的盛开，却看不到它们的凋落。老冯感叹着，好像第一次发现一样。

昨天她收到陈然转发的短信，“叫老冯快来救我”。是刘诗诗半夜一点发给她的，陈然吓坏了，赶紧转发给班主任。

孩子们并不知道刘诗诗已经住院了，住的是深圳精神疾病防治中心。上周家长会之后，她就没来上课了。她父亲领她回去的。仿佛一夜之间，她父亲头发就全白了。他多么不愿意承认不愿意证实啊！他不相信，这个一直斯文懂事优秀的女儿，会变成……一个疯子？

诗诗在学校整夜整夜不睡觉，总是精神百倍地在宿舍里忙活，一会儿把所有人的水桶接满，说学校要停水；一会儿又在前门和后门挂满不知哪里弄来的水果刀，还有一把随身别在自己腰间，说，有坏蛋要来搞恐怖活动，她是要保护大家。她在宿舍来回走动，听到远处的牛蛙鸣叫，就大喊“坏蛋来了”……

哦，他不相信，不相信冯老师说的这些，他的好端端的女儿，他的给他们带来那么多喜悦和骄傲的女儿，他的笑起来阳光明媚的女儿，他的小时候骑在他脖子上的掌上明珠……怎么会变成这样？哦，他的女儿啊！

冯老师在班里没有多说什么，她只告诉大家，刘诗诗身体不好，需要休息调养一段时间。她跟诗诗父母一样，无法接受这样的事实。

昨天夜里，她又梦到刘诗诗，梦到她惊恐的大眼睛，求救似的望着她，“冯老师救我——”喊声惊醒了她，然后就再也睡不着了。

哦，诗诗，亲爱的孩子。我会的，我一定会的。

冯老师失声痛哭起来。老公在隔壁房间，没有听到她的哭声。

这是周一的早晨。气象报告，有暴雨橙色预警，还有大风。

冯老师走在湿漉漉布满黄叶和落花的清冷街道上，包里搁着昨晚加班改完的周考试卷。远处传来轰隆隆雷声，是春雷，像擂起的战鼓，很快，四面八方响起了号角，雨神驾到，冯老师还来不及撑开伞，大雨就瓢泼而下。

朱弄的流转

◇黄在玉

作者简介：黄在玉，安徽繁昌人，安徽省作家协会会员，繁昌县作家协会副主席、秘书长。

农民在流转，土地在流转，村庄在流转，而岁月和情感一直在流转……

——题记

一

虽然没有像拉萨上空那样如洗的碧空，但天气还算晴朗；蓝天被灰色浸染，却难掩浩瀚与深邃的神秘感；灰白的云团低调地流动着，悄然变幻，巧妙布局，仿佛有神仙在排兵布阵或推演算卦一般，令人感到高深莫测。

斯时为2009年4月12日上午，距杨贵汝调来花山镇工作不到三周。根据工作安排，杨贵汝带领由五名机关干部组成的工作组，驱车近二十分钟来到朱弄村村部，准备开展“整村推进，土地流转”试点工作。

村部是两层旧楼房，上下各五间，一楼中间是门厅，其余是办公室及会议室。他们从一楼跑到二楼，所有办公室空无一人。正纳闷间，有人告诉他们，村干部们在后面的餐厅里呢。大伙很奇怪，快到九点，村干部们怎么还在吃早餐？餐厅的门窗紧闭，窗上装的是毛玻璃，遮目不遮光。于是，杨贵汝上前“砰砰”敲门。

里边有人应声，哪个？哪个？什么事？

杨贵汝回答，是我们，镇里工作组。

里面的人开了门，映入大伙眼帘的是两男两女正围着八仙桌在打麻将。杨贵汝的脸随心一沉，他们怎么能在上班时间躲在村部打麻将？岂有此理！可是，他初来乍到，不便发作。开门的是个老妪，黑脸银发，见了他们，躲躲闪闪，期期艾艾。打麻将的四个人一齐站起来，表情都不自然。其中一长相标致的中年妇女对杨贵汝说，欢迎领导们来朱弄！晓得你们今天过来，没想到来得这么早，嘿嘿。她笑时眼角挤出了岁月雕刻的鱼尾纹，还露出了一口洁白整齐的糯米牙。

杨贵汝刚调来时间不长，没来得及到朱弄村走访，对朱弄的村干部非常陌生。但他听说，村支书姓袁，是个精明强干的女同志。听口气看气质，他断定和他们说话的中年妇女就是袁书记了。

果然，随行的重点办主任老马向杨贵汝介绍道，这是朱弄的袁书记。

杨贵汝听了很别扭，好像他在骂人。老马又介绍杨贵汝说，这是杨委，刚调来花山不久。

袁书记浅浅一笑，道，杨委好。

杨贵汝听了更别扭。

村干部们分别和杨贵汝握手，袁书记一一介绍。她说，我叫袁月妗；他叫朱志满，文书、会计、农技员；他叫朱银龙，民兵营长、治保主任、团支书；她叫牛春红，计生专干、妇女主任。

村干部中，除了支部书记、村委会主任，一般都是一个萝卜顶两至三个宕。

杨贵汝发现没有村委会主任，便问，你们村几名干部？

袁月妗答，五个，除了我们四个，还有村委会主任朱秉星。又说，杨委，各位领导，请到楼上会议室坐吧。

大伙随之上楼。初次见面，杨贵汝觉得袁月妗长得真蛮漂亮，足有一米六五的个头，皮肤白皙，圆脸，眼睛又大又亮，仿佛会说话；身材略显丰腴，发式新潮；上身穿中长紫色毛绒呢子大衣，下穿牛仔裤，颈上系着蓝色碎花真丝围巾，端庄雅气，落落大方，颇有旺夫相。老实说，她是那种令中老年男人见着就会怦然心动的半老徐娘。杨贵汝是荷尔蒙分泌正常的男人，当然感觉到了这妇人不同寻常的魅力。

落座后，牛春红殷勤地为客人沏茶。粗碎的劣质茶叶用饮水机纯净水冲泡了，飘浮在一次性塑料杯具里，看着就“杯具”（按：音谐“悲剧”）。

袁月妗问杨贵汝，要不要叫朱主任来?

杨贵汝说，最好请他马上来。

袁月妗于是拨打起手机——喂，你在哪里？镇里杨委他们来了，你赶紧到村部来，在会议室。

只几分钟，就听外面有摩托车“呜呜”驶近。牛春红嘴快，说朱主任来了。很快，一个脸膛黝黑的壮年汉子跨门而入。他见屋里只杨贵汝一个陌生面孔，便直奔杨贵汝而来。

袁月妗介绍道，杨委。又介绍壮年汉子，村委会主任朱秉星。

朱秉星厚实的大手握着杨贵汝瘦小的柴骨手，诚恳地说，欢迎杨委和各位领导到朱弄来。接着，他解释了刚才的行踪。说一大早他接到派出所吕教导员的电话，县公安局刑警大队来人找他有事，还交代不必惊动其他干部，就一直陪他们到现在。

袁月妗问，他们来什么事?

朱秉星说，还不是为画像的事。

袁月妗又问，是有线索了?

朱秉星说，有人向他们反映了一个重要情况，他们是来核实的。

袁月妗追问，反映什么情况?

这个，这个，现在不好说。朱秉星支支吾吾，似有难言之隐。

大伙都神情专注地听他们对话，似乎都晓得他们说的是什么，唯独杨贵汝听了一头雾水。

袁月妗脸色凝重，片刻又问，他们人呢?

朱秉星说，还在大屋基调查，我让吕教中午带他们来村里吃饭。

袁月妗暗暗舒了口气。她一定在想，好险，刚才他们打麻将时，幸亏是镇干部敲的门，倘若是公安刑警就麻烦了！

等朱秉星坐下来，杨贵汝把他们的来意和目的做了说明。从今天起，他们六人将在朱弄开展“整村推进，土地流转”试点工作，直至上级验收合格为止。具体实施内容，政府已下发了文件，计划一年时间，把整个朱弄村五百多户人家全部拆迁掉，分别安置到县城安置区和集镇新建的居民点上，除非有人选择货币化安置；把朱弄村两千多亩农田流转给种粮大户经营。这是统筹城乡建设和新农村建设的需要……杨贵汝正冠冕堂皇地讲着“官方语言”，有人不请自进，大声问，朱会计，我那事办了没有？

朱志满本能地站起来，说，还没有。

来人三十岁左右，西装领带，穿戴齐整。他问，什么时候能办好？

朱志满说，再等一等。

袁月妗扭头说，我们在开会，有事等一会再说。

来人退了出去。大伙继续开会。但杨贵汝讲话的思路被打断，很快收了尾。袁月妗代表村两委表态，坚决服从上级决定，配合工作组开展好工作，明天召开党员和村民组长会议，进行布置动员。

之后，杨贵汝大致了解了村里的基本情况。朱弄村地处镇东南，半丘半圩，是粮油主产地之一，曾经是袁隆平杂交水稻皖南片试验产区。目前，总人口1792人，农户521户，耕地面积2105亩，水面870亩，山林3630亩。村级集体经济相对薄弱，仅有过去的村内国有林场，现在的“青龙山度假农庄”每年上交六万元承包费的收入。村里的青壮年大多数外出打工。

关于“整村推进，土地流转”工作，杨贵汝等人仔细听取了村干部们的意见。

朱秉星说，镇里下发文件后，我们已在下面吹风、宣传，多数人，特别是年轻人愿意拆迁，有些年纪大的人舍不得离开，还有部分特困户交不起房屋差价款，工作难做。

袁月妗说，万事开头难，明天开会，要求村干部、党员和村民组长带头，村干部的亲戚带头，先易后难，村干部再分片包干，应该能推动起来。

忽然，一阵吵闹声传进来。有人去看究竟，原来是朱志满和刚才来找他的人吵了起来。朱秉星过去了解情况，并做调解，那人才气呼呼地走了。

听朱秉星介绍，那人原是本村外出务工人员，现在是私营企业小老板。夫妻俩早年花钱买了“二非”户口，转到街道，已生育一个女孩，现在想把户口再转回来，“非转农”的目的是想再生个男孩。朱会计可能拍过胸口答应过人家，吃过人家饭，受过人家好处，现在派出所已冻结办理“非转农”了，人家找来，他不得掉爪子。

中午，大伙在村食堂就餐。烧饭的便是那开门的老妪。刑警队和派出所来了四人。花山派出所的吕教导员竟是杨贵汝当年复读班的老同学，他不改乡音，无为话说得非常地道。朱秉星说为镇领导接风得喝酒。朱银龙拿来两瓶古井淡雅酒，和朱秉星每人开了一瓶，不容分说给大伙斟上。吕教说，我们四个不搞，有规定不能喝。

大伙端着酒杯，刚要共饮，忽然，餐厅的门被人一脚踢开，在座的人都吓了一跳。一名齐耳短发的少妇闯了进来，朝地上“嘭”地扔了一条死狗，双手叉腰气势汹汹冲着大伙说，你们干部都在啊，我家鱼塘昨夜又被埋人的贼给偷了，拴在塘边的狗也被毒死了，叫人怎么过啊！

朱秉星问，报警了吗？

短发少妇愤愤地说，报警有屁用，都报过四五回了，鬼都没查出一个来！

老马问，你家怎么不派人看着呢？

我家男人身体不好，你们不是不晓得，我一个妇道人家，怎么看啊！短发少妇无奈地说。

朱银龙和牛春红上去劝说，试图把短发少妇往外拉。短发少妇激烈挣扎，嘴里嚷嚷着，竟越说越有些不干不净。

朱秉星虎着脸，大喝一声，滚出去！

短发少妇怒目圆睁，瞪着朱秉星吼道，你才滚，这不是你家！当个村干部有什么了不起，屁股后面也不见得干净，哼！

牛春红冲她说，怎么讲话呢！走走走。

别拉我，你们都是一路货色。短发少妇气咻咻地翻着白眼。

袁月妗拉长着脸，始终一言未发。还是吕教上前温声细语一番劝导，牛春红连拉带拽，才把短发少妇勉强劝走。朱银龙拖走了死狗。

被少妇这么一搅，餐桌上场面显得有些冷淡。村干部们让着大伙吃喝时，脸上挤满了僵硬的笑容。这时，朱秉星的手机响了，彩铃是《今天是个好日子》，他一看号码，赶紧出去接听。有人说，接通电话往外跑，不是情人就是领导，反正挺重要。

紧皱双眉的杨贵汝感觉今天不是好日子，历史上就不好。

二

村里开完动员会后，大伙每天按部就班开展工作。第一阶段是宣传动员，是务虚，是砍柴前的磨刀工夫；第二阶段入户丈量、登记，是非常实际的，也是拆迁、补偿的基础工作。他们分两班作业，分别由村干部引路，以村民组为单位，依次推进。

通常杨贵汝和袁月妗待在村部，负责协调工作。袁月妗在她的办公室，至于干什么，杨贵汝全然不知；他在朱秉星办公室上网或看报，有时也发呆、联想，或追忆过去一些难以磨灭的时光。

杨贵汝的“革命生涯”中虽无精彩之处，却不乏另类的幽默。他从二十三岁参加工作至今，已被组织上的“半张纸”挪动过不少于五六次，每次都是在乡镇党委委员中兜圈子。二十多年茫然而过，他的“官念”早已麻木。俗话说，人能不如命运。“宿命”思想也能让人变得无欲而刚。党委委员属党政班子成员，却因姓氏在称呼上令人尴尬。比如，他姓杨，名贵汝，谐音“跪乳”，语出古训《增广贤文》之“羊羔跪乳，乌鸦反哺”。这名字是他母亲起的，母亲小时候旁听过私塾，能识文断字。他长大后一直以此名而自豪，它堪比“余得水”“牛得草”这些姓名，甚至比后者更具内涵。尴尬就在于他姓杨。他被大伙简称“杨委”。比之其他和动物同字或谐音的姓如朱、马、牛、熊等加个“委”字更难听。除了委员，还有简称部长的也很难为情。他当武装部长时，被人简称为“杨部”，洋布总比土布贵。可他的前任的姓氏，称呼起来一个比一个让人脸红，连起来更让人笑破肚皮。先是一位“夏部”，后是一位“滕部”，接着是一位“殷部”，跟着是位“操部”，四人一任接一任，无巧不成书。他的一位姓牛的老同学在某媒体当编辑，大伙就叫他“牛编”。“牛编”自嘲地说，我一生再努力也赶不上人家“陆编”。

汉语言的表述真是变幻多端。像朱弄这样的地名说起来一样令人啼笑皆非。众所周知，“他妈的”是经典“国骂”，鲁迅先生在《论“他妈的”》一文里犀利地下过结论；“狗日的”次之，徐坤女士写过《狗日的足球》，写得酣畅淋漓，也上得台面；“猪弄的”是这一带的方言土语，和“狗日的”有相似之意，虽不普及，也没名人拿它写过什么文章，但终究和前者异曲同工，都是骂人的“粗口”。除了辱骂，还有欣赏之意。这里的年长者欣赏某个年轻人时，会说，这小猪弄的呱呱叫！

杨贵汝琢磨，朱弄村名的由来当是这里姓朱者居多吧，即因姓得名，和“高老庄”“陈家沟”之类的地名类似。“弄”在方言里指“胡同、小巷”的意思，而胡同、小巷多在城镇出现，乡村一般少见。或许当初朱姓人集聚一处，形成小巷，遂取了“朱弄”之名，也未可知。按现在解释，这里的“弄”该延伸为“村庄”的意思才合理，但词典和网上均没有这样的延伸释义。可见，以“弄”作村名，便有些不伦不类，犹如城里的居民小区反而被叫“某某村”一样。“朱弄”欠妥之处还在于，它恰谐“猪弄”之音。老马曾告诉杨贵汝一个关于朱弄村的真实笑话。当年交公粮，各家各户要把稻子运到粮站排队等候，收粮员每验收一笔，一般要问交粮人是哪里的，便于开票。朱弄村人总是脱口而出——我是朱弄的。谁听了都会忍俊不禁。

在朱弄待了一段时间，杨贵汝听说了关于村名之争和画像丢失的大致情况。

前些年刮起了区划调整之风，撤区并镇，下面也掀起了合并村高潮。据说，像朱弄这样的小村理当要合并掉，但不知出于什么原因，愣是保留下来。如果合并成功，朱弄的名称就会自然消失，像“长安”“建邺”“北平”一样成为历史地名。他们也想趁机改名，新的村名都已取好，叫“朱雀”。为了这个新村名，村里人，准确地说是朱家人差点发生了“内讧”。当时有两种不同意见。一种意见是以朱秉星的老父亲朱国泰为代表，他主张新村名叫“朱晦”。老爷子已过耄耋之年，虽瘦骨嶙峋，却身体硬朗，耳不聋，眼不花，精神矍铄，山羊胡子像稀疏的头发一样灰白。他早年拜过私塾，上世纪六七十年代当过大屋基的生产队长。那时的大屋基包括现在的朱一、朱二和朱三村民组，是朱弄大队最大的生产队。为什么叫“朱晦”？谁都莫名其妙，连原朱弄小学的老校长朱国安也丈二和尚——摸不着头脑。为弄清缘由，朱国安便登门求教。

朱国安恭敬地问，七哥，您老说新村名叫什么“朱晦”，有何出处？

老爷子反问，我们朱家是谁人之后？

宋朝的大儒，理学家朱熹啊。朱国安不假思索地回答。

对咯，他姓朱名熹，字元晦，为纪念先祖，我看就叫朱晦村。老爷子捋了捋山羊胡子，颇为得意。

朱国安心说，还不如叫“朱元”呢，但嘴上没说，只点点头，表示明白。

另一种意见则是以朱三子为代表，主张新村名叫“朱雀”。朱三子何许人也？他是朱弄村目前最有出息的人物，小名叫三子，大名朱秉晨，是市文联的专业作家、摄影家兼摄协副主席。在朱弄，知道他大号的人不多，但说到三子，妇孺皆知。他是走南闯北见多识广的文化人，去过燕赵大地，写过关于元朝那些事儿的书，已出版好几本文集和摄影集，在省内乃至全国文艺界皆具一定的影响力。他老婆曾是省黄梅戏演员，后经商、炒股，开着一家什么贸易公司，是位令人仰慕的美女老总。

据朱秉晨考证，朱弄村东北方有青龙山，西北方为白虎涧，正北方是玄武河，按古代方位推算，左青龙为东，右白虎为西，上玄武为北，下朱雀为南。而朱弄正处正南方位，当为朱雀。朱秉晨考证时并非纸上谈兵，而是带了罗盘和GPS定位仪亲临青龙山、白虎涧和玄武河，尽管这些地方他自小就玩过无数次，还在青龙山斫过柴扳过笋，在玄武河摸过螺蛳钓过鱼。不仅如此，他还租了一架色彩斑斓的滑翔机，在村子上空“嗡嗡”飞过，用长如猪拱嘴的相机拍过全村的鸟瞰图，再用红笔沿村子周边勾连起来，让大伙仔细地看。乖乖隆的咚，巧得很，那红笔勾连起来的图案恰似一只张着双翼的大鸟，竟像传说中的凤凰一般。朱秉晨说了，这不是传统意义上的凤凰，它其实就是朱雀，两者形同色异，凤凰是五色纹，而朱雀通体火红。

大伙听了发呆，嘴张着合不拢。唯独朱国泰头摇得像拨浪鼓。他说，三子，你那个是牵强附会，朱雀的朱为赤，赤者红也，而非我姓。

老爷子发话后，便有了附和者。说还是用老祖宗的姓和字好……

赞成朱秉晨的多是些有文化有脑筋的年轻人。说人家通过认真考证，有凭有据，况且，唐朝的长安有繁华的朱雀大街、金陵有朱雀桥……还搬出唐诗来——朱雀桥边野草花，乌衣巷口夕阳斜。再者说，晦是晦气的晦，哪如朱雀吉祥！

就这样，“朱雀”压倒了“朱晦”，占了上风。朱国泰有些生气，据朱秉星描述，老爷子气得山羊胡子直翘，两顿没吃饭，三天没解大便。然而，朱弄和周边村因故终究未能合并成功，所以，更改村名的事也就搁置下来。

让朱秉晨没想到的是，后面发生的事，即画像被盗的事，让他难脱干系，后果相当严重。

原来，每年正月，朱秉晨都要带着夫人、孩子回朱弄一趟，父母在时给父母和村里长辈拜年，参加灯堂会；父母去世后，回来参加灯堂会，顺便给七大大朱国泰等几位长辈拜个年。

朱氏是当地大姓，和“三山的窑（姚）烧不得、新港的鼓（古）敲不得、横山的姑娘抱（鲍）不得、新淮的蛇（佘）玩不得、荻港的仇（球）踢不得”一样，人称“花山的猪（朱）赶不得”。上世纪八十年代至今，多数大姓人家每年正月作兴玩龙灯、叠罗汉，朱氏也不例外。玩龙灯前要在朱家老祠堂前开灯堂会。届时，须请出一幅五尺全开的彩墨画像，凡朱氏族人皆要敬香、跪拜。据朱家代代相传，画上的一对衣冠楚楚的老年夫妇，便是朱老夫子和夫人。

去年，因考证新村名的事，朱秉晨自知得罪了老爷子，临走去了老爷子家，向七大大赔不是、道个别。老爷子态度冷淡，稍微应酬，便出后门遁去，一去不返，让朱秉晨好等。朱秉晨等了将近半个钟头，夫人又催，遂怏怏回城。

孰料，今年开灯堂会时，那幅画像居然不翼而飞，怎么也找不着，显然被人盗窃了。画像一直收藏在朱国泰家里，除了开灯堂会拿出来，平时从不轻易出示。村里像炸了锅一样，议论、猜测、怀疑……说什么的都有。疑点集中起来有两个：一是怀疑朱秉晨偷的；二是怀疑朱国泰的子女们偷的，其中包括朱秉星。

怀疑朱秉晨的理由是：一来他去年曾进过朱国泰的家门，老爷子离家后，他独自待过；二来他是文化人，晓得那画像非同一般，值钱；三来他老婆是做生意的老板，有销赃渠道。因此一时利欲熏心，盗走了画像。

怀疑朱国泰子女们的理由是：他的某个子女同样晓得那画像价值连城，于是见利忘义；甚至不排除老爷子予以配合或监守自盗。

当天，朱家几名国字辈的老者来到朱家老祠堂前痛哭流涕、捶胸顿足，哭诉那不孝之人伤天害理辱没祖先，败了朱氏门风，坏了朱弄乡风。几个年轻人主张挨家挨户搜查。大伙都在臭骂盗贼，甚至疑邻偷斧含沙射影指桑骂槐，情绪越来越激动，村里闹得沸反盈天。

朱秉星觉得事态严重，赶紧找袁月妗商量，连夜召开村两委会议。会议决定，此事非同小可，仅凭村里已无法处置，需尽快去派出所报案，还要及时向镇综治办汇报。朱秉星当即表态说，我问心无愧，不管查到是谁，包括我家任何人，一律对事不对人！

当晚，派出所接到报案，认为这是一起较为严重的盗窃案件，于是上报至县公安局。第二天，公安局派来两名刑警，由派出所干警配合开展侦查。可是，几个月过去了，案子扑朔迷离，至今未破，杨贵汝他们来朱弄的第一天遇到的派出所和刑警队的人，正为此案而来。

此案无疑影响了中心工作的正常开展。杨贵汝感觉，困难在朝他们一步步逼近。

三

丈量、登记工作在快速向前推进。老百姓议论纷纷，问题提出了一大堆。比较集中的有补偿、安置、户口、保障等政策方面问题。为此，杨贵汝召集大伙开会，要求一要认真领会文件精神，二要一致宣传、统一口径，三要做到首问负责制，确实拿不准的要向上面请示。

杨贵汝逐渐发现，村干部中有人对这项工作或多或少有抵触或消极情绪。袁月妗就情绪低落，一直不开笑脸，仿佛有树倒猢狲散之哀。杨贵汝理解，朱弄一旦拆完，村两委建制将不复存在，她本人何去何从，也是身不由己的。但组织上会充分考虑他们的后续安排。朱秉星看似态度积极，其实他也有种种顾虑，心里在打“小九九”。朱志满似乎对这项工作异常冷漠，很少过问，整天忙这忙那，好像有忙不完的事。牛春红一副无所谓的样子，经常忙完计划生育工作也参与其中。只有朱银龙看上去比较迎合这项工作，跑前跑后，配合到位。村里还将已退休几年的老书记朱国华临时返聘回来，配合工作组做些协调和宣传方面的工作。村部食堂烧饭的老妪便是他的老伴。朱国华年逾花甲，胡子茬和板刷头一样花白，看上去勤勤恳恳，会做群众工作。据说，他有一个“特长”，能随口编出押韵的四言八句来。大伙第一次见面时，朱国华握着杨贵汝的手，叫他“杨党委”，这是延续改革开放之前群众对基层党委成员的叫法。旋即随口念道，国家政策暖人心，不料政策常翻新，整村推进把城进，故土难离人常情，工作慢慢做，你看行不行。大伙听了直点头，称赞他说得不赖，老有口才。

一天快近晌午的时候，杨贵汝正在上网浏览新闻，袁月妗领了个陌生男人进来。杨贵汝茫然地看着他俩。袁月妗介绍道，这就是从我们朱弄走出去的大作家、摄影家朱秉晨，小名三子。又对朱秉晨说，这是杨委，负责朱弄“整村推进，土地流转”试点工作的镇领导。

杨贵汝站起来和他握手、寒暄。原来眼前之人就是大名鼎鼎、如雷贯耳的朱秉晨！此人中等身材，微胖，国字脸，肤色黑里透红，粗眉小眼，目光犀利，如刘欢一样的马尾辫扎在脑后，颇有艺人风采；上身穿米色夹克衫，下身着蓝色牛仔裤。他肩背一个鼓鼓囊囊的棕色挎包，俨然一个长途跋涉的驴友。朱秉晨一边与杨贵汝握手，一边无限感慨，说，哎呀，我家祖祖辈辈生活在这里，我在这里出生，并生活了将近二十年，出去后每年都要回来几趟，是我魂牵梦萦的故乡啊！听说马上就要全部拆迁了，我得赶紧回来，把现在的村容村貌拍下来，留作永久的纪念，你们辛苦了，这项工作不好做啊。

杨贵汝说，久闻朱老师的大名，也拜读过朱老师的大作；你能回来将整个村庄拍下来，也等于参与了我们的工作，我们非常欢迎啊！

接下来，朱秉晨就把朱弄的历史沿革和他考证的结论向杨贵汝一一陈述，像老师授课，也如情况汇报。他是个健谈之人，口若悬河，只是从头至尾绝口没提祖宗画像一事。

据朱秉晨所言，早在明代洪武年间，来自徽州婺源（朱老夫子的祖籍所在地）的一位朱氏商人辗转至此，见此地前有照（指白虎涧下游的白虎塘），后有靠（指青龙山脉），青龙、白虎两边抱，难得的风水宝地啊！遂在当地置地建房，接来一家老小，就此安顿下来。朱大老爷一妻六妾，可谓妻妾成群，儿孙满堂。一门朱氏在此繁衍了六百多年，才有了如今的朱弄。

午餐的时候到了，餐桌上的菜比往常丰盛许多。朱秉星笑嘻嘻地对杨贵汝说，杨委，今天中午破个例吧，我兄弟难得回来一趟，搞点酒，怎么样？

杨贵汝来朱弄的当天曾宣布，今后所有工作组成员和村干部，中午一律不得饮酒，以免酒气冲天或脸红脖子粗面对群众工作，影响不好。眼前，朱秉星当着客人的面，话已至此，他焉能不通情理。于是说，好啊，朋友来了有好酒，朱老师是贵客，更要搞好酒。

朱秉晨并无推辞之意，迎合着说，在家乡我也不客气了，能和杨委一起喝酒，也是朱某的荣幸啊。

几轮推杯换盏，朱秉晨的脸和脖子上泛起了紫红，与之前特别健谈不同，他只专注饮酒、吃菜。不像有的人，平时话不多，三杯老酒下肚，呱啦呱啦一大堆，唾沫星子直飞。

饭后，朱秉晨也不休息，立马向大伙告辞，说赶时间去拍照，拍完就回城里，不再过来和各位打招呼了，并热情邀请大伙忙中偷闲去他那里做客。尽管有几分城里人对乡下人的假意客套，杨贵汝等人还是表示了谢意，和他握手作别。

稍事休息，杨贵汝打算和丈量组的弟兄们一道下去看看，以便了解一线情况。丈量比较简单，登记却是细活，不能有丝毫疏漏，否则会影响人家的切身利益。尤其是各家各户房屋的建造年代，关系到补偿标准的认定，非同小可。建造年代一般由户主自报，记不清的便找来当时购买建筑材料的发票或收据来证明建房时间；也可向本村民组组长或邻居们询问，回忆大致和某某家同年建房。登记完，要求户主确认签字。上年纪的人大多不会写字，便以别人代签按上手印为准。多数人郑重其事，将食指深深地嵌入印泥中，然后将血红的指印重重地按在自己的大名上。看着他们按手印，杨贵汝不禁联想起《白毛女》中杨白劳被迫按下手印的情景，这二者当然是不同的，杨白劳是稀里糊涂按在了女儿的卖身契上；群众是明明白白按在了自家房屋的拆迁登记表上。

傍晚快要收工时，杨贵汝接到袁月妗电话，说镇里来了人，晚上就在村部食堂招待，请他们留下来作陪。临晚来人已不是第一次了，基层就这样，来者是客，千差万差来人不能差。杨贵汝当来客是谁呢，原来是党委副书记熊雄。熊雄是教师出身，前些年被选拔进了县政府办，熬到秘书科副科长，才被下派基层任职，先任花山镇副镇长，去年转任了副书记。他们早就相互认识，只是彼此不大了解。近二十天的相处，杨贵汝感觉此人虽相貌平平，瘦而高，大头鼻子上架副眼镜，俨然旧式文人，却富有智商和情商，大脑反应快速，具有一定的亲和力。他见到大伙，开口就是一通表扬：杨宣委，各位弟兄，你们辛苦了！机关干部要是个个像你们这样特别能吃苦，特别能战斗，何愁干不好工作！他称呼杨贵汝“杨宣委”是非常恰当的，可见他比较注重细节。细节往往关乎成败。

晚餐自然又是“酒”字当头，不为解忧，只为助兴。朱秉星像打了鸡血一样兴奋，一上来就要找熊雄“炸罍子”，熊雄没有应战，只和他不痛不痒喝了一小杯而已。没想到，酒过三巡，菜过五味，袁月妗倒打起了短，劝大伙都要少喝，说，我是女人，最了解你们家属的心情，一定要少喝酒多吃菜……熊雄接茬道，晚上还要早回来。袁月妗腾地红了脸，尴尬地微笑说，你们就是把老婆的话当耳边风！说完她低头浅浅地抿了一口香浓的蓝莓汁。

四

随着时间的推移，杨贵汝目见耳闻的东西越来越多，对几名村干部也有了全新的认知。

袁月妗从长江南岸的洲上嫁到朱弄的时候，轰动了全村。她天生丽质，长得像台湾歌星邓丽君，全村老少爷们，还没谁见过这么水灵这么标致的新娘子，宛如仙女下凡尘。可她不单是漂亮，还很能干。刚生下孩子不久，就被选进村两委，先任计生专干、妇女主任，入党后又被提拔为支部副书记，最终被提到了书记的岗位上。她的丈夫也姓朱，和朱秉星以及牛春红的丈夫是一个房下的堂兄弟，浓眉大眼，身材高大，老实巴交，甚至木讷，常年在外打工。听说夫妻俩性格不合，就差闹离婚了。俩人育有一子，儿子大学毕业后执意当兵去了西藏。她和熊雄“有一腿”是公开的秘密。熊雄来花山任职，分工联系朱弄，一来二去，久而久之，一个锅要补，一个要补锅，王八看绿豆，干柴遇烈火，成就了一段让人艳羡、眼红、恨非自己的婚外恋情。在一次朋友之间小范围的聚餐上，几分醉意的袁月妗听了大伙关于夫妻感情问题的议论后，感慨万千，喃喃自语道，什么一日夫妻百日恩，百日夫妻似海深，都是假的，感情真是可遇不可求啊，我遇到老熊，一生知足了。听者无不愕然。常听怨妇说，床铺草睡成筋，不晓得丈夫什么心；站在其丈夫角度，可以说，床铺草睡成筋，不晓得女人什么心了。上次熊雄来朱弄的第二天，就听牛春红有意无意地说，他晚上去袁月妗家过夜了。杨贵汝当时满腹狐疑，一脸诧异。一旁的朱志满点头证实说，他们是真的，早已不是秘密，见惯不怪了。杨贵汝想起来，难怪当晚喝酒时，袁月妗不让多喝，原来是藏了私心的。像袁月妗这样成熟诱人的出墙红杏，不出则已，一出惊人；虽然算不得轰轰烈烈，却义无反顾，亦是难得的世间恋情……这种以无视道德的行为挑战无爱情的婚姻，其实不过是自古以来人们情感流转的延续而已。

朱秉星是名退伍军人，土生土长的朱弄人。刚进村班子时是民兵营长兼治保主任，工作十分努力，为人诚实憨厚，一干就是八年，中途没有变动。经过八年历练，他那柔软的龟壳逐渐变硬，堪负重任，后经村委会换届选举，被毫无悬念地选为村委会主任。他和袁月妗的关系有些微妙，一度还有些暧昧。微妙在于袁月妗是他的堂房弟媳，却是他的顶头上司，他有时叫她书记，有时也叫她月妗；而袁月妗只叫他朱主任，却从不叫他哥。暧昧是在熊雄横空出世降临朱弄之前，作为村两委班子的搭档，他们经常出双入对，耳鬓厮磨，俨然亲密无间的情侣。作为男人，男子汉大丈夫，他又时常不分场合关爱着袁月妗，譬如应酬时积极帮她代酒，工作上主动替她担责……而袁月妗也乐得有人关爱，如皇后般骄傲地当她的书记。熊雄如半路杀出来的程咬金。从此朱秉星和袁月妗之间自然而然拉开了根本产生不了美的距离。要说朱秉星一点不耿耿于怀那是假话，但他有自知之明，自知除了喝酒之外，其他都不是熊雄的对手。

朱志满是村里的三号人物。人们常说，上面千条线下面一针穿，是指千头万绪的工作都要落实到最基层。最基层的地方谁是针眼最大的针？无疑是朱志满这样的文书、会计，他仿佛是最基层组织的大箩筐，什么乱七八糟的东西都往里装。所以，他总是忙忙碌碌，时刻不闲。他好比村里的大内总管，没有他不晓得的事，但有人说他揣着明白装糊涂，一般不掺和人家的纷争，无论是权力上还是感情上，都奉行摸摸头一千岁的“千岁主义”。

朱银龙最年轻，辈分最低，在村里充其量就是个跑腿的角色。小伙子一表人才，话语不多，正在谈恋爱，对象是袁月妗给介绍的娘家侄女，所以，他唯袁书记马首是瞻。朱秉星叫他办事，他凡事都要跟袁月妗请示汇报，让朱秉星非常恼火和无奈。当然，他比较勤快，也能吃苦，任劳任怨，配合中心工作的时间最多，大伙对他印象总体不错。但有的村干部对他或多或少有所防范，他毕竟是袁月妗的心腹之人，谁还没有一点个人隐私呢，动不动就被袁月妗知道了，就感觉被克格勃盯着了一样，闹心。

牛春红的角色之所以重要，是因为计划生育工作一票否决举足轻重。牛春红才四十出头，却不善保养，看上去倒像个年过半百的俄罗斯大妈。她是个眼里揉不进沙子心里装不住话的直筒子，同时也是个热心肠的人。计生工作毕竟有张有弛，时忙时闲。只要得空，她会主动配合镇干部们的丈量、登记工作，带路、找户主、拍照、拉皮尺，遇事做事，从不挑剔。当然，她喜欢“新闻直播”，其中有“独家新闻”，也有“小道消息”。

这五人当中，相互关系也比较明朗，朱银龙明显是袁月妗的死党；牛春红和朱秉星相对靠近，跟袁月妗之间似乎保持一段无形的距离；朱志满相当于中间派。尽管如此，他们表面上都还顾全大局，起码在镇干部们面前是这样。

五

丈量、登记工作基本结束，接下来是大量的整理工作，准备分片张榜公布。晌午，老马他们梳理出几个问题，专门向杨贵汝汇报。杨贵汝找来袁月妗等人，共同听取汇报，共同研究，以便拿出初步处理意见。

老马说，当前有四个问题需考虑解决，一是朱氏祠堂怎么办？二是原小学校和卫生室如何处置？三是房屋的建造年代无法确认的怎么办？四是达到主房标准的附属房按什么标准算（按文件规定，只有主房是安置范围，附属房不属于安置范围）？杨贵汝请大伙各抒已见。

朱秉星率先发言，杨委，我有话直说，老祠堂暂时不能拆，老祖宗画像还没找到，现在又要拆祠堂，肯定许多人接受不了，我家老爷子肯定接受不了，我也接受不了。

杨贵汝问，那什么时候可以拆？

他答，等案子破了，我们朱家再开个代表会，那时我们做些工作，应该可以拆的。

杨贵汝说，嗯，你继续说。

他说，学校是搞“两基教育”时利用项目资金建的两层楼房；卫生室是去年达标时新建的平瓦房，都时间不长，质量不差。我个人建议，学校在圩子中心地带，以后土地流转，种粮大户也需要管理房和物资仓库，可以留下来或租赁或转让，都能发挥经济效益。卫生室可以马上拆除，打个不恰当的比方，就像一小段古城墙一样，拆了可惜，留了没用。各家房子的建筑年代，要各自凭良心了，同一村民组的人，也能证明。附属房怎么算，按文件规定办。我说得不对请批评。

杨贵汝像表扬回答正确的学生一样说，说得很好。转而看着朱志满说，朱会计，你怎么看？杨贵汝忽然意识到自己电视剧看多了，竟无意中模仿了狄仁杰的口吻。

朱志满正了正身了，温温吞吞地说，我没什么新的看法，基本赞成主仟的意见。

杨贵汝把目光移向老书记朱国华，老书记，你说说。

朱国华清清嗓子，缓慢开口道，要我说呀，我赞成秉星前面的意见，房子的年代确认应该不难，真要找证据也不易，多数人家没办集体土地使用证证，盖房子时买材料开发票的极少，因此多数只能凭良心凭回忆了，大致时间应该能回忆出来，要相信大伙。附属房呢，要依我说，达到主房标准的最好能按主房安置，这样大伙心理上平衡些。古话说，故土难离，大伙祖祖辈辈生活在这里，一下子让全部搬走，心里本来就不好受，假如政策太紧，工作就必然难做。总之，没用的房子都该拆，有用的房子暂缓拆，盖房的年代填实在，附属房子有交代。我就讲这些，仅供你们参考。

最后，杨贵汝朝袁月妗抬抬下巴。施了淡妆的袁月妗呷了口以西洋参、枸杞炮制的保健茶，直抒胸臆，谈了她的意见。她说，全拆是前提，不但祠堂、学校、卫生室要拆，连村部也要拆。整村推进了土地流转，这些房屋还留着干吗？建造年代的事涉及各户利益问题，非同小可，搞不好，你抵我，我抵你，群众意见大，会吵翻天，一定要慎重对待。附属房的事我赞成老书记的意见，我们要为老百姓说话，既达到了主房标准，何况又有不少是家里老人住的，为什么不能按主房算？群众的利益如果得不到保障，我们的工作难度大不说，更会丧失基层组织的威信，群众会认为我们没有实事求是帮他们说话。就讲这些。

杨贵汝示意老马说说意见。老马说，我同意袁书记意见，为了降低工作难度，加快进度，我建议杨委向镇里汇报，看能否打个“擦边球”，附属房达到主房标准的，按主房安置。

杨贵汝随即小结道，综合大伙意见，第一，祠堂和学校暂缓拆除，学校可以考虑留作它用；第二，卫生室立即拆除；第三，建筑年代问题先按各户自报的年代张榜公布，只要有举报的立即核查；第四，原则上允许达到主房标准的附属房按主房安置，等我向镇里请示得到答复后执行。

下午，盛夏的骄阳异常毒辣。杨贵汝戴着草帽，请朱秉星引路，来到位于村东北的朱氏祠堂门前。要不是朱秉星介绍，谁能相信眼前这座四厢八正却破败不堪的古旧建筑居然是大姓人家的祠堂。他们低头钻进倒了门框的门洞里，只见里面乱七八糟地堆着一些柴草和杂树，蜘蛛网随意地牵着挂着，屋顶有几处通透，刺目的阳光从上面斜射下来，像竖琴密集的丝弦。朱秉星从墙旮旯处拎出一块沾满灰尘的足有二寸厚的矩形旧木板，弯腰侧身用力去吹，板上的灰尘轰然而起，在丝弦般的阳光处，氤氲弥漫，清晰可见。杨贵汝凑上去一看，木板上有四个颜体大字隐现，乃“朱氏祠堂”。

杨贵汝说，这块木匾至少几百年了，怎么没人保管，随便放在这里，若是被哪个当烧锅柴烧了就非常可惜了。

朱秉星放下木匾，拍拍双手说，这东西没人要也没人敢烧，当年被红卫兵捣下来，一直被遗忘在这里，灰笃厚，先前只有三子来看过，哦，就是朱秉晨。

杨贵汝问，你们开灯堂会也不挂它吗？

朱秉星摇头说，没挂过。

杨贵汝说，等拆之前一定要把这块木匾捡起来，好歹也是一块难得的文物，说不定哪天你们朱家再建祠堂，或许能用上。

朱秉星直点头，说，一定捡起来。

离开颓废的老祠堂，他们沿着三米五宽的村村通水泥路，去看看圩子中心的小学校。学校是三面围墙围起来的院落，有一栋两层的小楼房。钢筋院门上落了大锁，院内丛生了不少杂草，显得寂寥、荒芜。朱秉星介绍说，这里过去也是完小，后来成了教学点，去年只剩下三名小学生，就干脆合并到隔壁村小学去了。

杨贵汝估计了一下，这所学校占地约有两亩左右，开展“整村推进，土地流转”的目标之一，就是要净增若干耕地，置换成商业、企业或市政建设用地指标。但他觉得朱秉星建议保留它具有长远目光。

回来的路上，朱秉星笑道，杨委，我家老爷子早想找你呱呱淡，我总说你忙得很，今天能不能去他那里坐坐，了却老爷子的心愿？杨贵汝爽快地说，行啊，现在就去吧。

朱国泰住在祖传的老屋基上，三间老式的鱼鳞瓦房掩映在四周浓密的水桦树树荫里。小院里有棵碗口粗的桂花树，树枝饱满，树干直壮，据朱秉星说，去年有树贩子出价一万他都没卖。

朱秉星把杨贵汝介绍给朱国泰。老爷子双手颤抖着握住杨贵汝的手说，杨党委啊，你工作那么忙，怎有时间来我这里啊？

杨贵汝心说，老爷子的话里有话啊，表面上说我忙，实际上怪我为什么不早来看望他。老爷子也不像先前听说的那样精神矍铄，而是明显的老态龙钟。

杨贵汝真诚地说，对不起啊，老爷子，是我来晚了，请您老原谅。又有意转移话头，说，这棵桂树太漂亮啦，有个好价钱还是卖了吧，您老搬走了，树移哪里栽啊。

朱秉星说，现在的树贩子坏，晓得我们要整村推进搞拆迁了，就使劲杀价，以前谈到一万，昨天来只出六千，多一分也不加。

朱国泰气呼呼接话道，少了老子不卖，就放这里长着！

杨贵汝说，老爷子千万别急，大伙帮你留意，买树的又不止他一个，何况这么漂亮的桂花树真是少有啊！

正说着话，有人从老爷子的屋里冒出来，据朱秉星介绍，是村电工老侯。老侯曾是村委会副主任，因违反计划生育政策受处分被免了职。据说此人一直怨恨袁月吟，怪她在处理他的问题上没帮他讲话；同时对镇、村工作横竖不满意。

老侯闲闲地说，杨委是吧？老爷子家电路出了故障，我来检修；老人不喜欢吹电风扇，非让我拆下来不可。

杨贵汝主动和他握了手。

朱秉星从屋里搬来一张泛旧的小方桌、三把竹椅，安放在桂花树旁，让大伙坐了；泡了当地人爱喝的高山茶，让杨贵汝尝尝。此茶是地道的野茶，名为“高山茶”，实则生长在皖南低矮丘陵地带，茶香味浓，茶色清透，其叶纹理清晰，喝起来甘洌清爽。

朱国泰说，我没什么好茶招待，不晓得杨党委喝惯喝不惯？

杨贵汝连忙说，喝得惯，也喜欢喝野茶。

老爷子抹一把山羊胡子说，喝得惯就好。又说，杨党委啊，我已经几个月睡不着觉了，日日夜夜就在想，怪事啊，难道老祖宗晓得朱弄村就要没有了，所以他们二老先悄悄地走了？你说，他们走了，怎么也不带我一道走啊，让我这个老棺材瓤子待这里淘气啊……

朱秉星对杨贵汝笑笑说，人老了尽说胡话。又冲老爷子道，你不是想找杨党委呱呱淡吗？怎么净讲些神神道道的话。

杨贵汝说，让老爷子想说什么说什么吧。

老爷子又说，我哪里都不想去，就在这里等老祖宗回来呢；我什么也不要，只要一小块菜地就照啊。

杨贵汝听懂了老爷子的弦外之音，老爷子在说自己的心事呢。

六

工作组将各户丈量、登记的情况以及举报电话分片张榜公布后，引来许多村民围观和议论，这很正常，说明大伙都非常关心自己的切身利益。然而，当天夜里，张贴在朱二村民组的公告被人撕去，引起了各种猜测和议论。比较集中的猜测是，撕公告的人一定心里有鬼；议论的焦点是，这年头老实人还是吃亏。

杨贵汝将朱弄出现的问题一一向书记和镇长汇报，又向镇党政联席会议做了汇报，取得了一致的支持。老马他们和村两委成员得知了都很欣慰。要想开展好这项前所未有的工作，上级的政策支持是源泉，群众的普遍支持是基础。

这两天，杨贵汝和老马以及镇党委、政府主要领导都接到相关举报，集中起来有两方面问题，一是建筑年代问题，二是面积大小问题。被举报的人当中就有袁月妗、朱秉星、朱银龙和牛春红四名村干部，占村两委的五分之四；也有其他和村干部有亲戚关系的村民。镇主要领导要求尽快核查，给群众一个满意的交代。这根本出乎杨贵汝的意料。

陆续有人到村部表示不满和愤慨。老书记朱国华黑疯着脸找到杨贵汝说，杨党委，我干工作几十年，从来不带私心，现在倒好，老实人就是吃亏，不怪我家老女人骂我，说跟我吃一辈子亏，倒一辈子霉。哎，房屋拆迁报年代，有人皮厚有人赖，不讲诚信风气坏，劝君不背子孙债。

杨贵汝思忖，难怪这两天朱国华的老伴见到我们不如以前那么热情了，饭菜也烧得马虎些。他问老书记，您老没填错吧？

朱国华摇摇头，表示没有。

杨贵汝安慰他说，您老没填错，说明您老有觉悟！放心，我们肯定要查个明明白白，请您老随时监督！

老书记两眼噙了泪水，握住杨贵汝的手使劲地点着头。

村干部中唯一没被举报的朱志满反而整天阴沉着脸，一言不发，好像大伙都欠他的债没还似的，让杨贵汝莫名其妙。

这天，杨贵汝和老马先后找四名村干部单独谈话。袁月妗被举报故意混淆两处房屋的建筑年代。但她态度坚决，说，随你们怎么核查，若我家有问题，责任由我承担。杨贵汝说，我们相信你不会这么糊涂。

朱秉星同样态度坚决，信誓旦旦。他被举报假报建筑年代，同时丈量面积时，弄虚作假，夸大了主房和围墙面积。此事涉及镇工作组的丈量、登记人员。杨贵汝要求更换一班人去重新丈量、登记，以便两相核对。

朱银龙被举报有意在丈量、登记前夕突击装潢厨房和卫生间，套取资金补偿。朱银龙承认在此之前装潢了自家的厨房和卫生间，但他家的厨房和卫生间确实破旧不堪，他下半年打算就要结婚，况且自己是在根本不知道要开展"整村推进，土地流转"的情况下装潢的。他显得非常委屈，愤愤地说，我晓得是哪个写信举报的，就是对书记有意见的那个人，针往我身上打，不要脸！大伙都明白，他指的是那个电工老侯。

牛春红也是被举报假报建筑年代。她羞红着脸，坦白道，我原先填的年代是真实的，后来发现不少人家搞假，我就找他们改了假的，我马上再改过来。杨贵汝当场问老马，老马说，确有此事，当时牛主任说她搞错了，要求更改，就让她改了。

谈话尚未结束，村部外陆续来了不少村民，杨贵汝从窗里看得一清二楚。袁月妗被围在当中对大伙解释什么。本来杨贵汝要问牛春红哪些人家搞了假的，却只得草草谈完。他们开门出去，外面闹哄哄的，人声鼎沸。杨贵汝让大伙安静，说有问题可以一个一个地来说，大伙都说话，谁也听不清。袁月妗也大声道，大伙安静，安静，镇领导杨委来听取大伙意见，请一个一个地说！

人群逐渐安静下来。

有人说，村干部带头弄虚作假，怎么处理呀？

又有人说，镇、村干部伙穿一条裤子，帮人家占便宜，你们要给老百姓一个交代！

对，我们要求一碗水端平，还一个人心公道！有人大声喊道。

你们如果做得不公，官官相护，我们就去上访，一级一级反映问题，不相信上面不管！

我们上访！

向上反映！

……

等他们喊过了，声音稀疏了，杨贵汝开始讲话——各位乡亲，我是镇工作组负责人，我叫杨贵汝，首先欢迎大伙来反映问题，这说明大伙对我们是信任的；我们之所以要张榜公布，就是请大伙来进行监督的，大伙所反映的问题有的可能存在，我们正在核查，一旦查实，不管是谁，我们坚决予以纠正，绝不姑息！请你们放心，世界上怕就怕认真二字，共产党就最讲认真，毛主席说的，今天还管用！我们努力确保不让老实人吃亏，不让贪小便宜的人得逞！同时欢迎大伙对我们的工作继续进行监督和配合。

从现场的掌声中，杨贵汝感受到了群众的信任和肩负的责任之重。

人们散去之后，杨贵汝单独询问牛春红刚才准备问却没来得及问的问题。她掩口而笑，说，真的假不了，假的真不了，我也搞不准。杨贵汝追问无果，便被她敷衍过去。

关于房屋建造年代一事，杨贵汝一直认为，第一次申报应该相对准确，如人们第一次填写干部登记表或填写入党志愿书一样，都是抱着最真诚的态度。但是他错了。现实中，确实有人年轻老成，颇有心机，填写干部登记表或入党志愿书时居然有意将年龄虚减，为自己日后提拔、退休埋下伏笔。如他这样的老实人，做梦也没想到竟然可以这么干，而且可以瞒天过海得到实惠。杨贵汝决心彻查房屋建造年代一事，但一时无从下手，谁来证明，谁肯公开得罪人？

下午四点半左右，杨贵汝接到吕教的电话，说晚上有个饭局请他参加，地点在县城一家名叫“小桥流水人家”的饭庄。杨贵汝如约而至。不料，熊雄在场。过一会儿，袁月妗竟然也来了。杨贵汝半玩笑地对她说，早知道袁书记也来，我们一道还能省点汽油呢。袁月妗微红了脸，说，我也不晓得哪些人参加，稀里糊涂就跑来了。

饭局是一位企业老总请花山派出所所长和教导员的客，所长请了熊雄、袁月妗作陪；而吕教则请了杨贵汝。熊雄坐在主客的位子上，左边是做东的老总。所长让杨贵汝坐在了企业老总左边，袁月妗自然坐在了熊雄的右边。席间，大伙难免聊到朱弄村的相关情况。熊雄问吕教画像失窃的案子侦办得怎样了。吕教说，从我们目前掌握的线索分析判断，倒有可能是朱家自家人干的，既是自家人，就是家务事，清官难断啊！还有一句老话，叫“家贼难防”，既难防，也难破案，毕竟线索太少了。

袁月妗手扶桌上的蓝莓汁饮料瓶说，你们警方带了搜查证，可以进行入户搜查啊，不搜怎么能找到，还指望盗贼自己送回来吗？

杨贵汝说，说不定那人什么时候良心发现，悄悄送回来也是可能的。

熊雄深沉地点点头，不急不缓地说，确有可能，电影《功夫熊猫》里，乌龟大师说过，凡事皆有可能。

杨贵汝注意到，大伙都会注意到，袁月妗深情而专注地看着熊雄说话，脸上洋溢着崇拜和幸福的表情。此时，熊雄和袁月妗相邻的两臂同时改变了下垂的姿势，有了微斜的角度，拼成了“V”字。杨贵汝相信，此刻，他俩正两情相悦，手挽着手，心连着心，纪检来查也不管经。

杨贵汝很费解，像熊雄这样思维缜密、注重细节的基层领导干部，为何不顾场合让自己的“婚外情”轻易暴露在人前，就不会玩点“潜伏”的游戏吗？

杨贵汝本想提出房屋建造年代如何认定的问题，请大伙给他出谋划策，考虑再三，还是咽了回去。这种场合总谈工作，显然不合时宜。

七

上午八点，工作组准时进了村。闷热的天气逼人立马出汗。杨贵汝赶紧开了办公室的吊扇，锈迹斑斑的吊扇老鼠般吱吱欢叫着，费劲地使空气流动起来。冒出的汗最终被倒逼回去。他忽然悟到，很多事情是可以倒逼着解决的。

杨贵汝刚在椅子上坐定，就见朱秉星和牛春红一前一后走进来。他以为他俩要和他谈关于房屋建造年代认定的事，遂请他俩坐下说。孰料，牛春红瞅一眼门外，压低声音说，杨委，昨夜差点出大事了。

哦。杨贵汝竖起耳朵听，同时看看一旁的朱秉星。朱秉星点点头。

牛春红继续道，昨夜十一点多，我睡下了，忽然，袁书记打我电话，让我和老公赶紧过去一趟。我们估计出了什么事，就赶紧跑过去。到袁书记家一看，熊书记被袁书记的老公堵在家里了。她老公是回来办理新农保手续的，只是回来得很突然，电话也没打。敲开门，熊书记正在屋里。袁书记就解释说，熊书记是来谈工作的，了解朱弄村近期社会治安综合治理情况，银龙也在，只是不巧刚回去了，你要不信，可以喊他来说明情况。她老公哪信啊，不说话，猛抽烟。一会儿，袁书记当面打电话让银龙来了。我朝他挤挤眼，故意递话给他说，银龙你是不是刚从袁书记家走的？银龙愣了一下，我又朝他挤挤眼，他好像明白过来，连忙说，哦，是从这里刚走的，熊书记巡逻到我们村，顺便找我们了解情况。袁书记老公问，了解完了，你都走了，他怎么还没走啊？袁书记就接话说，是我请熊书记喝完茶再走的，你正好回来了。我和我老公赶紧转弯，说你应该相信月妗，相信银龙啊。人家熊书记非常辛苦，这么晚了，还出来巡逻，就让领导早点回去休息吧。我向熊书记使了个眼色，熊书记才讪讪地退出门去，怎么走的我也不晓得了。他们没在床上被他捉到，也算他们运气不错。我老公和袁书记老公打小关系就好，又是亲戚，劝几句也就平息了。

朱秉星勉强笑笑说，他们算幸运咯，袁书记老公是个老好人、木骨人，要是在床上被逮到，肯定出人命了。

突然，朱银龙跑了进来，还微带喘吁，说，老校长正在老祠堂前放声大哭呢，也不晓得什么原因。

杨贵汝说，一道去看看吧。

他们赶到老祠堂门前时，已有不少人在围观。老校长朱国安还一把鼻涕一把泪地在号啕哭诉——老祖宗啊，子孙不孝啊，宝像不见了啊，朱弄不保了啊，朱氏不吉不祥啊，你们在天之灵啊，怎得告慰啊……

杨贵汝上前搀起老校长，大声说，老校长，您老节哀吧，偷走老祖宗画像的人才是不肖子孙，会遭人唾骂和为人不齿的；村子即将拆除是大势所趋，许多皇帝老子的宫殿还被拆了呢，将来镇志上也会记载朱弄村一笔的！

老校长握着杨贵汝的手，打住了哭腔，挂着鼻涕道，杨党委啊，朱弄出这些事，搞成这样，我心疼啊！偷了祖宗画像的是辱没祖宗，辱没家族啊，怎么不遭天打五雷轰啊！

杨贵汝说，老天自有公道，是人总有良心，您老先回吧，别哭坏了身子。

牛春红扶走了老校长。

下午，杨贵汝召集工作组和村两委成员开会，突然宣布：一、再延迟一天，希望填错房屋建造年代和弄错房屋面积的户主主动来纠正；二、本周内先拆除老祠堂和卫生室。

所有人都以不解的目光看着杨贵汝。杨贵汝有意正色道，再不拆，哭坏了老校长谁负责?!

众人散了之后，老马向杨贵汝汇报到朱秉星家重新丈量、登记、核对情况。说为了避嫌，朱秉星本人两次都没有参与，自始至终由他家属在场。丈量计算的面积没有错，由于楼上倒坡按围墙标准算，看上去人为增加了围墙面积，其实不然；他家的厨房房高超过了两米，完全可以按主房面积计算；至于建造年代，还是无从核准。

正当大伙为此大伤脑筋之际，朱志满捧来一本厚厚的册子，嗫嚅道，杨委，马主任，你们也别费心思了，我这里有一本登记簿，是前几年国土部门对农村住房进行普查登记时填写的，上面就有详细的信息资料，包括建造年代。

杨贵汝接过一翻，需要的信息上面全有，却不客气地对朱志满说，你怎么早不拿出来？害我们耗费了多少脑细胞啊！

朱志满涨红了脸，说，你们没说，我也不晓得该不该拿出来。

杨贵汝问，那为什么今天要拿出来呢？

朱志满说，我憋好几天了，见有人弄虚作假，给了机会让他们改正，却不识抬举，一再不要脸，我实在忍不住了，才把这个拿出来。

杨贵汝心想，难怪朱志满那些天整天阴沉着脸，一言不发，俨然徐庶进曹营。他随即将登记簿递给老马，说，逐户核对，纠正后，再次张榜公布。

核对结果，袁月妗家两处不同时期的房屋建造年代和面积数据颠倒了，导致了一场大有名堂的误会，应是工作人员粗心大意所致。调整后，面积大的年代更近，补偿标准反而高出一档。

朱秉星家房屋建造年代比登记簿上的时间提前了一年，刚好达上了上一档的补偿标准。杨贵汝叫来朱秉星，听他如何解释。他只扫了一眼，说，我回去问了我老婆，她说她记得我们家房子是1997年元月份建好的，那天她煮了一大锅胀锅饭，请了两桌客，印象特别深；前些年登记是我报的年份，我记得是1996年农历腊月，登记人员就填了1996年12月。所以都没错。

杨贵汝笑着问他，你说应该依哪个妥当？

朱秉星磕磕巴巴地说，就、就依农、农历的，1996年12月，谁叫我、我是村干部呢！

牛春红已自我纠正了。难断的倒是朱银龙家故意提前装潢问题。朱银龙坚决不让步，涨红了脸说，我可以诅咒，我要是故意突击装潢骗取补偿，我不是我大大养的……

杨贵汝打断他，说，好了，等我们再次张榜公布后，看群众如何反应，如再有举报，我们将视情况而定，我们处理不好，就上交镇纪委处理，最终要给群众同时也给你一个交代。

朱银龙斩钉截铁地说，好！

除了村干部本人，还核对出袁月妗的小叔子、朱秉星的大姨子、牛春红丈夫的大表哥以及朱二村民组组长朱国喜等七户都存在虚报房屋建造年代问题。工作组再次召开村两委和工作组联席会议，一致决定，坚决按登记簿上的年代予以纠正并张榜公布。

再次张榜公布那天同样引来众人围观，从各片收集的信息看，群众虽然仍有几句微词，但是心平气和得多。在对村干部的处理问题上，杨贵汝采取“高高举起，轻轻放下”的策略，因为毕竟没有造成重大损失和影响，这样既纠正了错误，平息了事态发展，又保护了个人，同时也维护了组织的严肃性。

朱国华见了杨贵汝等人，用力地竖起了大拇指，出口念诵——工作组，讲正气，不徇私，不舞弊，一碗水，端得平，朱弄人民笑盈盈！杨党委，有智慧……杨贵汝赶紧打断老书记的段子，说，老书记千万别扯上我，别让我汗颜，后面的工作还很多，我们像秀才赶考一样，能否考取，还要看我们下面怎么努力，是不是？

老书记也会顺杆爬，说，你们肯定能考取，没问题！

杨贵汝认为，解决了丈量、登记中的突出问题，似乎也缓解了村干部之间的相互猜疑和缺乏信任的潜在矛盾。朱志满一扫满脸阴霾，对这项工作似乎有了兴趣，常参与大伙讨论下一步怎么走，为工作组献计献策。由于私下做了工作，没有人再次举报反映，朱银龙终于放下包袱，精神饱满地投入到工作之中。

这天傍晚时分，残阳如胭，晚霞似锦。老爷子朱国泰、老校长朱国安一道来村部找杨贵汝，当时杨贵汝正在跟大伙商量如何开展第三阶段工作。老爷子朱国泰拄着拐，佝偻着腰对杨贵汝说，杨党委啊，听说马上就要拆掉老祠堂？老祖宗还没回来呢，怎么能拆老祠堂啊？

杨贵汝向二老解释说，反正你们老祖宗的画像一时半会也找不回了，再说，老校长上次去那里哭得死去活来，不拆了，把老校长哭坏了，我们担当不起啊。

唉，都是家鬼害家人啊！老爷子朱国泰啐口唾沫道，祖宗宝像丢了，老祠堂要拆了，我这个老棺材瓤子还活个什么劲啊，不如填棺材去算了！

杨贵汝有意问，您老的意思什么时候才能拆啊？

我说有用吗？朱国泰挺了挺身子。

有用。杨贵汝肯定地说。

朱国泰仿佛来了精神，说，好！依我说啊，起码要等祖宗宝像回来，让我们全村朱姓人在祠堂前祭拜了才能拆啊。

杨贵汝说，可是，也不能无止境等下去呀。

老校长朱国安一旁插话说，9月15日是老祖宗华诞之日，无论到时宝像能不能回来，第二天尽管拆了，如何?。

杨贵汝脑子急转，心算着时间，今天是7月17日，还有近两个月的时间，当在第四阶段时间内，应该没有问题。遂当即答复道，行，既然你们二老的话说到这份上，老祠堂就到9月16日拆吧！

二老一齐向杨贵汝作揖，杨贵汝忙上前一手扶住一老。朱国泰说，谢谢杨党委了，我们老祖宗有在天之灵，当保佑你们啊。

杨贵汝说，希望9月15日那天能看到你们朱家人在老祠堂前对着画像祭祖啊。

八

工作组开始进入第三阶段工作——逐户签订拆迁补偿协议。这一阶段也很关键，关系到能否顺利实施下一阶段实质性拆迁工作。

关于就地安置不愿离开故土的老人，拟建老年安置区问题，杨贵汝向党政联席会议做了专题汇报。会上，熊雄力挺他的观点。不论熊雄的出发点为公还是为私，杨贵汝都对他心存感激。最终，杨贵汝的提议获得通过。

中午赶到朱弄村吃饭的时候，老马告诉杨贵汝，有人不愿签订拆迁协议，我们好话说了一屋子，也无济于事。

杨贵汝问，为什么同意丈量、登记又不愿签协议？

老马说，无非是被我们纠正过房屋建造年代的户主，认为我们那样直接公布，跌了他们的相，丢了他们的面子。

下午，杨贵汝和袁月妗随工作人员一道直接来到袁月妗小叔子家。袁月妗说话轻声细语，道，小弟，快签了吧，支持嫂子工作啊。

不料，她小叔子根本没拿正眼瞧她，说，你的工作白天晚上都有领导支持，我一个小老百姓谈不上支持不支持。

这话里分明暗藏了毒箭，企图刺激袁月妗。杨贵汝真担心她会难以承受。果然，袁月妗仿佛被噎了一口，至少一分钟没有说话。她长舒了一口气，又说，退一步说，你就不当我是你嫂子，既然我们这么多人上门来了，你不签也得给个说得过去的理由吧。

没理由，就是不签！她小叔子没好气地回话，头也不抬。

见他们叔嫂话不投机，杨贵汝带头退出门去，大伙随后也退了出来。退出来等于避开了压抑的氛围，避其锋芒，以免闹僵。

他们又来到朱二村民组组长朱国喜家，已有不少村民在等候签订拆迁协议。人多天热，可他家的电风扇纹丝不动，大伙早已热得一脑门的汗，甚至汗流浃背。杨贵汝问，怎么不开电扇？摇着芭蕉扇的朱国喜说，电费太贵了，用不起啊。袁月妗为杨贵汝的茶杯续了开水，杨贵汝呷了一口，一股菜油味让他差点反胃。

来的村民一一签毕，朱国喜却不见了人影。杨贵汝脸露不悦，转身回去。袁月妗紧跟几步，低声说，杨委，我想请你去坐坐，要向你汇报情况，不晓得你能否赏脸。

杨贵汝略一迟疑，问，去哪？

她说，想请你去青龙山度假农庄，怎么样？

杨贵汝说，好吧。

那地方虽然近在咫尺，杨贵汝却只有耳闻尚未目睹，听说环境不错，景色宜人，也算是他向往之地，去了正好可以调整一下心情。下午过了五点，偏西的太阳还挂得老高。袁月妗回家换了一套黑白搭配的蕾丝套装、戴一条铂金大珍珠坠颈链，叫来一辆奇瑞瑞虎私家车，和杨贵汝直奔青龙山度假农庄。车上，杨贵汝问她，今晚有哪些人到场？袁月妗莞尔一笑说，到时候就晓得了。她随口给他卖了个小关子。杨贵汝觉得究竟来哪些人也无所谓，便没有多问。越野车沿着蜿蜒的山道流畅地行驶着，仿佛在描摹巨大的五线谱似的，车上的人似有律动的感觉。约七八分钟，车停在了一座徽式牌楼前，二人下车。袁月妗嘱咐司机先回，需要时再叫他过来。汽车掉头，绝尘而去。杨贵汝注意看了牌楼上方中间的题字，手书行楷，蓝色阳文，署名竟是某前任全国政协副主席。旁边是“AAA国家级风景区”和“中国十佳特色农庄”标志。

杨贵汝情不自禁地欣赏着眼前的景色，尽管明显是人工打造，但景色十分怡人。路的两侧皆是绿树、奇石环绕的荷塘。此时，睡莲怒放，莲花才出新蕾，栈桥似的垂钓台上因气温太高而空无一人，却有几只白鹭暂栖歇脚。荷叶未覆的水面，蓝天白云倒映其中，成为满塘的底色。他抬头望天，脑海里总是浮现去年在拉萨仰望蓝天时带给他的震撼场面，他觉得，人和所有动物就该生活在那样的蓝天之下。进得里面，过一木质廊桥，遂上林荫小道，两旁树高林密，已闻鸟语花香。袁月妗介绍说，这里本是国营青龙山林场，上世纪六七十年代曾是部队的植树造林示范基地，后来交给地方，划归我们村代管；八十年代让个体户承包经营；九十年代后期，青龙山集团公司投资开发林场，慢慢建成了现在规模的农庄。里面有餐饮、客房、温泉、垂钓、网球、高尔夫练习场、CS拓展训练场、盆景园等项目设施。目前正在进行第三期投资建设。走，吃饭还早，陪你在里面转转吧。

浓密的负氧离子使空气异常新鲜，让人置身于所谓“天然氧吧”之中。整座山庄是简约徽州建筑和江南山水园林的完美结合，就连公厕也是典型的徽派风格。各类奇石犹如展销市场，比苏杭众多园林中的奇石还多。他俩转了一圈，竟然没有发现一座寺庙，完全颠覆了“无寺无庙不成（名）山”的传统惯例。其间，杨贵汝发现远处有人戴着米色太阳帽穿着蓝色七分裤在四处拍照，只觉得眼熟，却看不清是谁。在垂钓园的一树浓荫下，他俩坐在岸边的垒石上歇歇脚。袁月妗忽然换个话题问杨贵汝，杨委，那天你为什么突然决定本周内要拆掉老祠堂？

我要将画像倒逼出来。杨贵汝信心满满地说。

将画像倒逼出来？袁月妗显然没听懂他的意思。

哦，就是让画像早日现身，完璧归赵。杨贵汝故作神秘。

袁月妗瞪着一双“小燕子”赵薇似的大眼，愣愣地看着杨贵汝。又喃喃地问，那9月15日前有把握吗？

杨贵汝说，实话告诉你，现在只能做过，不能错过，至于有没有把握，我胸中没有成竹啊。

晚霞渐暗之时，他俩去了餐厅。里面早已开了空调，凉爽得很，只是空无一人。杨贵汝问，怎么就我们俩？

袁月妗再次莞尔一笑，说，二人世界不是很好吗？

他俩嫌可坐十人的餐桌太大，就着喝茶、打牌的小八仙桌，上了三菜一汤，分别是鲳鱼豆腐汤、蚂蚁上树、清炒藕带和凉拌猪耳。考虑到杨贵汝胃不好，袁月妗要了一瓶张裕解百纳。她为杨贵汝舀了一碗鲳鱼豆腐汤，又斟了两小半杯酒，隔桌对饮起来。

袁月妗好像不胜酒力，几轮下来，渐渐地面显酡颜，色若桃花。杨贵汝记得，在村部食堂，在“小桥流水人家”，她都滴酒未沾，只喝蓝莓汁饮料。

杨委，早就想跟你谈谈心，一直在等这个机会。袁月妗双目有些迷离，表情却很纯真。她继续说，说真话，你是不是认为我是个不守妇道的女人？

杨贵汝一时窘住，说，没有啊，你一定有难言之隐，是不是？

现在我不喊你领导了，把你当我的老哥行不行？袁月妗话里有几分撒娇的成分。

行啊，我是老挝，你是柬埔寨。杨贵汝不忘玩笑。

袁月妗语速缓慢地说，我高中毕业没能考取学校，在娘家的村小当了两年代课老师。我和我老公结婚的时候，大家都觉得我们是天造一双地设一对。我那时看中他老实、本分，有木匠手艺，长得英俊帅气，个头和我般配。但他话语不多，木骨、呆板，特别是婚后，他自私、狭隘、好烟酗酒的毛病全部暴露出来。除了夫妻生活，我们极少沟通；我进村部工作后，他总是对我疑神疑鬼，一百个不放心。后来，他随本家亲戚外出打工，逐渐混成小包工头，平时就很少回来了。男人有钱就变坏，这是被无数个男人无数次实践检验过的真理。他先是和许多打工者一样，为了解决生理问题，在外面和一起打工的外地妇女组成“临时家庭”；后来干脆包养了一个年轻漂亮的“洗脚妹”，过起了家外有家的日子。我有亲戚在那里当老板，所以，他的一举一动我全了然。可我没有和他吵闹，吵闹没有用，离婚不可能，儿子那里通不过，还是凑合着过吧。从古至今，这种凑合着过的婚姻、家庭不止一个。我在家其实就是一个守活寡的女人，从精神到肉体都是空虚、寂寞的。你是读书人，看过托尔斯泰的《安娜·卡列尼娜》吧？安娜为什么要从越轨到最后卧轨？她红杏出墙，做出越轨的事，其实就是情感发生了流转。人的情感和岁月一样，流转也属正常。我不晓得你老哥认同不认同。但实质上，原本生活安逸的安娜，追求的是更高层次的精神世界，最后她失望了，选择了卧轨。我是理解安娜的，但我达不到她的那个境界，无法达到。你能想象，像我这样常年独守空房的中年妇女会怎么样，会遇到什么人什么事。对我有心的男人确实不少，但是，他们的动机和行为不是我想要的那种。我是希望双方从情感方面得到融合，而非简单的肌肤之亲。你可能在心里笑话我，认为我竟像个小丫头似的幼稚、单纯吧。

杨贵汝摇头否认，听她继续敞露心扉。

在民间，尤其在农村，发生婚外恋，对女人的名誉影响最坏，讲起来特别难听，叫“偷人”，被人指着脊梁骨骂作“破鞋”；而对男人却很宽容，无非叫“风流”，难听的叫“色鬼”。“偷人”是一个女人终生难以洗脱的坏名声，过去，不被家族处死，也要被唾沫星子淹死。为什么许多女人明知山有虎却偏向虎山行？就是豁出去了！我也是豁出去的女人。如果我不豁出去，我会死不瞑目！当然，我豁出去有可遇不可求的先天条件，便是老天爷安排我遇到了老熊，一如七仙女路遇了董永。不瞒你说，我遇到老熊，必定是命中注定的缘分，我和他便是从相知相恋，通过情感融合走到一起的，我们之间产生了真爱，并非偷腥、苟合那样不着调。如今，我的感情世界里，只雕刻着熊雄的名字，别无他人！她语带激情，一吐为快。她将迷离的目光移向窗外，少顷，又转回来，说，对不起啊，我是不是酒多失态了？感谢你听我倾诉衷肠，我可能词不达意，让你见笑了，这里环境的确不错，我和老熊经常来此幽会，也无所避讳，反正已经就这样了。

杨贵汝郑重地说，我要感谢你对我的信任，同时理解你的处境并尊重你们的选择！

袁月妗感激地点点头。

他们点的四道菜太好吃了，鲥鱼是长江时鲜，肉质细嫩，肥而不腻；据农庄宣传册介绍，豆腐和粉丝是农庄自己专门生产的，本味十足，让人的味觉一下子回到了从前的年关；猪耳朵也是农庄自养的黑猪的耳朵，金银相间，软脆相间，异常可口；藕带当然采自门前的荷塘里，新鲜、甘润、嘣脆。约一个钟头左右，所有的菜肴被消灭殆尽，实现了“光盘”。

回程的越野车奔驰在茫茫暮色之中。袁月妗倒在杨贵汝的肩上，鼻息均匀，已然睡去。

九

签订协议进展总体不错，在9月10日前主动拆迁予以奖励的政策，对农户颇有吸引力。

袁月妗硬着头皮往其小叔子家跑了六趟，以热脸贴人家冷屁股，软磨硬泡，终于在其弟媳的协助下，勉强让小叔子签了协议。

朱秉星、朱国华先后出面请朱国喜来村部喝了两顿酒，可人家“礼单照收，原则不丢”，就是不签协议，其目的是希望能承认他伪造的房屋建造年代。大伙背地里都喊他“老滑头”，可是目前还拿他没办法。杨贵汝安慰大伙说，俗话说，猴子不上树，多打一遍锣，我们再寻思什么钥匙能开这把锁，但原则问题绝不放松。

有个叫朱秉玉的年轻人同样是把难开的锈锁，他倒不是因为建造年代问题，而是借口老婆要生，不宜生在租住的人家房子里为由，拒绝签订协议。朱银龙告诉杨贵汝，朱秉玉有偷鱼的前科，他找借口拒签协议，很有可能是为了“靠水吃水”，偷鱼方便。杨贵汝让朱银龙密切注意，安排基干民兵夜晚配合片警加强治安巡逻，严控侵财性案件发生，坚决刹住偷盗歪风。

杨贵汝专门去派出所，请吕教他们隔三岔五来朱弄，不断制造声势，营造高压态势，目的是促使盗画者能幡然悔悟回头是岸。其实，他们来只是虚张声势，走走过场，至于效果怎样，姑且不论。

稍有闲暇，杨贵汝打开本市一家著名的民间文化网站“淬池”，首页即现“摄影天地”的精美图片。他顺手打开浏览，一组精美的风光画面颇为抢眼——青龙山庄仲夏之韵，作者“花山老叟”，仔细一看头像，原来是朱秉晨。其中一张图片上，是杨贵汝和袁月妗在荷塘边垂柳下漫步的侧影，虽然是远镜头，但在非常熟悉的人眼里依然可辨。他终于想起来，那天傍晚在青龙山度假农庄拍照的就是朱秉晨。

此时，第三阶段和第四阶段工作在交叉进行，即一边签订补偿协议，一边自行拆迁。几名村干部一二三带头拆了，其亲朋好友纷纷跟上，拆迁公司忙得二一添作五，吃喝拉撒睡概不守时了。

南片形势喜人，只朱二村民组出现了两户钉子户，一户是朱国喜，另一户则是朱秉玉。

这天刚到村里，朱银龙便神情沮丧地对杨贵汝说，杨委，对不起，有件事没有及时向你汇报，请领导批评。

见大伙诧异，朱银龙继续说，昨天夜里，我们配合派出所的片警进行治安巡逻，在朱三组的大龙塘里逮到了正在下网偷鱼的朱秉玉。片警将他带到派出所，可是当夜就放了。

杨贵汝警觉地问，为什么将他放了？

说已经做了训诫和没收渔具处理，够不上拘留。朱银龙据实回答。

杨贵汝感觉没这么简单，遂让朱银龙深入了解一下问题究竟出在哪。很快，朱银龙反馈了信息，原来当班的老民警和朱秉玉是“转折亲”，老民警稍徇私情，就把贼人当屁放了。

杨贵汝把这事向村两委班子及工作组成员进行了通报。朱秉星说，这父子俩，吃的不是一锅饭，屙的倒是一缸屎，依仗他家派出所有人，一个死皮赖脸，一个活不要脸。

杨贵汝问，他们真是父子关系吗？

真是。朱秉星说，秉玉从小过继给了他二伯，他二伯一生没讨人，是个鳏夫，家里很苦，前年得食道癌已过世了。论辈分我要喊朱国喜“老大大”，他虽有三男一女，却最舍不得秉玉，经常说把他过继出去，委屈了他，自已心里有愧。

原来如此，杨贵汝心里有了数。

第二天，杨贵汝接到通知，让他参与“全市百名艺术家走进青龙山度假农庄活动”的接待工作。他的任务很简单，协助县宣传部分管领导搞好后勤餐饮以及纪念品发放工作。餐饮也很简单，除了最后的午餐是桌餐，其余皆吃高标准的自助餐。

这是一次由市文联、市文化研究会联合举办的大型采风活动，参加者有本市作家、诗人、书画家、摄影家、评论家、编辑家等近百人，为期两天，实际上第二天午饭后便返程。接待单位是县委宣传部及县文联，因青龙山度假农庄地处花山，镇里赞助了土特产作为纪念品。

报到当日，杨贵汝见到朱秉晨。朱秉晨满面春风，一身素白，马尾小辫扎得漂亮利落。相见之际，杨贵汝欲和他握手，他却给了杨贵汝一个显示亲切的拥抱，让人猝不及防。寒暄了几句，杨贵汝说，朱老师常来这里啊，你的摄影作品我欣赏过了，很有质感，很唯美。

主要是自然、朴实。他接过杨贵汝的话说，艺术感觉在于灵动也在于偶然发现。忽然，他对杨贵汝附耳道，那天，你和美女在荷塘边散步，我没有打扰你们，也没有正面拍你们，而是用远焦距侧面抓拍了一张，效果非常不错。

哦，那天我和月岭书记来这里吃饭，之前去荷塘边转了转，被朱老师拍到了很荣幸啊。杨贵汝微笑着说，心里不免略有顾虑。

下午，艺术家们开始分头行动，游览的、摄影的都到户外，搞书法、绘画的在大厅的案前泼墨挥毫，仿佛被生产队长派了活一样，各干各事，秩序井然。

傍晚时分，杨贵汝偶然碰见了朱秉星，颇感意外。朱秉星涨红着脸，支支吾吾地说，我表姐也来了，她是搞书画的，我来看看她，顺便送点土产品给她，嘿嘿。他提了提装得满满当当的方便袋。杨贵汝请他晚上一块吃自助餐，他谢绝了。杨贵汝忽然想起牛春红说过，朱秉星有个很有才艺的表姐是其初恋情人，可惜俩人有缘无分，有情人未能终成眷属。

晚上是联欢晚会，唱歌、跳舞、诗歌朗诵，八仙过海各显神通。朱秉晨演唱了当红歌星李健的《故乡山川》，唱得非常投入，可谓声情并茂。杨贵汝尤其理解他此时此刻眷念故乡的心情。

临走前，杨贵汝礼节性邀请朱秉晨再回朱弄去看看。朱秉晨未语先叹，说，现在不想回去看，看了令人心酸啊！我们老祖宗曾说，存天理，灭人欲。人欲难灭，天理可存啊，不过到一定时候，会回去的，谢谢！

十

从时间段上来说，8月底应该进入第四阶段——拆迁。而实际上，尚有四分之一户没有签订补偿协议。原因是多种多样的，有户主不在家的，有观望的，有出现新问题没解决的，有存一己之私的，还有质疑安置问题的，不一而足。安置房建设滞后也确实是问题的症结所在，群众看不见安置房，就心里没底；一线工作人员说话也缺乏底气。当初给拆迁户宣传的安置房目前还是“空中楼阁”，因此，群众质疑也在情理之中。

不在家和观望的户主有待进一步做工作。出现新问题的，是指突然冒出了一些遗漏的财产没算进去，譬如，屋基旁有座露天茅厕，或有一片竹林、一段围墙、一段小路、一截水跳什么的。他们把拆迁当成了车鱼塘，都想趁机浑水摸鱼，能捞一点是一点，哪怕是一尾虾米。存一己之私的，无非妄想达到自己不可告人的目的，如朱国喜、朱秉玉父子之流。

周末晚上，利用朱国喜好酒的特性，朱秉星再次把他请到村部食堂喝酒。当然，他事先跟大伙商量过，希望这顿酒能成为开启那把顽固老锁的液体钥匙。俗话说得好，仇人也怕三餐请。

以前杨贵汝没有认真观察过朱国喜其人，这次看得真切。杨贵汝见过三教九流的人多了去，却头一次见到像朱国喜这样为达到一己之私不择手段、不顾脸面而且还能如此淡定吃喝的人。虚胖的他吃相也特别，刚上来埋头猛吃，唇部和周边皮肉几乎一刻不停在运动，不时露出紫红的牙花和乳白带垢的牙齿。别人敬他酒，他忙里偷闲敷衍一小口，嘴里的咀嚼没停下；有人和他说话时，他代之以点头或摇头，不耽搁嚼咽。约十来分钟，估计吃得差不多了，方开始大口喝酒。其酒量不可小觑，能和朱秉星打个平手。

酒过五巡，朱秉星以为时机成熟，趁着酒性说，老大大，吃过饭，把那协议签了吧。

朱国喜朝嘴里塞了一块五花肉，瞟了朱秉星一眼，头摇得一哆嗦。

坐他旁边的朱国华实在看不惯，忍不住问，你到底还想怎样？人家杨党委、镇村干部陪你喝酒吃饭也不是头一回，你怎么这么顽固不化呢？啊？老话说，得过便宜别卖乖，得饶人处饶人来，他日还有求人时，留条后路自己踩，我的兄弟哎！

不料，朱国喜“呼啦”一声站起来，非常不满地扫了朱国华一眼，兀自扬长而去。

大伙因他的举动而怔住。杨贵汝感觉他像只无从下手的刺猬或茅坑里不成形的怪石一样。

恰在此时，外面闯进一个妇人来，见大伙就嚷，你们这些当干部的，吃柿子捡软的捏，硬的不敢碰，还巴结人家，请人家喝酒吃饭。人家没鱼塘，经常有鱼卖，你们怎么就不管！

杨贵汝想起来，她就是他们第一天来朱弄时，带着死狗大闹村部的短发少妇。杨贵汝认真地对她说，对不起啊，让你们受损失了。善恶有报，时候没到。坏人总会露出狐狸尾巴，我们会加强巡逻防范，同时你们也要看好自家的鱼塘。相信我们，只要他贼心不死，一定会逮到他！

短发少妇平静了许多，说，我们哪能不看着呢，可是看时不看刻啊，老猫还有打盹的时候。埋人的贼比老鼠还精，抓到了，我要跟他算总账！

当晚，杨贵汝找袁月妗、朱秉星和老马商量，决定从现在起，工作组每晚在村里配合派出所和村两委加强治安巡逻，重点防范，争取在打击偷窃方面有所突破有所斩获。

老马说，你早点回去吧，听说嫂子身体不大好，我带两个弟兄守在这里就行了。

杨贵汝说，不行，要么我俩轮流带班吧。

一天空守。两天空守。大伙估计贼人可能下半夜才出动，于是守了两个下半夜，还是空守。同样轮流值班的村干部做了分工，当晚不值班的干部，第二天起早去附近的农贸市场，专门留意贼人的身影。然而，上农贸市场的干部回来说，怪事，这两天确实不见那贼的人影。

大伙一筹莫展，贼人过于狡猾，不能老这么耗下去，怎么办？

轮到杨贵汝带班的这晚，刚过十点，他当即宣布，撤！

大伙和以往一样无功而返，他们和村干部大声告别，面包车"嘟"的一声鸣笛，载着他们打道回府。

约莫半小时的光景，车子已进县城。杨贵汝却吩咐司机掉头，再回朱弄。大伙马上明白，杨贵汝要给贼人杀一个传统的招式——他们老杨家的"回马枪"。

杨贵汝手拿电筒，暂不打开，和两名弟兄在村外下车，然后摸黑徒步朝目的地靠近。他相信此时朱秉星、朱银龙和片警他们也在靠近，这是他跟朱秉星早就商量好的迂回行动。

周围异常静谧，不时传来几种虫子此起彼伏的啁啾声；大龙塘里偶尔还有鱼打花弄出的水响。眼看过了子夜，贼人宛如农历三十晚的月亮一样迟迟没有出现。杨贵汝用手电筒打信号和朱秉星他们联络，然后汇合一处。片警建议派人到贼人家附近蹲守，只要他带着赃物回来，就立即抓他。

杨贵汝说，如果他抵赖说鱼是在外河里捕的怎么办？况且，谁能断定外河里就没有像鲢子、胖头、草鱼那样的家养鱼。

朱秉星说，村里的鱼塘有好几处，但鱼养得最多最好的就是这里了。莲子的丈夫常年身体不好，家中有一对双胞胎孩子，晚上很少来看鱼的。所以，贼要偷鱼，一定会来这里。

他说的莲子，就是那个短发少妇。他们决定继续原地蹲守，守株待兔。

凌晨一点半左右，借着微弱的星光，人们终于发现一个黑影轻车熟路地下了塘，并在塘里踩水下网。黑影下完渔网上岸，捡着土块往塘里乱丢，意在撵鱼上网。过了约二十分钟，黑影再次下塘，将网和鱼一并捞起。刚上岸，被大伙逮个正着。杨贵汝和朱秉星的手电筒同时照在贼人的身上，贼人立马蹲到地上，以手蒙脸。朱秉星大喝一声，秉玉，站起来！

没有悬念，也没有意外，此人正是大伙踏破铁鞋无觅处、守候半夜才逮住的偷鱼贼朱秉玉。杨贵汝让朱银龙和片警把朱秉玉押送派出所，同时保守秘密，近身看守。杨贵汝让朱秉星他们回去休息，自己则带领其余人回村部，在会议室里打盹凑合至天亮。

早上六点半，太阳已蹿出老高。杨贵汝打电话给吕教，嘱他千万别放了朱秉玉，并请他一上班就来朱弄，详情面谈。上班前夕，杨贵汝又打电话给分管政法和综治工作的熊雄，希望他马上能来朱弄，处理突发事件。

吕教前脚到达，熊雄后脚跟来。杨贵汝叫来袁月妗和朱秉星，把具体情况向大伙做了详细介绍，还一并谈了自己的想法，即故意使用“有罪推定”的手段，将偷鱼和盗画两案合并审理，或敲山震虎，或施放烟幕。大伙合计了一下，觉得可行。于是，熊雄、吕教他们去了派出所，杨贵汝等人则继续留在村里。

临近中午，效果逐渐显露。朱国喜阴着脸、皱着眉、叼着烟、勾着腰、背剪双手匆匆跑来找杨贵汝，“噗通”跪在地上，吐了半截香烟，哀求道，杨领导，请你做个好事，放了我家秉玉吧！他年轻不懂事，古人讲，养不教父之过，都是我之过，从小把他送给了他可怜作孽的二伯，我没尽到为父之责，要处理就处理我吧。

杨贵汝上前搀扶，朱国喜却执意不起。袁月妗和朱秉星循声进来，见状也一同劝他拉他起来。他嘴里嘟哝道，不起来，不起来，今天不起来。

朱秉星说，老大大，不是我说你，你就是敬酒不吃吃罚酒，真让老书记讲到点子上了——他日还有求人时，留条后路自己踩。你们父子俩就是梗，就是不让人转弯，现在火烧到自己眉毛上了吧?!

他偷鱼是事实，还非要栽害他偷了祖宗的画像，这个罪名可背不起啊，要坐大牢啊！啊，啊……朱国喜说着说着，哭腔出来了，老泪纵横。

袁月妗说，老大大别伤心了，午饭时间到了，先在这里吃口饭再说吧。

朱国喜眼巴巴望着袁月妗说，袁书记，他嫂子，我不要吃你们的饭，我请你们喝酒吧，我家还有好酒，我回去讨啊。

朱国华不知什么时候进来的，上前拉了一把朱国喜，说，谁稀罕喝你家好酒！你能听人劝，让人转弯，按政府要求做就不错了。

你们做主吧，你们怎么讲就怎么办吧，不能关我家秉玉啊，我家儿媳妇要生了啊。朱国喜苦苦哀求。

考虑到朱秉玉的老婆要生，公安部门最终给予朱秉玉治安拘留五天，赔偿失主经济损失的处理。

朱国喜父子这两把几近锈蚀的锁终于被打开。

十一

时间逼近9月15日。秋高并非气爽，秋老虎狰狞的面目时隐时现。

吕教带人频频进村，大有案子进展越来越快之势。干部们在下面吹风，说公安已掌握画像被盗的直接线索，可能要采取突击搜查的手段，找回画像。听说“直接线索”就是朱秉玉供出的。他那天半夜出去偷鱼，恰巧看到了偷画之人，而偷画人却没能看到他；因是本村人，低头不见抬头见，怕得罪了人不好收场，就一直没声张。这次偷鱼被捉，问题严重，所以，他供出重大线索，是希望将功折罪……

为此，袁月妗和朱秉星先后都曾悄悄地问杨贵汝，上述情况是不是真的。杨贵汝告诉他们，无风不起浪，树欲静而风不止，风声越来越紧是好兆头。

杨贵汝顺便问朱秉星，你家老爷子的桂花树卖了没有？

朱秉星微笑道，报告杨委，树的问题已经解决了。

哦，怎么解决的，卖了多少钱？杨贵汝颇感兴趣地问。

现在哪有出高价的树贩子，是我自己掏钱委托一个外地朋友去买的，老爷子得了一万块，心满意足了。朱秉星表情无奈。

树呢？杨贵汝不无好奇。

我送给三子了，哦，朱秉晨。他家搬到新区别墅里，有个老大的院子，正好托我找一棵品种尚好的花树。桂花既香又能带来贵气，他们夫妻喜欢得不得了，硬塞给我一万块钱，我怎好意思要，嘿嘿。朱秉星憨厚地笑道。他用心良苦，实属不易。

听牛春红说，袁月妗正在闹离婚，杨贵汝一惊。是她还是熊雄有了进一步的非分之念？杨贵汝不得而知。只是觉得，熊袁二人做得有些过了。早年，本县的一位主要领导不顾“兔子不打窝边草”的古训，和女下属闹婚外恋，几年后，那位县领导当了市领导。不料，老情人后来有了非分之想，非得嫁他，使他不得掉爪子；那领导病急乱投医，本想请把兄弟吓唬吓唬老情人，使她断了非分之念，没承想，把兄弟理解有误，竟雇凶杀了领导情人，最后落了个鸡飞蛋打，吃了枪子。血的教训不可不鉴。杨贵汝莫名其妙地为熊雄担心起来，怕他不得已重蹈人家覆辙，最终可能玩火自焚。杨贵汝自信，袁月妗对他还是蛮信任的，他觉得很有必要提醒她一下。得空，他问袁月妗，你们到底怎么回事？

袁月妗毫无避讳地说，老是这么凑合一点意思也没有，他家外有家，我凭什么守个空家？儿子打电话劝我们离了算了；老熊也同意我离，离了我们更方便。

杨贵汝问她，你应该了解熊书记家庭吧？听说他们夫妻感情不错，起码表面上不错。你将来有什么打算?

领导，你放一百二十四个心，我袁月妗又不想破坏老熊的家庭，他对我好一天，我们就过一天，哪天他对我没兴趣了，我们就好聚好散，我不会怪他的，更不会像以前那个领导情人一样，死皮赖脸非要嫁给他。她说得很坦诚，仿佛洞悉了杨贵汝内心的担忧。

袁月妗把话说到这个份上，杨贵汝无言以对，但愿他们能好自为之。

晚上，朱秉星在自家设私筵宴请大伙，说吃完这顿饭，明天就搬走拆房，希望大伙给他个面子。大伙恭敬不如从命，要悉数前往。袁月妗却借故推辞。之后听说朱秉星的老婆是个醋坛子，尤其好吃袁月妗的醋。杨贵汝已不是第一次去朱秉星家，当然吃饭还是头一回。电工老侯也在。朱秉星的老婆在厨房忙得二一添作五，见客人来了，忙得更欢，很快上了满满一桌子菜。

朱秉星从卧室搬出一箱白酒，打开，包装似五粮液，标签上却是“内部接待用酒”字样，没有品名和商标。

老马好奇地问，这酒哪来的?

朱秉星说，前天晚上三子特意送来的，一共两箱，还给老爷子带来一把进口的电动按摩椅，值好几千块钱呢。见杨贵汝表情疑惑，他又补充道，哦，我送他桂花树，不是没要钱嘛，他是礼尚往来，他的性格就这样，不占人便宜，不捉人吃亏。

大伙尝了一杯，都啧啧称赞，说味道和真的五粮液相差无几。杨贵汝虽喝过五粮液，却对酒性不熟。他想，姑且把它当五粮液来喝吧，太过认真就不是你想象的滋味了。

席间，老侯频频向杨贵汝敬酒，还说，杨委，说真的，你们才来的时候，我对你们没抱什么希望，也没什么好感，现在我发现，你们做事很认真，也实心实意为我们朱弄村和老百姓着想，我老侯就佩服你们这样的人。以后需要我老侯做什么事，尽管吩咐就是。

老侯一番话颇有鲁迅先生说的“渡尽劫波兄弟在，相逢一笑泯恩仇”的味道。

十二

为赶在规定的奖励政策节点9月10日之前拆迁，许多人家想尽办法外出租房安顿下来，甚至连废弃的校舍、合并村的旧村部也都利用上了，有的水电不通，生活非常不便。杨贵汝思忖，老百姓总体来说是顾全大局的、能牺牲小我的、很体谅政府的，倒是我们的工作落后了，从根本上讲是群众意识淡薄了，没有做到想群众之所想，急群众之所急，这一点非常值得反思。据初步统计，整个朱弄，主动拆迁的有近四百户，约占全村的四分之三。镇里对他们的工作基本满意。

吕教他们每天还是神神秘秘在村里匆匆而过，似乎有“收网”之势，让人心悬，也让人捏着一把汗。

老校长朱国安领头在为9月15日祭祖而奔波，朱秉星和朱志满全力协助。朱秉晨开着私家车，提前回到朱弄村帮忙。他进老祠堂取出那块横匾，用湿巾擦拭干净，请年轻人挂在了门头上方。朱秉星让老侯临时接来一路照明电路至祠堂前，并安装话筒和喇叭。

9月14日上午，朱氏家族召开祭祀筹备组成员会议，他们力邀杨贵汝去参加，听取朱国安介绍祭祀方案和议程。方案提出，祭祀时间拟订在15日上午十点十八分，推举朱国泰为族长、朱秉晨为司仪。朱秉晨当仁不让，当即和朱国安商讨起具体的细节。晚上，他们又召开朱氏代表会议，宣布方案和议程。

杨贵汝决定，9月15日调休一天，全体放假，为朱氏祭祖大开绿灯。

15日上午，工作组全体成员一如既往来到村里，主要协助维护秩序。熊雄率镇综治办人员随后赶到。因时间还早，他趁机钻进袁月妗办公室，关了门，享受着短暂的二人世界。

大伙在会议室坐着喝茶，朱银龙“咚咚”跑来，喘着粗气道，像……像……像找到了……，在……在祠堂……找到了。

大伙都听得真切，但都不敢相信。杨贵汝说，你坐下来，歇口气，慢慢说。

朱银龙咽了口唾沫，略一定神，说，祖宗的画像……在老祠堂里找到了。

哦，快说说是怎么找到的？有人急切地问。

原来，今天一大早，老爷子朱国泰拄着拐来到老祠堂前，左瞧右瞧，上看下看，不时地摇头叹息。老爷子前列腺有毛病，突然内急，便径直进了祠堂里面，打算在墙旮旯处就地方便。身子站定，刚要解衣，就隐约发现一个一米来长的布袋套着什么东西靠在墙角。老爷子猛然间尿意全无，近前打开一看，差点兴奋得晕过去，这正是自己朝思暮想牵肠挂肚的祖宗画像啊！他扔了拐杖，一把抱住画像，生怕再丢了似的，瞪着老花眼，一步步挪了出来。

杨贵汝立即打电话把好消息告诉吕教，并请他马上赶到朱弄村部。又让朱银龙去敲袁月妗的门，向她和熊雄汇报这一喜讯。袁月妗开门出来时还在紧急整理纷乱的头发，同时惊喜地问，真的找到了？那太好了！

随后，熊雄镇静地踱步出来，托了托眼镜说，走，看看去。

大伙随即前往朱国泰家。老爷子家的小院里站了几个人，没有了桂花树，显得些许空旷。朱国安、朱国华、朱秉星他们都在。熊雄上前和他们一一握手。

朱国华握着熊雄的手没撒手，即兴道，国家政策制定好，农民还要靠引导；整村推进推朱弄，祖宗必定早知道；不翼而飞走一遭，害得公安天天找；失而复得现祠堂，完璧还是要归赵；可恨盗贼藏得深，狐狸就怕猎手跟；善恶须报终有时，天公行道惩恶人。

熊雄说，老书记太有才了！比赵树理笔下的李有才还有才！你就是我们花山当代的李有才啊！

朱国华谦逊地说，不敢当，我只有高小文化，哪能跟人家比，我就随口拉，拉莲花落子，没什么名堂。

老爷子瘫坐在那把深灰色电动按摩椅上，怀里抱着画像，犹如大伤元气的人在歇息缓劲一样。见大伙到他跟前，身子挺了挺，终没挺起来。

杨贵汝说，您老靠着别起来，熊书记来看您了。

熊雄弯下腰身，对老爷子说，老人家，画像找到了，高兴吗？

找是找到了，可我高兴不起来啊，朱弄已拆得不像个村子了，明天老祠堂也要拆掉了，你说我能高兴吗？啊？老爷子声调渐高地说。

熊雄有些尴尬，退后一步，欲言又止。

袁月妗赶忙打圆场，说，时间不早了，都到祠堂那边去吧，还有不少事情要安排呢。

朱秉星企图扶起老爷子，可老爷子根本就不配合，仿佛黏在了按摩椅上。遂大声问，您打算什么时候走啊？像给我拿着吧。

老爷子没作声，反而抱紧了画像，闭上了双眼。

朱秉星无奈地摇摇头，让朱银龙叫几个棒小伙来，把老爷子连按摩椅一起抬走。

人们到达祠堂门前时，已陆续来了不少村民。朱秉晨在指挥年轻人挂幕布、悬横幅。朱国安在安排摆香案、放香炉。

朱银龙等四个棒小伙将老爷子连同按摩椅从肩上卸下，放在朱秉晨指定的位置上。朱秉星俯身对老爷子说了几句什么，才从老爷子怀里抽出画像，递给了朱秉晨，再由朱秉晨指挥挂在幕布的正中央。

画像上，一对老龄夫妇，齐着古装，正襟危坐，四目有神，俯视古今。

吉时已到，本来要由族长宣布祭祖仪式开始，而老爷子双目闭合，似睡非睡靠在按摩椅上似乎懒得动弹。朱秉晨只好临时和朱国安商量，改由老校长宣布开始，祭文则由朱国华诵读。朱国华慌了神，说，你写的之乎者也，文乎文乎的，我肚里墨水少少的，怕念不通。

朱秉晨果断地说，那你讲几句四言八句算致辞，祭文就由老校长诵读吧。

朱秉晨像主持人一样手拿话筒当起了司仪。老校长朱国安宣布朱氏祭祖仪式开始后，鞭炮齐鸣，礼花冲天；随后诵读祭文——朱子曰：诗书不可不读，礼义不可不知。子孙不可不教，童仆不可不恤。斯文不可不敬，患难不可不扶……

诵毕，朱国华致辞——国泰民安社稷康，朱氏今日祭祖忙；老祖有灵失复得，庇佑朱门安国邦！

接着，人们按辈分依次敬香、叩拜。

尚未拜毕，就听朱秉星在大声呼唤老爷子，一声比一声急促。杨贵汝等人预感不妙，连忙上前探视。只见老爷子依然躺靠在按摩椅上，神态安详，仿佛沉沉睡去一样。

朱秉星扭头说，先前鞭炮和礼花放得震天响，老爷子就没反应，怎么摇他也不醒，眼睛闭得紧紧的，刚才突然扯痰，我晓得大事不好，十有八九是不行了。说着，他流下了两行哀痛的泪水。

老爷子就这样瞑目而去，享年八十九岁，属于“米寿”之年。当然，这样年纪的人无疾而终，在民间是件喜事——“白喜事”。老爷子的白喜事办得格外隆重，场面大，脸面足。关于他的死因，据村医推测，可能与老爷子突然憋尿以及太过激动有关。俗话说，活人不能让尿憋死。说明尿是可以憋死活人的。

十三

由于整村推进政策落实争议性很大，上级决定，试点工作尽快告一段落，不再推而广之。但已经开展的地方，不得虎头蛇尾，要有始有终。因此，镇党政联席会议决定，朱弄村暂停拆迁，已拆迁的继续按政策兑现货币补偿和安置房；农民退出的宅基地、自留地和空闲地及沟塘渠坝等，一律招标整理，然后纳入基本农田实行“土地流转”，承包给种植大户经营。

这样一来，他们的工作强度陡然降低，工作节奏变缓。朱弄村剩下的一百余户的房子无须拆迁了，老祠堂也保留下来。杨贵汝心想，朱国泰老爷子若是地下有知，是欣慰还是酸楚？抑或百感交集？

朱弄村建制不变，村两委却处境难堪，仿佛四十岁女人死了丈夫——上不上，下不下。原地只剩四分之一的村民，大多数村民散落周边、镇区和县城各地，工作难以开展，尤其像计划生育、社保、妇女和老人健康体检等等，参与率很难提高。

在村里，人们议论最多的除了安置房就是失踪数月又谜一般回归的画像。熟人向杨贵汝他们打听最多的也是画像之谜。关于这个问题，杨贵汝和吕教、熊雄、袁月妗几个人专门探讨过。大伙模拟英国女作家阿加莎·克里斯蒂笔下的大侦探波罗，对案情进行过逻辑推测，当然，只能推测，甚至臆想，根本谈不上推理。推测集中在三个男人身上，他们分别是朱秉晨、朱秉星、老侯。

推测一，朱秉晨那天去看望老爷子朱国泰，彼时，朱国泰正在家中检视老祖宗画像，因村名之争，老爷子不愿和朱秉晨多说话，遂从后门去了菜园地。朱秉晨以为老爷子进了里屋，便进去欲与告辞，无意中发现了心中觊觎已久的画像，于是见利忘义，盗走了画像。后因老祠堂要拆掉，朱氏要祭祖，朱秉晨良心不安，便趁送酒给朱秉星、送电动按摩椅给老爷子之机，悄悄地将画像放在了祠堂里。

推测二，朱秉星因其初恋情人表姐酷爱古画，遂去老爷子那里伺机盗走了画像，送给表姐，以达到讨好老情人的目的。而他的表姐只是欣赏，并无意占为己有，遂让朱秉星归还画像。但画像被盗已传得沸沸扬扬，他已不能公开送还，一直藏于家中。后来，公安频繁进村，朱氏还要祭祖，自家又要拆迁，于是，便在请客的当晚，将画像神不知鬼不觉地送至祠堂里。

推测三，老侯被免职后一直耿耿于怀，心胸狭窄、财迷心窍的他借给老爷子安装和修理电器、线路之机，顺手牵羊，盗取了画像。他本想卖得几个现钞，却苦无途径，便一直藏于配电房的配电柜里。公安频繁进村，风声越来越紧，他觉得画像即使暗藏于配电房，也难保不被搜出。于是，借为朱氏祭祖安装话筒、音响之机，偷偷将画像放进了祠堂。

那么，公安放风说朱秉玉供出曾经目击了盗画贼，他们怎么个个像没事人一样无动于衷？盖因以上疑推的三人皆系“白日盗”，而朱秉玉则是“半夜出去偷鱼”，偶遇了盗画之人。所以，三人都晓得所谓朱秉玉向公安“提供线索”纯属胡扯八道。吕教后来也证实，朱秉玉根本没有目击盗贼一说，是派出所让朱秉玉配合，故意放的风，目的是促使盗贼主动投案。

当然，他们没有大侦探波罗的智慧，他们的推测还有诸多牵强之处，站不住的理由必然存在。譬如，朱秉晨夫妇知书达理，家境殷实，在社会上颇有名望，并非自私、鲁莽之辈，岂能为一幅祖宗的画像而落得不孝不悌、斯文扫地？现在的朱秉星和其表姐虽有往来，不过是亲戚间的走动；再说，其表姐想欣赏画像，完全可以直接来找老爷子，何必要他偷偷摸摸，做一失足成千古恨的傻事。电工老侯作案的动机、时间都有，但是，既然做了为人不齿的梁上君子，又非朱氏族人，何必冒险奉还？完全可以毁之灭迹……

熊雄当时说了句颇有意味的话，他说，或许像这样没有破案是最好的结局。杨贵汝点头赞成。是啊，画像虽完好无损地回归朱氏家族，现由老校长朱国安保管，但真相终究没有大白。其实也无须大白，留下未解之谜，留下悬念也罢。

朱弄村通过整村推进，共整理出200多亩可耕地，加上1600多亩的承包地，全部流转给种粮大户承包经营，成为浙江某著名老酒厂的原料生产基地。种粮大户便是那个找朱志满办“非转农”的私营小老板。原村小学的产权被他买断，改为生产管理用房。此时，拆迁户们仍然住在狭小的出租房内，翘首以待尚在建设中的安置房。

朱银龙本来定在国庆节那天结婚，却因房子已拆新房没有着落而无限期推迟。袁月妗离婚风波已然平息，一如既往过着凑合、无望的日子，且死心塌地做着熊雄的“红颜知己”。熊雄已调往县某局担任副局长，没被提拔，令人诧异。副书记由杨贵汝接任，不仅他自己没想到，许多熟悉他的人也没想到。真可谓，我辈本是蓬蒿人，从未指望能高升，倒是有心栽花花不开，无心插柳柳成荫。组织的“阳光”再次照到他的身上，使他有了萤火虫般弱弱发光的机会；更主要的，是他从此脱离了“杨委”的难言之隐。

国庆前夕，上级验收结束，工作组奉命撤离朱弄村。杨贵汝不无留念地站在村部的楼顶上放眼望去，几百年的老村被折腾成了半拉子村，人们心目中的神鸟“朱雀”已然面目全非。他不禁感慨，三十年河东转河西是大自然沧海桑田的力量，而数月之内拆散大半个朱弄抑或是人类改变家园的创举?!

午后，半拉子朱弄的上空，阴霾密布，风云际会，电闪雷鸣；顷刻，黑云压顶，阵雨骤至，涤荡凡尘。待老天发过脾气，杨贵汝他们驱车返程，车载CD正播放藏族歌手吉让深情演唱的《相约拉萨》——天空蓝得让人如此心醉，雪山碧水让人如此神往……

二 线

◇俞 民

作者简介：俞民，安徽繁昌人，繁昌县作家协会主席。

刘一诺站在窗前，望着灰蒙蒙的天空，心情也逐渐灰暗起来。全市换届工作开始了，某种程度上，换届就是换人，只是谁上谁下的问题。新一届市领导班子走马上任，对部门负责人进行调整，既不可避免，也合情合法。市委组织部郝明月副部长已经提前吹风，换届人事安排上还是七上八下的老规矩，五十八岁退居二线，不再安排实职岗位。刘一诺不偏不倚，刚好撞线，仕途也就进入倒计时了。

打心眼里，刘一诺不是个恋栈的人，但七上八下的风刮起来，还是感到寒意袭背，尽管他和那些习惯了依靠发号施令产生快感的同僚们不大一样，但也有个适应过程。不知道“二线”这个词谁发明的，也不知道有没有对应的英文单词，但刘一诺坚定地认为，它是个非常特色化的词汇，甚至蕴含了某种智慧。官员退到二线，工资待遇不变，失去的只是手中的权力。这是个缓冲地带，可以让那些掌握权力的人过渡一下，有时间调整心态，不至于突然断裂，造成心理上的巨大真空。时间总是公平的。不管你位高权重还是人微权轻，在大自然规律面前，谁也躲不过去。那些想得开的，回家陪老婆孩子，享受天伦之乐；想不开的，如果不幸得了抑郁症，见马克思的速度反而快些。

换届工作还在酝酿，机关里却已暗流涌动，“民间组织部”不断散布消息，尽管其中不乏谣言，但也有很多事后被证实的。谣言，有时就是遥遥领先的“预言”。对佳州市农业局上上下下而言，有一条消息比较靠谱，说得有鼻子有眼：刘一诺因为年龄过线，局长的座椅即将更换主人。大家盘算着，局里三个副局长，一个年龄大了，一个资历不够，种种迹象表明，杨子青的希望最大。有好事者说，杨副局长踌躇满志，积极跑动关系，志在必得。但人事工作一向神神秘秘，新局长可以在局里提拔，也可以从外单位调任，存在很大的不确定性。在市委宣布人事任免前，一切皆有可能。

产业科的李小玟又来了。最近李小玟往局长室跑得勤，有事没事就来找刘一诺汇报工作。刘一诺心里清楚，李小玟这时候跟他套近乎，无非是想让自己帮她一把。产业科于向阳选拔到下面的符山县当副县长去了，科长位子空了出来。李小玟是副科长，按惯例应该上位。刘一诺征求班子成员意见，其他人没说什么，但杨子青态度有些暧昧。杨子青说李小玟工作热情尚可，但能力很一般，领导产业科怕有困难。产业科是局里重点业务科室，科长人选当然不能草率。杨子青分管产业科，他的意见不能不考虑，但产业科没人负责也不行。刘一诺在局党组会议上折中了一下，暂缓将李小玟提职，而是让她先主持科室工作，观察观察，过段时间再做决定。结果一拖就是大半年，其间刘一诺也曾打算将她擢为正职，但意见始终不能统一。也许为了照顾杨子青的情绪，他没有坚持少数服从多数原则，强行表决任命。刘一诺行走官场几十年，一向比较圆通，不张扬行事。眼下换届在即，刘一诺就要走人，如果这时候不将李小玟转正，等到杨子青当局长，她就更没戏了。对刘一诺而言，离任前任命一个干部，是顺水推舟的人情，即使杨子青不情愿，也不用考虑留下什么后遗症，不利于共事相处了。人事是个事，坐到位子上才算数，否则镜中花水中月，看得见摸不着。李小玟这个时候来找他，明摆着是敦促他快点决定。一个人上台后提拔人是用人，下台前提拔人是做人。

做人没有几个不愿意的。当年刘一诺获任副局长，就是老局长退居二线前两个月向上级推荐的。老局长视他如弟子，提拔他顺理成章，凑巧的是，两个人的任免还出现在了同一份文件上。

李小玟两眼汪汪，反复诉说着自己的委屈。一个人做着那份差事，却得不到那个名分，也确实让人同情。刘一诺不喜欢开空头支票，却也安慰她说，下周召开党组会，到时候会研究。李小玟听到这句话，心里并不踏实。之前局党组已经研究两次，都没有通过对她的任命，这其中固然有杨子青反对的因素，也与刘一诺态度不够坚决有关。李小玟从口袋里掏出一张纸条，放到办公桌上，然后转身离去。

刘一诺将目光移向纸条，只见上面写着：曼顿山庄8018。他叹了口气，又有些愤怒，伸手拿起纸条，将它撕碎，然后扔进了废纸篓子。

时间不等人，传言很快得到验证。十几天后，市委召开干部大会，宣布人事调整。刘一诺听着郝明月抑扬顿挫的语调和一连串名字，其中大多数人是熟悉的，不过此刻他不再关注别人的升迁了，除了接替自己主政农业局的杨子青，他统统失去了兴趣。当他听到自己的名字的时候，忽然觉得一阵轻松。他已有心理准备，不像几个年轻点的官员，嘴里嘟嘟哝哝，似乎在抱怨对新职位的不满。

郝明月受部长委托，找刘一诺、杨子青谈话。郝明月说，一诺同志长期在农业战线工作，成绩十分突出。不仅是老资格局长，也是学者型干部。这次由于年龄关系，组织上决定他不再担任局长。从感情上说，大家舍不得他退，但年龄面前人人平等，这是必须遵守的原则。希望一诺同志理解，也祝福他今后生活快乐。刘一诺早有心理准备，对退下来没什么留恋，忙说郝部长讲得非常对。铁打的营盘流水的兵，这是普遍规律。我个人完全服从组织安排，拥护市委决定。郝明月点点头，说杨子青同志是新提拔的一把手，掌控全局的能力还有待培养，希望今后多向一诺同志请教。一诺同志要发扬传帮带优良传统，扶上马送一程，齐心协力把农业局工作做好。刘一诺当即表态，说遵照部长要求，全力支持子青同志工作，努力发挥余热。杨子青也跟着表态，说刘局长是专家型领导干部，自己一向以他为师，今后一如既往地向他学习，共同抓好农业局工作。杨子青的话听起来很受用，但刘一诺是个久经沙场的人，心里清楚得很。由于自己在农业局主政时间太长，各种关系错综复杂，他的存在对杨子青来说，弄好了是福气，弄不好就是阴影。谁愿意生活在前任的影子里呢？杨子青在郝明月面前说的不过是官话而已，如果当真就是傻帽了。

和杨子青交接完工作，刘一诺就着手整理物品，准备调换办公室。农业局在市政府大院二号楼的第五层。从窗子向外看，东边是城市建筑群，一幢幢高楼鳞次栉比，蔚为壮观；西边是尚未充分开发的郊区，不远处有一座五六百亩面积的湖泊，直逼眼帘。波光粼粼的湖面上，不时有鸟儿飞过。农业局从老城区搬来前，刘一诺起初考虑在西边办公。有一天，他在知青聚会上遇到许慎，酒过三巡，顺口说了自己的想法。许慎听了直摇头，说不可不可。刘一诺忙问，为什么？许慎说你傻呀，东边日出西边落，你在官场打拼，连日薄西山这点风水都不懂吗？刘一诺从小接受无神论教育，虽然不相信风水，但还是打消了自己的念头。那间房原本闲着，但局里一位退居二线的老副局长不知什么动机，主动申请到最西边办公，坐了不到一年就退了，从此一直空着。

如今，轮到刘一诺退居二线了。他去西边那间办公室看了看，感觉很满意，就开始将自己的物品搬过去。他要尽快搬离局长室，将办公室交给它的新主人，这是他的态度。局长不干了，占着不挪窝就没得意思了，何况局里也没有多余的房子，早晚都得搬。退下来的人如果赖着不走，就会被扣上不识趣的帽子，让人瞧不起。杨子青见他态度坚决，也没有过多谦让，有时候，谦让多了就是虚伪。彼此心里明白，这是走程序的事情，好坏由不得谁，怨不得谁，顺势而为罢了。没有了局长的职位，坐在哪里都一样，还谈什么风水不风水呢。

刘一诺搬到最西边，心里忽然有点空，就像丢了什么东西。来办事的人都往东边走，很少有光顾西边的，更没有人想蹩到他这个角落里。以前电话响个不停，现在是难得响一声。大家在楼道或电梯里遇见，彼此心照不宣地笑一笑，就算跟他打招呼了。有的办事员表现得非常势利，经常佯装没看到他。倒是这幢楼里几个新上任的局长、副局长，偶尔遇见，还亲切地叫他一声刘局长。大概他们在官场，更加注意礼貌和构筑人际关系，或者更加虚伪。刘一诺望着窗外的湖水，心里也泛起了涟漪。他突然害怕寂寞，想让自己充实起来。前不久有个电视节目里说，人一旦活得空虚，就容易生病。这句话不是主持人信口开河，而是省卫生厅一位退下来的老厅长说的。老厅长是中医专家，经常在电视台做健康节目。这年头，电视广告让人厌倦，健康节目却很吃香。日子好了，大家对生命的重视程度提高了。以前看赵本山的小品只知道笑，现在觉得赵本山的小品除了娱乐，还有教化功能，至少把营销人员的忽悠水平整体提高了一个档次。前些年许慎告诉他，清晨起来喝杯温开水，清理肠胃，有利健康。他就照着做了。最近又有个专家在电视里说，许多中老年人身体机能迅速下降，就是早晨起来一杯水引起的。刘一诺看了吓一跳，原来自己坚持了七八年的习惯，竟然是有害的。他将信将疑，打电话告诉许慎。许慎不以为然，说电视里尽胡扯，昨天张专家说某东西有益，今天李专家说有害，让人搞不清好与坏。现在的专家都成了“砖家”，全凭一张嘴，尽忽悠我们这些劳苦大众，为他们代言的产品烧钱。刘一诺听了许慎一通议论，不禁哈哈大笑。

许慎说，老刘你到二线了，如果坐在办公室里着急，可以写写回忆录嘛。刘一诺想，自己一个处级干部，写回忆录恐怕不够格。这些年一直蹲在机关里，接触的人掌握的信息有限，写出来的东西缺乏吸引力。在中国，只有紫禁城里曾经的秘闻轶事、官场掌故，大家才感兴趣。至于扶上马送一程，那更是官场上的客套话，千万不可当真。杨子青一心钻营，从市委办公室调到农业局，做了五年副局长，好不容易上位，能让别人插手吗？尽管他嘴上说得客气，心里怎么想，谁也不知道，还是不管不问的好。以前局级干部退二线，总要找个理由出国一次，也算是一种安抚。可是中央八项规定出台后，因公出国（境）受到严格控制，出国游这个潜在的福利也就寿终正寝了。

刘一诺叹口气，说咱俩是老哥们，以后多交流。许慎忽然说，符山那边有个亲戚，约我周末去看牡丹。我想请你一道过去，你有空吗？刘一诺精神一振，说我现在闲人一个，你尽管安排吧。许慎说，那我们一道过去，正好可以替你解解闷。刘一诺撇撇嘴，解什么闷啊，搞得我好像舍不得退下来似的！到符山听你老许的，一切由你做主。许慎在电话那边呵呵一乐，你是领导，我顶多算个跟班。既然你要我做主，那我就安排你个事，你派辆车吧，让我沾点光。刘一诺听了大笑，我早料到你黄鼠狼给鸡拜年，没安好心眼。我已经退下来了，什么领导都不是，何况公务用车岂能私用？在家里还是副家长，家里的车归老太婆管。许慎说，你蒙谁呢？瘦死的骆驼比马大。你要出去散散心，还不是一句话的事嘛，老嫂子还能不支持你？你难道看不出，杨子青新官上任，巴不得你不去单位，天天在外面潇洒快活呢。说者无心，听者有意。刘一诺忽然觉得，自己坐在机关里让人碍手碍脚，的确有些多余，还是出去走走好，落得两边耳根清净。

刘一诺坐在车里，穿过几条街道，远远瞥见许慎站在路边，东张西望。小车经过他身边，刘一诺摇下车窗，示意他上车。许慎拉开车门，一屁股坐进去，笑着招呼道，局长大人好！刘一诺一撇嘴，还叫什么局长啊，早下台了！

许慎不以为然，那有什么呀？克林顿卸任十几年了，大家说到这个人，不还是称美国前总统嘛。刘一诺满脸苦涩，说我哪有资格跟人家比，相差十万八千里哩！老许啊，当年我们一起下放到朱冲，是患难之交，你不要这样挤对我嘛。许慎微笑说，我叫你局长，是真心尊重你。我晓得你没什么架子，待我如兄弟，但场面上我还得叫你局长，这是社会风气，由不得你我，不然别人会笑我，老了还不谙世故。刘一诺不想跟他斗嘴，就问，你请我到符山县，那边谁接应呢？许慎说，这个你不用操心，我已联系妥当。今天我们去新淮乡，那里的乡长是我表侄子。他好像有项目想请你帮忙，不过具体情况我没细问，到了就知道了。

刘一诺听了，故意绷着脸，说上了你贼船，想下也下不来了。他心里明白，自己退下来了，能出的力有限，不会有多大麻烦，也就没往心里去。他一向觉得许慎这个人比较实诚，没什么歪腻心思。两人年轻时一起在朱冲插队，回城后各奔东西。许慎念过两年技校，毕业分到供销部门，那个年代还是人人羡慕的单位。但他有个坏毛病，就是嗜酒，在插队时落下的。有几次提拔机会，都是酒后失态，自己给搅黄了。退休前还是刘一诺帮忙，跟他单位一把手说了说许慎的情况。一把手照顾他，给弄了个主任科员。这事刘一诺没跟许慎挑明，怕他面子上挂不住。许慎自己也奇怪，就私下问办公室主任。主任有点诧异，说是农业局刘局长出面找了咱头儿。许慎呆了，一时没回过神，傻子似的问，农业局跟供销社平级，刘局长的话管用吗？主任笑了，说咱头儿是刘局长在县里任职时的秘书，你不知道？许慎脸一红，这才想起两三年前知青聚会，刘一诺在酒桌上不经意地问他什么级别，他牢骚满腹地说自己得了“副科病”，二十多年没治好。说完也没多想，刘一诺却记在心里了。如今听主任这么一说，他忽然有些感动，庆幸自己交了刘一诺这个朋友。但他心里总有些难以言说的痛，原以为天上掉馅饼，不小心砸到自己头上了，原来也并非如此。

从市区开车到符山，绕过县城，往新淮乡方向是一条新铺的柏油马路，笔直宽阔。刘一诺看着窗外，金黄色的油菜花欣然绽放，无数的小蜜蜂辛勤劳作，连同各种颜色斑斓的蝴蝶，一起徜徉在花的海洋。三十多年了，新淮这个名字隐匿在他的内心深处，始终无法抹去。这些年，他去符山县调研、检查工作几十次，却一次没涉足新淮，没有走进那片曾经熟悉的土地。不知是巧合还是天意，自己退下来第一站，就要去那里。

远远的，一幢五六层高的大楼矗立在公路边，鹤立鸡群般耀眼。不用说，那就是乡政府办公的地方了。乡长早早站在楼下，恭候刘一诺一行到来。一阵寒暄之后，乡长说，今天请刘局长来，一是到新淮乡指导工作，二是看朱冲农业生态园项目，希望多多关照。刘一诺听了，这才彻底弄清许慎请自己出来散心的目的，心里有了底。乡长接着说，前天在县里开会，我抽空找于副县长，汇报刘局长今天到新淮，他原打算过来陪的，昨天临时接到通知，率队到省城参加一个招商项目洽谈会，不能赶回来了。刘一诺笑笑，说于副县长年轻有为，正是干事的时候，不打搅他才好。

乡长说去朱冲，一行人重新上车。刘一诺的车跟在乡长小车后面，沿着一条弯弯曲曲的山道蜿蜒前进。这里早先没有公路，后来搞村村通工程，才将路修进了山里。刘一诺想起，距离自己第一次到这里已经四十年了。那时候，这个地方叫新淮公社朱冲大队。刘一诺和十几个同学背着铺盖，挤坐在一辆卡车里，顶着炎炎烈日，唱着革命歌曲，斗志昂扬到了新淮公社。公社领导热情接待了他们，开了一个简短的欢迎会，然后将他们分配到不同的大队，再通知大队干部到公社领人。刘一诺和许慎被分到最偏僻的朱冲，大队会计从村里赶来接他们。两人跟在会计后面，沿途翻了几个小山头，走了两个多小时，才到了那个叫朱冲的地方。

当年刘一诺行走的路程，如今坐车十几分钟就到了。朱冲坐落在群山之间，一条小河穿村而过。沿着小河及山凹，几个大小不等的村落零散地分布着。车到村口，主人已站在老槐树下等候。那是一个叫马中的青年，身形略显清瘦，农大毕业，在上海干了五年，去年响应家乡号召，回乡创业，领头开发朱冲农业生态观光园项目。刘一诺握着他的手，感觉面前的年轻人有鼓子闯劲，是块干事业的好料。只是身在朱冲，地域偏僻，投资农业项目难度不小。

马中领着客人们去牡丹园参观。春天来了，园里的牡丹陆续绽放，不仅有红色、白色、粉色的花蕊，还有较少见到的紫、绿、黑等颜色。各种类型的牡丹争奇斗妍，让人大开眼界。盛开的牡丹花吸引了游客的眼球，许多人慕名而来。大家纷纷举起相机、手机，有的还走到地里，和喜爱的牡丹花合影。马中一边走，一边介绍自己的创业史。他前几年在上海做售楼业务，赚到了人生第一桶金。上海是他事业的起点，但他总觉得有距离感。去年他回老家过年，对乡政府宣传的生态农业项目很感兴趣。于是，他离开上海，回乡投资生态农业。在他的计划里，生态园分经济作物观赏区、苗木花卉培育区、农家餐饮娱乐区、乡村文化展示区等几大功能板块，目标是将生态农业与乡村旅游结合起来，打造美丽乡村旅游品牌。

年轻人说得头头是道，刘一诺听得入神。他很欣赏面前这个年轻人的气魄，也明白乡干部们的良苦用心。他们请他到朱冲，不是游山玩水，而是要他发挥余热。农业局有产业扶持资金，只要项目符合政策要求，就可以扶持。他们显然知道这项政策，故意给刘一诺出了这道题，尽管已经退下来了，但他们相信他有能力解决。刘一诺已被马中的创业热情感动，明知许慎和他的亲戚设局挖了一个坑，也心甘情愿跳下去。他微笑着说，这个项目好啊，符合农村发展趋势。江山代有人才出。年轻人的创业勇气可嘉，比我们这些老家伙强。我回去跟杨局长商量商量，尽力支持一下。

刘一诺的表态给大家交了底，一行人有说有笑，气氛十分活跃。马中跟乡长商议，想请刘一诺去家里吃饭。乡长转向许慎，说乡政府食堂那边已安排了，在哪吃，表叔您定吧。许慎笑了笑，又征求刘一诺的意见。刘一诺故地重游，兴致颇高，说去马中家。乡长随即附和，说农家饭香，好吃。刘一诺笑了，心想这话有点无厘头。城里人下乡，喜欢吃农家饭，主要是换口味。农家菜不用大棚，按季节栽种，有一种原生态的美，吃起来不腻。刘一诺吃惯了饭店口味，偶尔下乡工作，当然愿意吃上一顿地道的农家菜。

刘一诺跟在马中后面，穿过一条浅浅的溪流，走进一座宽敞的宅院。院子里的几株碗口粗的桂花树，勾起了他的记忆。这里曾经是村里小学所在地，每年中秋时节，桂花开了，花香扑鼻，溢满整个村庄。许多女生将桂花折回家，插在花瓶里。如今，桂花树静静伫立，默默地迎接久别的朋友。马中招呼客人进屋，请刘一诺上座。刘一诺摇手，推许慎上座。许慎说刘局长不客气，这里你官最大，你不坐好我们没法子入座。刘一诺只好坐在贵宾位子上，然后招呼许慎坐左边，乡长坐右边，其他人依次坐下。

桌上已上了几道菜，有香椿头炒蛋、竹笋烧肉、乌骨鸡汤、韭菜螺蛳肉、马兰头拌臭干，都是本地土菜。这些菜平常也能吃到，但在城里吃不出农家风味。刘一诺当年下放朱冲时，就特别喜欢吃这些菜。如今当他再次走进朱冲，在农家桌上看到这些菜时，犹如老情人见面，心潮起伏。一会儿，一个老年妇女端菜进来，轻轻地将菜摆放到桌上，抬头看到刘一诺，突然愣住了。马中赶忙站起来介绍，说这是我母亲，接着又介绍刘一诺、许慎等客人，未等说完，她却慌慌张张地转身走了。

马中有些疑惑，跟着去了厨房。他母亲紧张地问，那个刘局长叫什么？马中说刘一诺，她哦了一声。马中直视着母亲的眼睛，你认识他？她说，不，只是觉得他很像以前的一个下放学生。

母子俩说话的声音不大，刘一诺耳尖，觉得不大对劲。等马中回到桌上，刘一诺轻声问，你母亲叫什么？马中说，朱小翠。刘一诺一惊，未等说话，许慎先“啊？”了一声，把一桌人唬住了。许慎拍着马中肩膀大声说，赶快叫你母亲过来，我们是老朋友！

马中立即去厨房，跟母亲说，有个客人认识你，请你过去。朱小翠擦了一下手，跟着就来了。许慎看到朱小翠，立即招呼她坐下，并让马中在自己和刘一诺之间加了把椅子。许慎拉着她的手，激动地说，我叫许慎，你还记得吗？我是1974年下放的，在朱冲待了整整四年哟。朱小翠说，原来是许大哥，难怪这么面熟。几十年不见，老样子还在啊。许慎说，老了老了。这时候，刘一诺已主动站起来，说我是刘卫东，上大学改了名字。

朱小翠听到刘卫东这个名字，心里一哆嗦。刚才进屋送菜，她一眼就认出了他，只是不知道他改了名字，还当了局长。许慎笑着说，小翠，恕我眼笨，刚才没认出你来。遥想当年，你可是十里八乡有名的大美女呀，追你的人不说人山人海，起码也有一个加强连吧。朱小翠被他说得不好意思，赶紧说老太婆啦，还提什么美女！

刘一诺看到朱小翠，心情十分复杂，但毕竟见过世面，能够将心思深藏不露。朱小翠只比他小两岁，看起来却要大十岁，以至于他和许慎都没认出她来。岁月像一把刻刀，在朱小翠的脸上肆意妄为，将一张原本柔美的脸庞刻画得沟壑纵横，让人怎么也不敢相信，当年朱冲的漂亮姑娘，居然老成了这个样子。都说岁月无情，在朱小翠身上真的一点情面也不留，看了让人辛酸。

刘一诺与朱小翠是有故事的。下放那阵子，刘一诺也就是曾经的刘卫东，和许慎一道背着铺盖，跟在大队会计后面进了村，被安排住在一间破旧的土房子里。大队书记并不像表面上那样欢迎他们，总觉得城里学生到农村就是抢农民的口粮。既然知青下乡接受教育，那就要认真教育他们。比如他给知青派的第一份差事，就是跟着社员到城里挑大粪。知青们哪干过这类活，甚至连扁担都没有摸过。书记的灵光一闪，让他们立即感受到了农活的味道。刘卫东在广阔的天地里干了几天，教育没得到，冷嘲热讽却得了不少。但他聪明有文化，大队办扫盲班，他就成了教员；小学缺老师，他又当了民办教师。不到半年，这个原本到农村接受贫下中农再教育的城市知识青年，居然成了教育贫下中农子弟的人，看起来挺滑稽。

下放知青刘卫东引起了村里女孩子们的注意，其中有个叫朱小翠的，是书记的女儿，长得水灵，人也聪明。小翠有时帮他洗衣服，有时也帮他烧饭。许慎跟刘卫东住一屋也共一口锅，小翠帮刘卫东烧饭也等于帮他烧饭，这无意间让他也得到了不少实惠。许慎有时拿刘卫东开玩笑，说等你做了书记女婿，一定要帮我说话，给我弄个队长、会计之类的做做，总比天天在田里猫着腰强。小翠的心思谁都明白，可书记嫌刘卫东弱不禁风，不同意女儿跟他相处。朱小翠和刘卫东之间的关系一直是地下性质的，只能默默地发展，默默地延伸，却看不到尽头。

熬到1977年，恢复高考犹如一声春雷，将沉睡的中华大地震醒了。刘卫东递交了高考申请，但大队不同意他报名，说他是小学老师，走了没人接手。刘卫东傻眼了。到朱冲插队的知青前后有十几个，招工、当兵之类已经走了一小半了。刘卫东父母是工人，没办法把他调走，只有考试这一条路了。朱小翠明白刘卫东的心思，虽然喜欢他，不舍得他走，但她知道那样会害了他。小翠找父亲说情，书记说这是大队集体研究的意见，自己也做不了主。她明白这是托词，就趁书记到县里开会之际，请大队会计吃饭。几个人有预谋地将会计灌醉，然后小翠拿走了钥匙，开了介绍信，盖上了大队的公章。刘卫东顺利参加高考，成绩在全县考生中名列前茅。捷报传到朱冲，书记很恼火，要追查刘卫东报名问题。小翠主动跟父亲坦白，这事不关会计，也跟刘卫东无关，是她偷拿会计钥匙，在介绍信上盖了公章。书记听她这么说，也不好再声张。不久，刘卫东被农大录取。入学第一天，他就给小翠写了一封情意绵绵的信，但他的信落到了书记手里。书记看过之后，毫不犹豫将它锁进了抽屉。他不喜欢刘卫东，特别是刘卫东上大学了，将来不可能再回农村。城市与农村有条看不见的鸿沟，将两边的人远远隔开，他这个大队书记是没办法让女儿跨过去的。与其女儿将来受伤害，不如提前将这段姻缘拆散。刘卫东盼着小翠回信，茶饭不香，可是一直没有回音。他有些着急，又接连写了第二封、第三封，还是杳无音讯。到了暑假，刘卫东没有回家，直接赶到朱冲。山还是那座山，村子还是那个村子，只是气氛有些异常。刘卫东悄悄进了村，发现村里喜气洋洋，鞭炮声不断。路上，他遇到大队会计，就问哪家办喜事？会计望着他，有点可惜地说，是小翠，她今天出嫁，男方就是本村的马木匠。说完叹了口气。刘卫东一听懵了，半天没回过神。会计安慰说，天涯何处无芳草，将来会有姑娘喜欢你。虽然你和小翠是很好的一对，可是朱书记不同意。我劝过他，说你上大学了，肯定比一个木匠有出息，但他更不乐意了。你知道他怎么想的吗？他说刘卫东上了大学，以后不会回到农村来了。咱家小翠是农村户口，进不了城。与其给城里人做媳妇憋屈，不如嫁个手艺人实在。

刘卫东见到朱小翠时，她已穿好嫁衣，准备出发了。刘卫东问她，为什么会这样？小翠淡淡地说，我们之间已经有遥不可及的距离，分开是最好的选择。刘卫东忍住泪水，心里有些愤懑。仅仅几个月时间，她怎么变得如此陌生？但他不知道她心底还是爱他的，只是有些事情不想说出来。刘卫东上大学后，小翠天天等待他的来信，但一直没有等到。她的心就像一座山被人开了个风口，天天有风吹刮，日子久了，心底似凝结成了一座冰窖。有一天，她独自进城，找到刘卫东家。刘卫东母亲认真地审视着这个想做她儿媳妇的女孩，感觉她不错，但她只是一个读过小学的农村姑娘，与读大学的儿子已经很不般配。她盘算着，儿子如果同她结婚，将来孩子如果户口落在农村，在上学、参军、就业方面就要失去大把大把的机会，这将是一个难以弥补的错误，想及这里，她心里就有一千个不愿意。她决定阻止这两个年轻人，和那个远在朱冲的男人内心如出一辙。她拿了五十块钱和一些布票，递给小翠说，我不同意你和他继续交往，你们之间有很大的差距。我知道卫东下放那几年，你给了他很多帮助，这是我给你的酬谢，希望你明白我的意思。小翠哭了，她没有要刘母的钱，但她听了刘母的话，发誓不再跟他联系。

刘卫东神情沮丧，踉踉跄跄地出了村。会计跟在他后面，怕他想不开，就一路送他到公社，在招待所住了一夜。第二天又送他到汽车站，直到他上了去县城的汽车。刘卫东一路上闷闷不乐，回家后将名字改成刘一诺，立誓做个信守诺言的人。小翠被他深藏于心底，只在大家提起下放生活的瞬间，才偶尔回想起那个曾经无比熟悉的身影，那个陪伴他几个春秋的农村女孩。刘卫东这个名字也逐渐被人遗忘，大家渐渐习惯了叫他刘一诺，只有他的那些中学同学、那些下放知青、那个叫朱冲大队的群众记得，曾经有个叫刘卫东的青年，在朱冲这个地方待过。

朱小翠的苍老触得刘一诺心底感到隐隐的疼痛。三十多年不见，当年俊俏的村姑竟然老成难以相识的老妇，就如村口那棵古槐树，躯干早已被蛀得面目全非，只有皴裂的树皮包裹着不完整的树干，勉强支撑着自己向着天空发呆，苟延残喘。

马中说，父亲重男轻女，生了二姐后，大队干部动员结扎。父亲不同意，悄悄丢下两个姐姐，带着母亲外出躲避计划生育。以后又生下三姐四姐，直到马中出世，父母才回村生活。乡干部上门罚款，无奈粗糠炸不了油，一怒之下将家里老房子拆了。父母两手空空，只能将家安在村里废弃的小学里。后来父亲生病，全家的重担就落到了母亲一个人身上。等到姐姐们出嫁，生活变好，母亲也老了。自己回乡发展，不单是创业，也是想多陪陪母亲。她以前吃的苦太多太深，身体过早衰老，不能再让她老人家吃苦了。

刘一诺很欣赏眼前的这个年轻人，对朱冲生态园项目也很认可，只是他已不是局长，不好拍板什么。他望着乡长说，马中这个项目前景好，符合国家政策，乡政府要多扶持。乡长一边点头一边说，朱冲这个地方过去因为交通闭塞，没人愿来投资，现在强调原生态，这里山好水美人热情，经常有游客过来体验。生态园是我们乡重点推荐的农业示范项目，已经上报县农业局了。今天请刘局长来，就是希望市农业局给予支持。刘一诺笑了，说我退居二线了，没权没势，不过人脉还有一些，这个忙还是要帮一帮的。说完，他给于向阳打电话，告诉他自己正在朱冲。于向阳忙说，对不起刘局您了，我最近穷忙，这次不能到朱冲作陪，请您老原谅。您有什么要求尽管指示，我回来一定照办。刘一诺呵呵一笑，说退下来了，还指示个球！是这样，朱冲村有个大学生回乡创业，做了个农业生态园项目，我看前景不错，老弟要多关照啊。于向阳说，我知道我知道。朱冲我去了几次，那里的牡丹园已按乡村旅游景区进行打造，目前吸引了许多城里人。马中是个好青年，很有想法，生态园发展前景乐观。请老局长放心，我一定尽力扶持这个项目。

马中到市局报送生态园项目扶持资金申请材料，顺便向刘一诺汇报工作情况。刘一诺听了汇报，愈发觉得这个年轻人不简单，有潜质。等送走了马中，他立即拨通产业科电话，但未及说话，又把电话挂掉了。他决定亲自去一趟产业科，当面跟李小玟沟通。最近局里人事调整，李小玟如愿以偿当上科长了。刘一诺的这项烂尾工程，久拖不决，没想到杨子青甫一上任就完成了。那天，他坐在办公室里翻阅文件，赫然发现李小玟的任职通知，颇有些惊讶。退二线后，刘一诺不过问局里工作，也很少跟同事交流，对局里的新生事物基本不知情。李小玟看到刘一诺进来，不冷不热地招呼道，刘局长，今天有空啊。刘一诺知道她对自己有意见，只是有事找她，也不好端架子，满脸堆着笑，说你高升科长，我这个老家伙也要来祝贺一下嘛。李小玟吸了吸鼻子，有些轻蔑地说，我都四十出头了，当个科长有什么了不起的。刘一诺听了不太舒服，忙岔开话题，问今年产业扶持资金还有吗？李小玟眉毛一挑，说上个月就分下去了。刘一诺又问，预留的六十万呢？李小玟笑笑，那个没动，按惯例是要留到年底的。刘一诺知道，那是每年留给领导个别打招呼用的。如果没有领导安排，等到年底，就由局里临时处置。

刘一诺碰了个软钉子，又去找杨子青。杨子青正在办公室批阅文件，看到刘一诺，忙站起来招呼。刘一诺坐下后，杨子青从柜子里取出一听茶叶，说这是做茶叶的朋友前几天带来的，我知道您爱喝茶，正准备给您送过去呢。刘一诺接过茶叶，道了声谢谢，然后告诉杨子青，说前些天去符山县，参观了朱冲农业生态园项目，做得有模有样。那个地方我待过，山清水秀，适合开发休闲观光旅游。杨子青哦了一声，说巧了，上星期我也到符山调研，于向阳跟我提过朱冲，原打算过去看看，但分管副市长临时召集开会，就赶回来了。刘一诺说，项目是一个年轻人做的，不过开发资金不足，建议局里研究一下，能不能考虑动用产业扶持预留资金，支持这个项目。杨子青皱了皱眉，有些为难地说，刘局长，预留资金不能随便动啊，要等市领导那边态度，这是您定下的老规矩。现在您出马扶持年轻人创业，这是好事。我先交个底，只要没有领导打招呼，年底一定优先考虑朱冲生态园。杨子青说得慢条斯理，滴水不漏，让刘一诺挑不出毛病，但他还是很失望。预留资金是给领导留的小灶，实际上领导很少动用，大多还是局里决定，局里提前使用也是有先例的。毕竟农作物讲究季节，错过了季节就等于延迟了一年。资金可以等，时间却不愿等。杨子青不打算破例，刘一诺也无可奈何。按章办事，何错之有？谁也不好说什么。

刘一诺闷闷不乐，忽然接到郝明月电话，说全市路线教育活动开始了，市委成立了十个督导组，你是第七督导组组长，明天上午到部里开会。刘一诺有点意外，说我退下来了，担任督导组组长合适吗？郝明月说，这个你不要顾虑。督导组是市委成立的临时工作机构，只承担阶段性任务，组长都是资历比较老的同志。你刚刚退二线，对全市情况熟悉，适合做这项工作。像你这种情况，一共有三位同志，都担任组长。市委让你们负担督导组工作，就是想发挥你们的聪明才智，继续为党工作。

对市委的决定，刘一诺只有服从。郝明月说得很明白，督导组是临时的，路线教育任务完成就结束。根据经验，以往的学习教育活动也都成立了工作组，负责联系指导各单位开展工作，把握节奏，检查指导每一个环节。刘一诺当局长时，接受过好几次类似活动的督导。如今退到二线，忽然有了督导别人的权力。这种权力互转游戏，真真假假，局外人很难体会。第七督导组联系市直六个单位和符山县，刘一诺作为组长，需要到这些单位参加动员会议，发表讲话，指导工作，督促检查，反馈问题。刚刚松懈下来的神经，马上又紧绷起来，工作节奏也从静闲调整为忙碌。

朱冲生态园遇到资金瓶颈，是刘一诺的一块心病。他一有空就琢磨这件事。上次和许慎去，只能算私访。现在开展路线教育活动，符山县恰好在他督导范围之内，他忽然想起孔明借箭的故事，也想借助路线教育的东风，为生态园项目争取点什么。符山县召开动员大会那天，督导组成员全体出动。刘一诺坐在主席台中央位置，发表了热情洋溢的讲话。讲话稿是统一模式，由市活动办提供，把单位名称换一下就八九不离十了。刘一诺在市直单位动员讲话时，基本上照本宣科，没有什么发挥。到了符山县，他却有意做了一些改动，插入了实际内容。除了强调干部受教育、群众得实惠之类放之四海而皆准的大道理，还以朱冲生态园为例，建议大家深入基层，积极扶持大学生回乡创业，提高群众收入。刘一诺的讲话赢得台下一片掌声。符山县主要领导当场表态，支持朱冲生态园建设，将项目打造成农业产业化样板，建成美丽乡村示范点，促进乡村旅游经济发展。会后，于向阳按领导要求，邀请本县一家银行负责人到朱冲调研，详细考察生态园项目。银行负责人看了项目，当场承诺贷款两百万元，为生态园解决资金不足问题。

市活动办统一部署，要求各单位召开一次领导班子民主生活会，开展批评与自我批评。按规定，分管副市长也要参加会议。杨子青接到通知，不敢有丝毫马虎，亲自布置民主生活会准备工作。这是他当局长后第一次召开民主生活会，需要协调好方方面面的关系，避免节外生枝。杨子青专门召开班子会议，研究机关人员思想动态，排查问题和矛盾隐患，尽量做好安抚工作，防止民主生活会召开时，有人趁市领导到场，故意挑事，造成不良影响。

杨子青不放心，又打电话把李小玟叫到办公室，询问近期有没有什么异常情况。李小玟想了想，说别的也没什么，就是上次刘一诺为了朱冲生态园项目，提出动用产业扶持预留资金，我不冷不热回了他一下，可能不高兴。杨子青笑了笑，说刘局长为人豁达，不会跟你计较。李小玟说，那可不一定。刚下台的干部最容易心理失衡，故意找碴的不少。虽然刘一诺在局里没权了，但他的影响力还有，何况他又担任督导组组长，说话仍有分量。现在是敏感时期，防人一手总是不会错的。

李小玟的话意味深长。杨子青一下子纠结起来，他也不能确定刘一诺会不会借机敲打自己。尽管他在李小玟面前表现得十分镇定，但其实他的心也是悬着的，只是官场历练久了，表面沉稳而已。杨子青经过一番考虑，决定化解与刘一诺的分歧。他抽空走到最西边的办公室，敲了敲门，里面没动静，估摸着刘一诺没来局里上班，就折了回来，拨通了他的电话。刘一诺看了看手机，发现是杨子青的号码，就说我在符山县审阅剖析材料，有话请讲。杨子青客气地说，看材料很辛苦，刘局长要多注意保重身体啊。刘一诺呵呵一笑，说老了老了，发挥点余热，精神不空虚，据说还可以预防老年痴呆。杨子青说，刘局长真幽默。是这样，有件事我想跟您当面商量，请您抽空回局里一趟。

刘一诺督导路线教育，从市直到符山，再从符山到市直，循环流转，马不停蹄，已经两三个月没到局里去了。自从路线教育活动开始，手头有了工作，人也过得充实。特别是到了符山，县里对督导组格外重视，天天有领导作陪，有时还安排到下面调研，跟群众交流，这让他乐此不疲。还是许慎说得对，与其在局里碍手碍脚，还不如到外面走走看看。如果不是杨子青打电话，他真懒得去局里，至少在路线教育活动结束前，他不想去局里坐班了。

第二天，刘一诺从符山赶回局里，直接走到东边的局长室。杨子青亲自沏了一壶茶，端到刘一诺面前，一口一声刘局长，显得亲密无间。刘一诺不知他的葫芦里卖什么药，只管谈笑风生。杨子青听了一番督导工作见闻，率先转入正题，说上次您提出的扶持朱冲问题，我们几个局长认真讨论了生态园项目规划，经局长会议研究，决定破例在预留资金里先划三十万，安排给朱冲生态园项目。您看怎么样？刘一诺听了很高兴，说生态园等米下锅，局里雪中送炭，我代表马中他们谢谢你！杨子青笑了，说支持大学生创业是您定下来的规矩，我只是刘规杨随罢了。另外，过几天局党组召开民主生活会，希望您多提宝贵意见，指导我们更好地开展工作。刘一诺点了点头，说你放心，我退了就退了，不会指手画脚，干扰你们工作。

果不出所料，分管副市长应邀出席农业局民主生活会。刘一诺按市活动办要求，也回局列席。会议贯彻“红红脸、出出汗、排排毒、治治病”的总要求，开展批评与自我批评。大家你一言我一语，相互批评，气氛热烈。说到动情处，个别班子成员甚至眼含热泪，豪情满怀。刘一诺是看客，坐在会场里面心猿意马，不时揣测发言人的心态。想起去年，他主持同样的会议，也是谈缺点查不足谋整改表决心，但会场没有今年热闹，大家三言两语就结束了。而今作壁上观，听会看戏，倒也优哉游哉。但副市长注意到了刘一诺，点名要他发言，给班子提点建议。刘一诺摇摇手，推说嗓子疼，只说了几句套话，就结束了自己的任务。

朱冲被符山县定为美丽乡村建设试点村。村干部受于向阳鼓动，聘请刘一诺担任总顾问。刘一诺爽快答应，积极帮他们策划。人多力量大，多个朋友多条路。朱冲举行试点启动仪式那天，刘一诺约了市商务局、旅游局、住建委等部门退下来的老朋友一道前往，顺便将他们也介绍给村里，聘请担任美丽乡村建设顾问。启动仪式开始后，老干部们齐刷刷站一排，显得很有气势。于向阳亲自主持仪式，并为老干部们颁发大红聘书。市电视台记者扛着摄像机，受邀前来采访报道。记者发现了刘一诺，就将镜头对准他，请他讲几句。刘一诺直摇手，说你们不要拍我，要多拍拍这里的乡村风光和淳朴村民。我是下台干部了，拍到镜头里不合适。不知道的人以为我留恋职位，或者准备东山再起了呢。

正说笑着，忽然许慎打电话过来，告诉刘一诺说，杨子青出事了！刘一诺大吃一惊，压低着嗓子说，老许，这话太敏感，不能乱说啊。许慎笑，说你不知道？今天加州论坛有个帖子，爆料李小玟与杨子青开房，被她老公捉奸在床。网上还发了两张裸照，不信你自己上网去查。

刘一诺将信将疑，忽然想起李小玫那天留给自己的那张纸条，心里不由倒吸一口凉气。饮食男女，事多隐秘，大多是人们茶余饭后的谈资，不会摆到明面上，一旦事情闹到网上，就难以收拾了。权力是味令人放纵的春药，不知迷倒了多少官员。刘一诺就近找了台电脑，打开加州论坛，却没有找到许慎说的帖子。他又登录QQ，看到许慎在线，就问，你说的帖子论坛上没有啊，是不是谣言？许慎立即回了个“坏笑”表情，说加州论坛上的帖子已经删掉了。不过，看到的人很多，大家都在议论。我看杨子青这回，难逃一劫。

好事不出门，坏事传千里。新媒体时代，信息传播比你想象得还要快。刘一诺刚下线，就遇到正在四处找他的于向阳。于向阳悄悄将刘一诺拉到偏僻的角落，神色严峻地说，杨局长惹上麻烦了。刘一诺平静地说，我刚才听说了，有确切证据吗？于向阳皱着眉，说加州论坛上的帖子虽然删掉了，但是这个帖子已经被人转载到门户网站，很快就会地球人都知道了。刘一诺淡淡地问，你认为是真的吗？于向阳说，我看了网上发的图片，不像是电脑处理过的。

刘一诺回到局里，市纪委的人正在会议室和中层以上干部逐一谈话。轮到刘一诺的时候，他说我没什么好说的，可惜了。

到底谁在说谎

◇张　军

作者简介：张军，安徽繁昌人，安徽省作家协会会员。

倒了两次车，老魏才出L市，坐上返回M镇的中巴车。老魏有点累，靠在座位上想眯一会儿，可是睡不着。

老魏放弃了这个想法，拉开车窗朝外面张望。

今天去L市看望读大学的儿子，看完儿子，老魏想给妻子买一件衣服。为了10块钱，老魏和营业员小姐吵了一架，气得满脸通红，衣服没买成，窝了一肚子的火。

老魏的腿有点僵硬，他想活动一下。刚一伸腿，坐在前排的一个小姑娘回头白了他一眼。老魏挪了挪屁股，把伸出去的脚缩了回来。老魏憋住肚子里的火，不让它们望外冒。他叮嘱自己，还是省点事吧，免得人家说自己不正经，想占人家小姑娘的便宜。

跑完水泥路，车子一头扎进坑坑洼洼的泥巴路，一股呛人的黄色灰尘拥了进来。老魏伸出左手关窗子，弄了好一阵子，也没把窗子关好。老魏不得不站起来，双手用力拉，才把窗子拉严。屁股刚落座，坐在前排的那个小姑娘又回头白了他一眼。小姑娘一手捂着鼻子，另一只手不停地朝脸上扇着风。

老魏心里嘀咕，模样长得挺漂亮，心地咋这么丑呢？老魏开导自己，算了，别和她计较，拎着胯子都能倒出奶来。

老魏的眼睛直打架，再次把眼睛闭上。闭了好一会儿，还是睡不着。老魏没办法，只好隔着窗玻璃继续朝外面张望。

这时候，一辆满载石子的大货车正跑在前面，车屁股后面腾起漫天的灰尘。中巴车司机按了几下喇叭，可大货车没打算让道，仍旧在前面不紧不慢地喘着粗气。中巴车司机嘴里骂道："妈的，也不死快点！"

骂也不管用。车子里烟雾缭绕的。老魏看了一眼前面的那个小姑娘，见她用手帕捂着鼻子，很难受的样子。老魏一下子舒坦多了，心想，你就这么厉害？有本事也给他们来几个白眼。可是让老魏不满的是，最近几年，到处都在修路盖房子，好像全国的公路和房子一下子都坏掉了。无论走到哪里，老魏都有这种怪怪的感觉。

不知什么时候，老魏终于迷迷糊糊地睡着了。

醒来的时候，太阳快要落山了。还有一个钟头，老魏才能到家。那辆装石子的大货车不见了，车里的灰尘稀薄了不少。坐在前面的那个小妖精早已不见踪影，车上又换了几个新面孔。

让老魏精神抖擞的是，有一个女的相貌可人，打扮得素雅大方。老魏估计这女人大概有三十五六岁，但看起来也就二十五六岁的样子。女人透出兰花气质，像一颗熟透的桃子掩藏在绿叶丛中。相比之下，老魏觉得妻子太差劲，一张大脸肥嘟嘟的直冒俗气。老魏怪自己当初的眼光不好。

老魏的目光在她身上瞟来瞟去的。她肩上挎个白色小包，一只小手扶住扶手，花心藕一般的细嫩，身子轻轻地摇晃。老魏有点失望，她两眼望着窗外，一点也没注意到自己，留给自己的是一张冰凉的散发着兰花清香的脸。就站在旁边，咋就看不到我呢？老魏暗暗埋怨道。

老魏怜香惜玉，想把位子让给她，又觉得不妥。老魏胡思乱想的，弄得自己挺矛盾，裤裆里突然硬了起来。老魏吓了一跳，慌忙摘下肩膀上的背包，盖在腿上。老魏瞅了瞅身边的人，忏悔了好一阵子。

眯了一小觉，老魏精神好多了，再加上这么一刺激，瞌睡早就跑到九霄云外去了。坐在那女人面前，老魏觉得挺难受，真想再眯一会儿，可是无论如何也睡不着了。

在峨桥茶市，兰花女人下车了。老魏不停地用鼻子嗅着她留下的一缕清香，眼巴巴地望着她消失在人群中。

老魏摸出根烟叼在嘴巴上，扭了扭脖子，见司机的头顶上写着“禁止吸烟”，上面打了个大红叉叉。叫那个卖票的寡妇脸说一顿划不来，老魏不太情愿地把烟夹在耳朵上，暗暗发誓，哪天发了财，打死我也不坐这种鸟车，一路吃灰不说，还不准抽烟。

这趟车，没碰见一个熟人，老魏觉得很好。老魏不想捡别人的便宜，也不想叫别人捡自己的便宜，更不想为买票的事拉拉扯扯的，影响自己的形象。

老魏看了一眼车窗外一晃而过的青山和田野，又闭上眼，开始想第十三个月工资的事。

去年冬天一个寒冷的星期四，老魏起了个大早，去菜市场买菜。买完菜，老魏拎着菜篮子慢腾腾地往回走。昨天刚刚下了一场雨，坑坑洼洼的路面积满了水，树叶和纸屑到处都是。街上行人并不多，可老魏总感到耳朵里一会儿车鸣马叫的，一会儿又蜜蜂嘤嘤的。老魏使劲摇了摇头发稀疏的脑袋，感叹衰老正慢慢侵袭自己微微发胖的身子。

快到镇政府所在地，老魏发现，豪华气派的大院门口，里三层外三层围了不少人。尽管老魏不爱凑热闹，可还是有点好奇。老魏把菜篮子从右手换到左手，手搭凉棚朝里张望。除了政府一帮人在急急忙忙地打扫卫生、跑进跑出的，也没发现什么值得一看的热闹。

老魏把菜篮子换到右手，想快点走开。刚转过身，不知什么地方突然冒出了一句话：“马上就到！”老魏停下来，两只小眼睛四下搜索了一遍，最后才发现，这声音是从自己背后发出来的。老魏转过身子，一个干巴黄瘦的小老头正手舞足蹈地喊：“马上就到！马上就到！”

“什么马上就到？”老魏忍不住问了一声。

干巴小老头不屑地瞟了老魏一眼，懒得理他。过了一会儿，还是同情地瞅了他一眼，说：“县长马上就到！”

老魏又气又笑，县长有什么了不起的？难道还长了两个鼻子三只眼不成？按级别，老子也是县长待遇！

生气归生气，可人家毕竟货真价实，专车进专车出，到哪里都是前呼后拥的，不像自己，终究是个冒牌货。几分钟之后，老魏心里才渐渐感觉平衡，安慰自己，别看我是个冒牌货，可比他们干净，他们死了肯定比我烂得快！

老魏在人群里站了半个钟头，脚冻得发麻。县长迟迟未到。老魏打消了一睹县长尊容的念头，把菜篮子换到左手，悻悻地离开。

没走几步，又听见背后有人大声叫道：“来了，来了！”

不用看，老魏就知道，准是那个干巴小老头兴奋的叫声。老魏好像被什么东西牢牢地吸引住了，迅速把菜篮子换到右手，挤进了人群。

站在人群里，老魏不由地站直身子，挺直腰杆，左右看了看，又拿手拢了拢头发，摸了摸衣领，伸长了脖子。几辆黑色轿车缓缓驶过。老魏没见着县长，又跟随众人紧走几步。等挤进大院，轿车里的人早已钻出了车子，前呼后拥地向大楼走去，留给老魏的是快速移动的背影和一缕缕寒冷刺骨的风。

回家后，老魏匆匆喝了口粥，骑上那辆破自行车吱吱扭扭地往学校赶。在校门口，老魏碰到了小杨。小杨拎个塑料袋满头大汗地跑到他跟前，贴着他的耳朵神秘兮兮地说：“告诉你一个好消息，第十三个月工资有望了！”

“哪儿刮来的妖风？”老魏不相信自己的耳朵。

老魏没有想到，小杨也在人群里看热闹。老魏滑下车子，放慢脚步，和小杨保持一致。小杨告诉他，自己亲耳听分管教育的副镇长说的，副镇长亲耳听县长说的，县长还说，不仅要把今年的第十三个月工资发给教师，还要把去年没发的也给补上，向公务员看齐。

老魏一下子振作起来，哈下去的腰板又挺了起来。老魏有点懊恼，懊恼自己运气不好，不仅没亲眼一睹县长大人的风采，也错过了一个先闻为快的好机会。

老魏锁好车，健步来到办公室，把这个振奋人心的好消息说给同事们听，让大家也能及时分享快乐。女同胞们兴致很高，七嘴八舌地，可多数男同胞直摇脑袋，这让老魏有点遗憾。

小马坐在角落里埋头批改作业，一言不发。等大家都不作声了，小马伸了个懒腰，踢开椅子，站了起来，冲着老魏嘿嘿一笑，做了个鬼脸，说：“别睡在梦里想屁吃！”

老魏很生气，想和这小子理论一番，可又不知从何论起，想了想，说：“没大没小的，这么没礼貌！”

天有点闷热，夏天很快就到了。老魏在心里问自己，到底谁在说谎呢？

小小说三题

◇鲍山宏

第一碗馄饨

作者简介：鲍山宏，安徽繁昌人，芜湖市作家协会理事，繁昌县作家协会副主席。

女人生好煤炉，摆弄完桌子凳子，呆呆地坐在一边。过了好一会儿，有人三三两两地出来跑步晨练了。不远处两个清洁女工在一扫帚一扫帚地打扫着街道，扫到她摊位前时，女人不由地朝她们笑笑，局促地又移凳子又挪桌。冬天的早晨很冷，女人却觉得周身微微发热。

天渐渐地亮了，行人多了起来，上早班的人们匆匆忙忙从女人的小摊前走过，但没有一个人停下来。不远处的一个小吃摊已经开张了，热气腾腾，热热闹闹，似乎有意无意地向她挑战。女人心中挺不是滋味，觉得从未有过的委屈。难过归难过，女人还是一遍又一遍极认真地擦着身边的小方桌。也不是没有人光顾，天刚亮时有一对青年男女手挽手走到她的摊前站了会儿，她小心地赔着笑脸，谁知那女的拉了拉男的，两个人就走了。没多时也有人来，可望了望她也走了。

女人有些冷了。她想，丈夫也许是对的。当她提出要出来摆个小吃摊时，丈夫就说她不行，说她吃不了那个苦。她说，我能行，我能吃苦。丈夫又说，你不是那块料，做不来的。她说，不试试怎么就知道呢。现在，她真的后悔没有听丈夫的劝，落得如此尴尬。

炉火弱了，她懒洋洋地换了块煤；不一会儿炉火又上来了。望着火苗一跃一跃地舔着锅底女人又陡生起希望来，抬起头，理了理头发，动手擦着碗碟。她想，不能让自己停下来，再这样待下去，也许真没法干下去了。

“姑娘，有些什么好吃的啊？”女人一激灵，抬头就见一位约60多岁的老人站在她的面前。

“有，有，有面条，馄饨，还有五香茶叶蛋……”

“那就来碗馄饨吧。”

女人忙招呼老人坐下。

“姑娘，没做多久吧？”

“唉唉，是第一天……”女人手忙脚乱地，终于将一碗热腾腾的馄饨放在老人面前。老人吃了一口，抬头看了看她，接着就边吃边与她聊了起来。一会儿，老人吃完了，站起身来付账，和蔼地说：“姑娘，做得不错，明天啊，我还来吃你做的馄饨。”

早晨，第一缕温暖的阳光照在了女人身上。

望着老人的背影，想起老人刚吃时的情景，女人忙拿起老人吃过的碗，取了汤匙挑了点汤尝尝，不禁鼻梁针刺般地一痛，眼眶里注满了泪水。

这是女人下岗后的第一笔生意——卖出的一碗没有放盐的馄饨。

发黄的纸片

娘说完又沉默了。

二不知究竟怎样跟娘说，娘才会松口。按说这事不必要非跟娘来说，三把事办了再跟娘说也不为过；前几天带芬来，娘也没有说什么，看上去俩人还挺说的来呢。可今天一提这事娘就不应声儿了。

三结婚已有十个年头了，头两年三的媳妇与娘相处得还较为融洽，谁知还真应上了那句老古话：隔层肚皮隔座山。自媳妇生下女儿莹莹起，在月子里娘俩就闹翻了脸。这些年媳妇再也没来看过娘一回，娘有时想孙女，去了三的家，媳妇也不给娘好脸色，后来娘也就不上三的家了。

三虽在家排行老三，可前头两个是姐，后头一个是弟，所以三在家仍是个顶门撑户的男子汉角色。三觉得不能让人在背后说闲话，指戳他娶了媳妇忘了娘。父亲在三很小的时候就过世了，是娘含辛茹苦把他们姐弟四人拉扯大的，多么不易。尽管媳妇对他不错，可对娘这般，每每回家看着瘦小羸弱孤孤单单的娘，三是怎么也不能忍受的。三心痛娘，三就想着与媳妇离婚，三要把娘接过来一块住。前几年三下岗，找工作，失业，再找工作，三不能离婚，现如今三有了自己的事业，三已是一家规模不错的公司老板了，三就不怕离婚，更何况三现在又有了芬。芬答应嫁过来一定好好孝敬三的娘。三这趟回来就是跟娘说这事的。三自小就孝顺娘。

"娘——"

"三，你回吧，"娘说，"娘该给菩萨敬香了。娘老了，娘越来越糊涂了，你明天再来，娘要问一问菩萨。"

娘起身净手，焚香。

三望着娘有些佝偻的背，小声说："娘，那我先回了。"

三知道娘的脾气，再说啥也没用了。自打去年四的孩子没了——溺水而亡，娘就大病了一场，几乎是死里逃生，后来娘就信了佛，每天三遍定时燃香敬佛成了娘雷打不动的功课。娘祈求菩萨保佑儿孙们平安幸福。"那就听菩萨的吧，大慈大悲的菩萨总该怜悯他虔诚的信徒吧，娘这样的人菩萨会降福于她的。"三这想着就回去了。所以第二天三是带着好心情，带着芬一道来的。

"三，娘请人写了两张纸片，一张是离，一张是合。纸片就放在菩萨身边的那个筒筒里，等娘这炷香烧了，你就摸一张，是好是歹，菩萨会给个话的，不过到时可不许反悔。"

三看看芬，又看看菩萨，三想不到娘会这样，心里就紧张起来。

"三，娘等你话呢？"娘又紧逼了句。

三看看菩萨，又看看芬，极其无奈地点头“唉”了声。

娘起身净手，焚香。

三缕青烟缭绕。娘静若雕塑，三左顾右望心烦意乱，芬时起时坐烦躁难耐。

“娘。”三轻轻喊了声。

娘抬头望了眼香炉，点头示意三可以摸筒里的纸团子了。

三小心翼翼，但还是差点碰翻了筒子。

待三抖抖颤颤地展开纸片，芬就哇的一声哭叫了起来：“三你这个骗子，三你是畜生，三，我和你没完——”

芬丢下三娘俩跑了。三也不知呆坐了多久，是娘唤醒了他：“三，回家吧，好好过日子。”

转眼又一个十年过去了。这天三的一家被人叫到娘这里。这时三的女儿已大学毕业了。

“娘——”三望着弥留之际的娘，哽咽着说不出一句话来。娘也不能说话了，娘慢慢地把目光移到了那个菩萨身边的竹筒筒上。

“娘，你是不是想再给菩萨上一次香？三给你燃上。”娘却艰难地摇了摇头，娘的目光仍然留在竹筒筒上。莫非——三的心里咯噔一下。

“娘——娘——”三的心里惧怕得不行，他不敢伸手，他知道那筒筒里是什么，他怕，他比十年前还要怕。

“娘，不，不!”三流着泪痛苦地摇头。可娘的目光就是不离开那儿，那份执着仿佛告诉身边的每一个人，如果三不去做，她死也会不瞑目的。

万般无奈之下，三只得再一次去碰那筒子。

三心情沉重地拿出了那个十年前剩下的，现今已让灰尘侵蚀得发了黄的纸团子。娘的目光随着那纸团子游移。三极不情愿地将纸团递给媳妇，痛苦地背转身去。

“娘——”媳妇忽然双膝下跪，叫了十多年来第一声娘。

三惊诧不已。三拾起那张发黄了的纸片，不禁目瞪口呆。三再看娘时，娘已经安详地闭上眼去了。

绝 活

苏利民参加工作近三十年了，当过办事员，柜台出纳员，统计员等职业，干得最舒畅，百分百满意的还就是现在的岗位。

老苏现在是一家县级金融机构的办公室主任。倒不是满头黑发熬到两鬓花白，终于谋得个一官半职，说实在的，老苏这人对当官根本就提不起个劲头。这也许与老苏父亲的不幸遭遇有关。老苏的父亲是南下干部，渡江战役随大军过江，解放了这座江南小城后，便留下来当了首任县长。后来，历史上那场有名的轰轰烈烈的政治运动开始了，苏县长饱受游街、批斗、坐土飞机之苦，最终这位朴实，爽直，刚正不阿的北方汉子被迫害致死。这是陈年的老话，老苏现在不愿再提了。

办公室主任的工作较杂，事务较多，出个通知开会，领导出差派个小车什么的，事无巨细，都是办公室主任分内的事。可老苏这个主任却又有他所在行业的特点，平常最多的是送往迎来，安排接待工作。上级来人检查指导，虽有时有节，但下面来的人特别多。下级机构那么多，几乎每天都有来上级各个部门汇报情况、请示工作、办理业务的人。按时下的话说，出门在外总不能背着锅灶跑吧。苏主任便负责给这些人安排工作餐。说是工作餐，吃的地方还是各个饭店。不要以为老苏手握重权，饭店老板求他，吃饭的人围着他，老苏能摆摆谱了，错了，根本就不是那回事。

老苏有个爱好，喜摆弄个锅碗瓢勺的。饭店老板也不知如何晓得的，瞅着他高兴的当儿，讨好他说：苏主任，展展你的手艺，让大家伙见识见识。

刚开始老苏考虑自己身份，不肯放下架子，经不过三番五次奉承，挡不住那热热闹闹煎炒烹炸的诱惑，手痒难耐，终于操起了勺把子。就这一下子，老苏炒出了名堂，炒出了自我价值。菜一上桌，众人争相品尝，结果是一致地赞同老苏的手艺是一流的。单说那宫保鸡丁，不油，不腻，鸡肉味鲜肉嫩，花生米香脆可口，堪称色香味俱佳，就连饭店大师傅尝了也自愧不如，连连叹道：苏主任，小的这饭碗保不住了！

自此每每来了兴致，老苏都要亲自下厨弄出一两个菜来让众人饱饱口福，众人一例吃得眉飞色舞，赞不绝口。

这一天，老苏兴致格外高，他让饭店老板从养鱼的玻璃池中捞出条约有斤半的大鲤鱼，吩咐伙计立马动刀剖洗干净了。老苏扎上围裙，操勺在手，三下五除二，一道菜眨眼工夫就上了餐桌。

就见这菜：鱼头鱼尾鲜活如常，只是鱼身漫浸在浅红色的油水中。众人一时目瞪口呆，不敢动手。

老苏神采飞扬，挥手道：吃，吃吃看，多提宝贵意见。

众人左顾右瞧却没有一个敢动筷子的。老苏嘿嘿一笑，自己率先夹了块鱼肉，众人随之一哄而上，一条鱼很快就只剩下了鱼头鱼尾。令人叫绝的不是鱼皮的松脆可口，也不是鱼肉的鲜嫩味美，而是盘中的鱼头上的嘴还在一张一合地翕动着。

众人回过神来，就非得要老苏介绍介绍这是何方名菜。

老苏说，十年前我出差去了趟郑州，就吃了这道菜，菜名叫“黄河鲤鱼”。

有人立马就说：我看这菜得改名了，该叫“苏氏鲤鱼”才对。

所有的人都附和称是。

老苏忙说：叫不得，叫不得。众人哪里肯依，非得叫“苏氏鲤鱼”。

老苏问老板：这是漳河鱼吧？

老板惊叹不已：神了，苏主任！你是怎么知道的？

老苏说：本县水域只有漳河水通长江，乃活水。活水养鱼体健肥硕，特别是没有内河鱼那股子泥土腥味，食用起来味道更佳。

老板喜不自禁，大声叫道：有了，有了，各位领导，我看就叫“苏氏漳河鲤鱼”怎样？

众人都称好，说有特色，绝对有特色！

那天结账时，老苏见菜单上就有一道菜名叫苏氏漳河鲤鱼，只是菜价40元高了点。老苏知道，这样的一条鲤鱼市场价不过10元光景，本想说两句，却没有说出来，提笔在菜单上签了“苏利民”三个字。

老板说：苏主任，你可是给我创牌子了，打今儿起这就是我们酒店的特色名菜了。

有人笑笑说，苏主任，等你退休了干脆开个饭馆，到时我们就天天上你那儿吃饭，吃你的拿手绝活。

饭店老板一听慌了，忙说：苏主任，你要是退休了那儿也不能去，现在咱就定了，到时我用八抬大轿请你。

老苏心里高兴，上饭店每每都要露那么一两手，尤其是那道苏氏漳河鲤鱼，来的人有的还死皮赖脸地求老苏赏赏口福。苏氏漳河鲤鱼成了老苏叫得响的拿手绝活。

这年金融系统搞减员增效，老苏是第一个主动提出下岗的人。

那个最佩服老苏手艺的饭店老板并没有用大轿来请他，老苏当然不愿与那势利小人计较。老苏深知饮食行业的利润，自己有手艺，为什么非得替别人打工呢？于是租了两间门面房，自己开了家“利民饭店”，主打菜就是他的拿手绝活“苏氏漳河鲤鱼”。

有道是事非经过不知难，老苏的“利民饭店”只支撑了半年就关门停业了。因为几乎所有吃“苏氏漳河鲤鱼”的顾客都摇头否定：火大了，鱼皮就焦了，有煳味；火功少了，鱼肉吃油盐不透，不仅清淡无味，甚至肉中夹有血丝。小心翼翼地做了捧上桌子，客人不满意，说，老板，别把我们当因纽特人，我们不吃生鱼肉。还有的客人说，老板，你这道菜有失人道主义精神，太残忍了。没有了新客源，过去吃惯了老苏手艺的也渐渐地不见了踪影。老苏难解困境，一气之下，关了饭馆，回家享清福去了。

老苏发誓，以后再也不做关于鲤鱼的菜，所谓的“苏氏漳河鲤鱼”自此成了真正的绝活。

褶皱的栀子花

◇孙建康

一

作者简介：孙建康，安徽繁昌人，马鞍山市作家协会会员。

六月，栀子花开了，其色纯白，其香悠远绵长。

村里只有两家有栀子树，一家在篱笆院内，若隐若现，内有大黄狗；一家在大门前十米开外，无遮无拦。但这家有个老人，几乎每天都坐在门前，不是看管什么，只是那样坐着。

栀子花不是人人开口去要就可得到的，要看主人的高兴及两下里交情如何。我掂量着一个小毛孩是要不到的，我也不想为一朵花让母亲觍着脸去求人。物以稀为贵，就有人用篮子拎着它去街上卖呢。

端午，躲午，即这一天午饭后人们基本不外出，就是串门也是缩在屋里说话。午饭后，我停在那家篱笆墙外，透过缝隙看，栀子花正开了一树。

刚靠近，那条黄狗就吐着舌头立起身，然后叫着向篱笆跑过来，我捏着一截树枝向它舞了舞，悻悻地走开。

我去了那个没有院门却有栀子花的人家，在附近逡巡，若无其事的样子。那个常坐在门前的老人把小竹椅搬进屋里，于门旁枯坐。栀子花位于门前的空地也是晒谷场的顶端，一旁附生着荆棘刺梅。我猫腰打另一侧摸过去，以避开老人的视线。

端午的午后一如往年，鸡鸭打着盹，鸟收了影子，风都止住脚步。绽开的栀子花几乎全被摘了，余下的是打苞儿的。打苞儿的好呀，摘回去放水里养着，第二天就会开放，还新鲜。从这儿摘花朵要穿过刺梅，我小心翼翼地伸手，然后悄然退出，不料，紧张中手背被刺梅划出血。

荆棘丛里有一群在悄悄筑巢的野蜂，我没在意，手被划出血，疼痛中拨拉刺梅带动荆棘惊动了它们，遂恼怒地向我扑来，吓得我赶忙抱头鼠窜。蜂子紧追不舍，直到在我后脑勺上蜇了一下，我趴倒在地，才咿咿呀呀凯旋归去。还好，没有惊动屋里的人，那花也还在手中好好的没有受损。

顶着木扎扎的沉重的头跑离晒谷场时，总感觉背后有人盯着，一回头，那个老人正无声地拄着拐杖看着我。我又恐又窘，像做扒手时被人当场发现，落荒而逃。

躲在房内，长吁一口气，用玻璃瓶灌了水把花插在里面。小美，我有花赔你了！

端午节，学校只停下午半天课，上午上课时我闯了“祸”。

二

小美戴着一朵栀子花，白白的花缀在辫根散发着浓香。她家在学校西边二里外，我家在学校东北边三四里处。我们读五年级，彼时，小学是五年制。小美坐前排，上课铃响之前我们在座位上打逗说笑。墙上有一句古诗用铅笔抄上去的，歪歪扭扭的是小美的笔迹。

“夕阳无限好，只是近黄昏”，我不懂这诗的含义，便半带嘲笑地说，夕阳，只有黄昏时才会有吧，不到黄昏哪有美好的夕阳？恰时，上课铃响了。

小美与她的同桌小红听见我的话笑弯了腰，笑够了一齐转过身抛出一句：你懂个屁！然后又一齐捂着嘴吃吃地笑。

那你讲讲看它的意思？估计小美她们也不大懂，却说，你个木头，跟你讲你也不懂。此时老师走了进来。班长喊：起立！全体站起来喊：老师好！老师回应：同学们好！接着老师两手下按，请坐！

我往下坐，脚在桌下前伸，突然一阵疼痛敲在脚背上，疼得我龇牙咧嘴却不敢放出声，因为老师听到咚的一声盯了过来。原来，是小美的条凳倒下来砸中我的脚背。那时，我们学生，俩人共用一张课桌、共坐一条长凳。

小美弯腰扶凳子，朝我狡黠地一笑说不是有意的哦。望着她和小红的背影，看得出她俩一定在极力忍着笑出声——她们在老师把目光移走开始讲课时把书本竖起来，头低伏，肩膀颤抖着，分明是在偷着乐呢。还不是有意的？就是有意的。同桌小兵也斜着脸向我坏笑，用笔在纸上写了一行字：女孩子不好惹的哦。

下课铃响了，小美与小红笑着鸟一样飞出教室。小兵用胳膊捣捣我，我便跟他出了教室。

小美她们从女厕里出来，小兵与我走上去。喂！那凳子倒下来，是你俩故意放倒的吧。小兵嚷。

谁说的？小红回应。

别理他。又没砸他的脚。自己的腿伸那么长，还怪人？小美扯扯小红的胳膊，扫我一眼，带着惬意的笑。

小美，一定、一定是你故意的。我嗫嚅着心有些虚，毕竟我们只是猜测。她完全可以说，是起立坐下的档儿不小心碰倒的。

是我？哈哈……是我故意的，怎么啦？有本事你告诉老师去呀。小美突然一甩头，栀子花在头上一荡，挑衅地瞪着我。

小红接着说，谁叫你一个男生不晓得让女生？这是教训。咯咯……

小美，你这头上的花香太烈了，熏得我们头晕，课都听不下去呢。戴什么花呀，不就你家有栀子花嘛。小兵看着花说。

它在我头上，又不在你头上，不能闻，找张纸把鼻子塞住，没人拦你。小美像圣斗士，来者不拒。她说这话时小兵已然出手，栀子花瞬间落入手中。小兵把花凑近鼻子，嗯！真香！香得让人头昏脑涨。

你？混蛋！把花给我！小美发现头上的花跑到小兵手里，不禁羞红了脸，恼起来大叫着扑过去。

小兵一闪身，喊：接着！那朵白净的花就如一只白蝴蝶朝我飞来。仓促中，我慌忙双手去接，说是接，其实是抓的动作，因为我根本没有料到小兵会把花向我抛过来，也来不及做好接的准备。只抓到一片花瓣，栀子花就掉在脚前，情急之下我踏过去想弯腰去捡，岂料，那脚正好压在花上。坏了！这下坏了！我惊惧地往一旁急跳。

啊！你们好讨厌啊！我的花！我的花……小美看着地上惨不忍睹的栀子花，蹲下身，眼泪汪汪的样子。

这花又没惹他们。让他们赔！小红气咻咻地跺着脚吼。

你们给我赔！小美起身，脸朝向我又扭向小兵。

是他让我拽花的。你找他去。谁叫你用凳子砸他的脚。小兵嬉皮笑脸地指向我，然后哈哈笑着，溜了。

你看怎么办吧？这花还是我妈找人家要的。小美抹了抹眼，用眼剜着我，眼珠有如深潭。

要不要我跟老师告状去。小红上来说道。

和颜悦色、欢声笑语中，我的小嘴还能够利索几句，可当对方虎着脸、绷着面，严肃与认真，或摆出责问、吵架的态势，我就笨嘴拙舌、语无伦次了。尤其“告状”二字，它极有分量。它带来的后果让我不寒而栗：立在操场上晒太阳，教鞭打在手心，全体师生都可看到你；面对全班同学站在黑板一侧做检讨，然后你晾在那儿，老师讲他的课，同学听他的课，你像不存在，又无处不在，末了，还得写书面检讨。

我不知所措地立在那里，似乎听到自己在说，我赔、我赔，我、我、我……我的样子好笑吧，小美与小红居然扑嗤一声掩嘴走开，丢下一句：不许赖！

放学了我才想起，我到哪去弄栀子花？我家又没有它。我也没钱跑老远的街上去买。

三

终于把栀子花弄到手了，看着眼前微绽的花朵，忘了脑后蜂蜇的疼痛。明天，我会有个交代了，小美又会与我逗乐了。班上也就她喜欢与我逗乐说笑呢。

晚上，后父又发酒疯了，他就喝了三两老酒。其实他喝不喝酒都一样地发疯，这已经是他的“家常便饭”，以致家中只要他在，屋里就流淌着一种恐惧与压抑。于是，我们怕见到他，可越不见越要见，他是家中的一分子甩不脱。他寻着母亲吵，拍桌子摔板凳搞得鸡犬不宁。我马上就要毕业考了，如此的争吵我如何静下心复习？想让我辍学吗？后脑勺此时也合拍似的一阵一阵地痛。急切与烦躁间我一时没忍住，脱口而出：你们吵什么呀？能不能不吵？

后父闻听，略略愣了一下。要知道，我这样的态度与反应，在数不清的争吵中可是头一回啊。后父可能感觉到他惯常的权威受到挑战，顿时火冒三丈，吼：你他妈的也跟老子发脾气？翅膀硬了？大步过来，把桌上的书本悉数拂在地上，抓住作业本就扯，桌上的花连瓶被打翻在地，被书本压着，花容失色折皱不堪。后父继续燃着火，拿起一旁的竹竿把吊着的灯泡捣碎，嘴里叽里咕噜地骂：老子让你念书，让你念书，念你妈的屁书！

我极度后悔刚才的“冒失”与“莽撞”，瑟缩在黑暗中做着自责，不敢动弹。

这日子怎么过啊！母亲的凄号。这样的哭号，已司空见惯。你小家伙呀，早跟你讲了，要你不要讲，不要插嘴，你就记不住，管不住自己。她哭着甩着鼻涕。

你干吗也要反驳他？我在心里反问。他每次说什么，不管对错，母亲只有接受的份。他不让她回嘴，她的哭让他烦躁。可母亲似乎总要辩出个理，辩出黑白，她是个直性子，打不死的李逵，也不长记性。

早读课，若无老师维持秩序，基本上是放牛滩，打逗说笑一片。小美居然没有提及昨天我和小兵的恶作剧，快嘴巴的小红也没有提。小兵若无其事，依然在纸上漫不经心地画着小美与小红的背影。

难道她忘了？还是她体谅我可能弄不到那样的花？还是她在等着我主动说那花的事？我胡思乱想，想着怎样跟她解释。我最怕别人说我小奸小坏，说我损坏人家东西不赔。可我最终没有想出合适的台词，但我想到另一个办法。

我写了一张纸条折了几折，瞅个空丢进小美的怀里——我得先求得她谅解。小美见了纸条很是诧异，也不打开看就扭头瞪向我，脸上竟然有红晕，像是在问，你这是干吗？看着她的表情，我蓦然惊觉：小纸条，在班上一向是敏感的东西，它成了男生给女生写“情书”的代称。

小红眼明手快，瞥见纸条一把夺过去，嘟一声：情书？谁写的？急急地欲展开去看。与小红隔着过道的一个男生正在扭头转颈左顾右盼，瞧见小红在展开纸条，发现新大陆似的两眼放着光，不问三七二十一，劈手抢过纸条就尖叫：呀！情书呀！哈哈！还有人给你写情书呀？

小红慌得赶忙伸手去捞，急辩：不是我写的！不是写给我的！

不是写给你的？那让我瞧瞧。那男生捏着纸条在空中扬着。全班同学的目光齐刷刷地投过来。小美不知所措，狠狠地瞪一下小红再瞪一下我，在位子上坐立不安。我虽心急火燎，怕他们误会，怕他们造谣，却在位子上呆若木鸡。小红扑过去抓扯那男生的手臂。那男生是有名的调皮捣蛋鬼，比小兵无赖得多，他越发玩得起劲，一脸坏坏的模样。

让他看！是写给我的！怎么了？你嫉妒？小美突然起身望着那男生吼。刚才她用责问的目光看我时，我只是拘谨不安地吞吞吐吐地说，没写什么，真的没写什么，就是告诉你栀子花的事。小红停住手，那男生也受了惊似的——没想到小美会这么大胆泼辣，一时竟不知如何是好。

你们吵什么吵？班长走过来说，老师马上就要来了。班长是个女生，是个厉害的角色，我们称她虎丫头。虎丫头刚从老师那儿过来，已在一旁冷眼旁观了一会儿。虎丫头取过那男生手中尚未完全展开的纸条说，把它交给老师吧。

交给老师？这话犹如晴天霹雳把我震蒙了。这如何是好？没想到会闹到这地步。虎丫头是班长，很勤勉，向老师报告班级现象事态是她一贯的职责，事情到她手里，基本没有挽回的余地。她说的老师也是班主任，似乎听到班长的呼叫，察觉到教室的动静，适时地出现在教室门口，如一具巨大的黑影堵住门洞的光线。

你们就是这样早读的？还想把校长也吵来吗？威严的声音扫过，老师已站在讲台上。虎丫头递上“纸条”。小红把头勾在桌上，小美的脖子却倔强地竖着。我彻底萎靡了，头几乎塞进桌档。教室里安静的让人发怵，安静得能听到老师展开纸条的声音。

沉闷压抑，似乎过了很久很久，一个声音漫过头顶：谁写的？请站起来。声音不高也不低，却穿云透雾。

我想站，却不敢站，虽然那纸条上我并没有写什么情呀爱的。

你们的字迹我都认得，不要让我去查嘛，老师还是希望这位同学能主动站起来嘛。

静默，可怕的静默。我缓慢地抬起头。小美还竖着脖子，背后似乎有一双眼睛在看着我说，你做的好事，你不敢承当？我一咬牙，摇摇晃晃地几乎是扶着桌子站了起来，脑中一片空白，手心全是汗。

啊……咦……班上掠过一阵惊讶声，听得出，他们绝没想到这纸条的始作俑者竟然会是我，因为在他们眼里我一向老实，性子软，基本没有过什么“小动作”。小美的头明显地动了一下，她在竭力控制内心的波澜吧，好像快要撑不住了。小红侧了侧脸，看一下小美又转向老师，她在担心着。小兵朝我睨眼，无声地邪邪一笑，像是在说，看不出来啊，你这么老实的人也这么坏？很快，他又装出一本正经的模样。

好！不错！一人做事一人当，我们为这样的同学鼓掌。老师率先鼓起了掌。同学们一时摸不着头脑，稍做犹疑，便跟着莫名其妙地拍起掌来。我感到我的双颊滚烫，一定如血泼了一般，后脑勺又一跳一跳地刺痛起来。真希望这只是一场梦。

我正要找你，你那本作业本还有一大半空白，怎么又换了新的？现在我明白了。你坐下。老师突然温和地说。

我竟然忘了坐下，直到小兵拽我的衣角才忐忑地坐下去。

同学们，这纸条不是你们想象的那样。为了让你们相信，我念一下。

纸条上我简略地说了摘花的前后经过，说那花就放在我书包里，不好意思拿出来。末尾我加了一句：对不起！我赔不了一模一样的花了。要不，你打我吧。我被人打惯了，不在乎的，再说，再怎么打，你也没那么大的力气啊。

老师读完，班上有几个同学可能觉得好笑，便笑出声，但很快就克制住了。教室里开始出现片刻的骚动。

谁要你赔的？人家说着玩的，你还当真？真死脑筋木头脑子。小美的声音。此时，小美激动地转过头冲我快速且低声地说，眼睛却是亮亮的，水洗了一般。小兵与小红也都陌生地望着我。

好了！你们，也不要笑他们了。马上要毕业考了，我衷心期望和祝愿你们都能考上去，不要当留级佬，能多念书就多念书。老师停顿了一下，好好读书，将来做个有用的人。

一场风波就此停息，尽管课后仍然有几个同学跑来拿我开涮。但这之后小美没有跟我说话，似乎有意保持一种距离。她也没有跟别的同学说话。她有心事了？

放学了，轮到我们值日打扫卫生，四人一班各扫一组，小兵和我及后排的两个同学。我们扫得教室内灰尘弥漫。打扫完毕，整理好桌凳，便各自挎着书包四面八方地往家奔。

出校门右拐，走上田间一条半米宽的田埂，一个人影在途中蹲着，待我走近，突然起身截住我。

小美？你……

木头！呆瓜……后脑还疼吗？小美笑吟吟地迎着我。

还有些木胀胀的感觉，一碰就刺痛。我摸摸蜂子蜇的地方。

我看看。小美的小手指在我勾下的头上细细地划着（感觉好美妙呀，真希望她一直这么划下去）。嗯，还肿着呢，有一个针眼，这蜂子好狠……你真少有，在刺蓬里摘花，谁会像你这样较真。再说，也不能怪你呀，那是小兵捣的鬼，让你上当你还真配合啊。

嘿嘿！我看你那花戴着蛮好看的，有清纯的香。村里正好有人家栽着这样的花。

你直接跟我说不就行了，搞什么纸条啊。小美的脸上又迅速红了。你也吓坏了吧。都怪小红，怪那个手欠的同学。喂！那花还在你书包里吗？

在。我从书包里小心翼翼地摸出那朵皱瘪的花。

小美轻轻接过放在鼻前嗅，闭着眼说，唔！好香啊！我要了，算你赔我的。喂，跟你说个事，我不能上初中陪你玩了。小美突然苦着脸。

小美的话让我感到很突兀。怎么这么说呀？你的成绩并不差啊？

我爸说，女孩子家能认几个字就不错了。大姐二姐一字不识呢。小弟在读二年级，要想办法让他把书念下去，将来有个好饭碗，也好光宗耀祖。女孩子念得再多也是人家的，还不是照样给人家捣锅洞？

你爸……你爸老封建！

你呢？你要好好念上去哟。小美幽幽地说。

我？我……我望向田野。田野间或远或近地贴着几个农人在侍弄秧苗，风儿斜斜地吹。昨晚，后父捣了灯泡后去村里散心，母亲在烛光里对我说，你爸去世得早，你哥只念了两年书，你也是九岁才上的学。你不用担心，下个月起我每月都有三十块钱工钱，你只管念好你的书。念上去给他看。母亲说的工钱，就是她给村中一家率先富起来的“万元户”做家务活照顾孩子。

我妈说让我念下去。我转向小美。

好啊！真羡慕你！念上去不要忘掉老同学哦。嘻嘻！小美用手拽着书包带子，调皮地笑望着我。

不会！尤其是你。整个班上女生当中，只有你不嫌我不讨厌我。我几乎动情地说。

真的呀？呵呵！我也不会忘掉你的。走了，我回去了。小美转身跑开，书包在身后一荡一荡的，辫子在脑后一荡一荡的。我伫立在那里发着呆。跑了一程，小美忽然转过身，见我还傻站着，莞尔一笑，摇了摇手，复转身，在金色的阳光里渐行渐小。

四

数年后，我终是没有念上去，不，我念上去了，没想到会遇着高昂的学费（母亲已去市里帮工，月工钱80元，距离学费还是差了一大截，那学费于我家简直是天文数字）。我跌落农田，却不善于稼穑，遂提着包裹南下谋生。

若干年后的某一日，依然单身的我在火车站听到有人喊我的名字，寻声望去，一个女子在两米外冲我笑，我却一时认不出来。

女子走上来说，想不起来了吧，我们是小学同学啊。真是贵人多忘事啊。在哪发财呢？

哪有啊！我这不是四处讨饭讨糊涂了吗？

有个叫小美的你认得吧，想得起来了吧。她提示说，我是小美的同桌。

小美？啊呀，小红？哈哈！你是小红！啊！真是女大十八变呀，变得我都认不出来了。我有一种他乡遇故知的无限的喜悦。怎么样？你过得好吗？

我呀？一般般呗。你呢？孩子快上小学了吧。

哪里呀，我还光棍一根呢。没人要啊。

不会是真的吧。

真的。自己都过不好，哪能害了人家。

你到底考上去没？在哪工作？

考上去啥啊！没钱，没念成。打工呢……真快呀，眨眼你都做母亲好几年了。还是你懂事早，小孩能打酱油了。哈哈……

就是不懂事，才草草地把自己嫁了嘛。

那个，小美呢？你知道她不？近况如何？

小美呀……她、她已经走了……跳黄浦江了，你不知道？

跳、跳黄浦江？怎么跳黄浦江了？她怎么了？我惊骇不已。这太突然了，这人世也太无常了吧。

所嫁非人啊！二十好几了，选了这么个人。娘家人又不让她离婚，唉……得了抑郁症，后来去上海给人家当保姆……不想，跳了黄浦江。作孽啊！孩子才三岁。小红长叹一声。

小红说着说着，眼泪下来了。我却半天无语，心里堵得慌，恍若隔世的感觉袭来。一个戴着栀子花的小女孩在眼前做“跳房子”游戏；在教室的墙上歪歪扭扭地写着“夕阳无限好，只是近黄昏”；书包在背后一荡一荡，身影在田野间越来越小，越来越小，小到再也不见。

我是不是呱呱婆啊。我也不晓得，现在变得爱呱了，不过，只在熟人面前呱呢。你烦了吧。小红眨着眼挤出一丝笑。

怎么会烦啊。谢谢你跟我说了这么多。都是老同学，有话只管说。我回过神，也苦苦地笑笑。

小美生前有个秘密，你晓得不？小红突然有些神秘地说。

哦？秘密？

这个秘密说起来还与你有关呢。

与我有关？

记得那个“小纸条”吗？记得吧，想你是不会忘记的。小美出嫁前我去她家玩，她拿出几本相册要与我分享。我俩就一边翻呀一边回忆，感叹过去的人和事，居然又哭又笑的。在一本小相册里我看到一朵花，一朵半开的栀子花像个标本，虽然干枯了，但花形却是完好的。小美见了一把夺过去，说后面没有相片了。神情紧张兮兮的，呼吸也变快了。我忙去抢，说你干吗不让我看，不就一朵花吗？哦，对了，一定有什么秘密不能让人晓得。哈哈！让我猜猜。啊！我晓得了！其实我并不晓得，我只是诈唬她。小美，你快跟我老实交代坦白从宽，不然……嘿嘿，你懂得。好了，好了，我的好小红。想必你也想到了，看在姐妹多年的分上，我全说了还不行吗？不过，你得替我保密哦，不然，别人知道了，又要小题大做了。于是，小美就说出那朵花的来历。我这才忆起当年那张“小纸条”。你说，是不是与你有关？

这么说，是我害了她？

那倒不是。小美把那相册锁在她妈妈的房里，说这是回忆，女儿不在家时，它们就代表女儿陪着妈。小红捣了一下我的肩头，喂！你说，你喜欢过小美没有？想过找她没有？

我？我……不会混啊……我不能给对方好日子，不能给三金四银，至少也得有个遮风挡雨的地方，让人家吃饱穿暖吧？可我给不了她，我不能拖累人家，我有什么资格呢？我似乎在为自己急急地辩说与遮掩着什么，在小红直视的目光之下。

小美可不这样想呢。唉，我们都是旧脑筋、老传统。看来，你也是书呆子一个咧。

在小美絮絮叨叨里，我的后脑勺似乎又隐隐痛了起来，有小手指在那里拂来拂去。

广场四周响起播音员的声音。要进站了，我将继续我的逼仄与颠簸的人生。我向小红摇摇手，小红也向我摇摇手。我似乎又看到夕阳下的小女孩转身向我摇着小手，渐行渐远。

六　爷

◇汤明余

作者简介：汤明余，繁昌县人，芜湖市作家协会会员。

徐长发50多岁，个不高，生得壮实。父亲在兄弟姐妹中排行最小，他又是父亲的“老幺儿子”，岁数不大，辈分不小，十几岁就当起了“爷爷”。初始人们戏称他“六爷”，后来叫顺了口，不分老幼，见到他都直呼“六爷”，他也当仁不让。六爷精明能干，口若悬河，是当地典型的“人嘴子”。

六爷从小就伶牙俐齿，读书时好出风头，时有怪异问题脱口而出，搅得课堂秩序大乱，常把老师窘得下不来台。班主任无计可施，后听同事建议，任命徐长发为班长。徐长发当上班长，上课时不再东张西望，也不做恶作剧，有捣蛋的同学，他还主动警告，班上秩序立马好转。

六爷高中毕业正逢恢复高考，那年他们班竟有两人考上大学。六爷学习成绩在班上中等，是学校活跃分子，作为班长，经常组织学生活动，带领班上篮球队在学校得过冠军。第二年开学，班主任特意让同学金明带信，要他去补习，他豪言壮语，农村是广阔天地，大有作为！一句话，回了。多年后，一次同学聚会，酒后吐真言，最后悔当年没有听老师的话。成绩比他差很多的金明经过两年补习，没有考上本科，上了大专，跳出农门，在县教育局当一把手，成为县领导的后备人才。

徐长发太过精明，又常常吃亏在精明。当年，他苦思冥想几天，凭自己成绩，要在第二年考上大学很难，与其再次落榜，遭人指指点点，不如早点干事挣钱。

六爷家所在的茅山生产队三面环山，山清水秀，翠竹绵绵，树木繁茂。生产队每年有大量竹木卖给国家，经济收入高，工分值比其他生产队高四到五倍。茅山队山多田少，竹木卖了，上交特产税，是少有的农村享受国家配给的地方，每户都有一本粮食供应本子，能像城里非农户口一样到国营粮站买平价粮，让人们羡慕不已，许多女孩不嫌这里地处偏僻，道路不便，想方设法嫁到这里。当时，老队长生病，正缺队长，红星大队大队长徐庆荣是本家的叔叔，管着好几千人，本事不大，风光不小。要是自己能够当上生产队长，凭自己口才和本事，今后到大队、到公社工作的机会都会有。听说公社管委会主任当年只是生产队的会计，经过努力，当上公社领导，照样能够吃“皇粮”，这是“曲线救国”。晚上六爷特意买了两包香烟、一瓶酒到大队长徐庆荣家。一阵寒暄，徐庆荣问他高考后有什么打算，他故作谦虚地说：“叔叔，您见多识广，侄儿就想听您的宝贵意见。”

受到尊重，徐庆荣心里美滋滋的，顿时就对这个高中生的侄儿充满了期待，晓得上门征求自己意见，够精明。茅山生产队是红星大队最好的生产队，老队长病重，让侄儿当生产队长，自己放心。从基层做起，把他培养成人，自己也功德无量，对徐姓家族也是好事。他沉吟一会，说：“考上大学固然好，就是竞争太激烈了。农村也是广阔天地，你们生产队条件不错，享受国家配给，和非农业户口差不多。现在老队长生病，你要有兴趣，我推荐你当生产队长，今后培养培养，机会很多，你看怎么样?”

“谢谢叔叔的抬爱，我一定不会忘记叔叔的关心！”徐长发赶紧站起来，反客为主，给徐庆荣杯里倒上开水。

在一次大队会议上，徐庆荣提到茅山生产队长生病，有意推荐高中毕业生徐长发，说他有知识，年轻有活力。知道大队长和他是亲戚关系，没人表示异议。徐庆荣就安排大队会计到茅山生产队召开社员大会，茅山生产队徐姓多，徐长发姊妹6人，三个哥哥，两个姐姐，大家举手表决，自然高票当选，名正言顺成了茅山最年轻的生产队长。

六爷有文化，精明能干，有家里兄弟和本家的支持，生产队长当得得心应手。上世纪八十年代，农村推行计划生育，躲生、超生现象比较普遍。为了做好当时“天下第一难事”，大队干部分片包干，大队会计包片茅山队。一次，他们一道到六爷堂兄徐大宝家做工作。徐大宝已经有两个女孩了，动员他的妻子去结扎。徐大宝惶恐不安，低声说妻子走亲戚去了，不在家，他们不会再生小孩了，请求大队会计行方便。大队会计说：“国家政策规定，一孩上环，二孩结扎，现在计生政策紧得很，没有结扎，谁能保证你们不会超生呢？”

“我能保证！”在一旁的六爷突然接口说，收了徐大宝两包香烟一瓶酒的六爷想帮助堂兄，早点打发走大队会计。

“你能保证？”大队会计听到六爷的搭腔非常恼火，计划生育抓得这么紧，自己在做群众工作，生产队长理应支持自己，想不到六爷想做好人，让自己做恶人了。大队会计故意盯着六爷的脸，突然呛他一句：“六爷，这女人生孩子的事，丈夫都不能保证，你能保证？”旁边的人一下子沉默，回过味来，哄然大笑，六爷灰头土脸，一时成了当地的话把子。

徐大宝的妻子二孩没有结扎，是计生重点户。大队会计通过多种渠道得知徐大宝妻子中秋节要回家过节，就让六爷注意一点，再组织公社计划生育小分队人员晚上上门做工作，想把徐大宝妻子堵在家里，如果怀孕，强行带走人工流产；没有怀孕，带了医生上门结扎，消除隐患。一队人马兴冲冲地趁着天黑赶到徐大宝家，只见他家铁将军把门，徐大宝唱了空城计。后来，徐大宝添了一个男孩，一次酒后吐真言，是六爷透露的消息，六爷是他们家的大恩人。大队会计这个恨，一次开会，大队会计直接问六爷，六爷却笑嘻嘻地说：“你不是让我注意徐大宝家吗？我看到他老婆回来，当然要上门做工作，讲她不去结扎，乡村干部会上门做工作，哪知道他们会跑呢。”大队会计气得脸红脖子粗，却一时找不到好的理由反驳六爷，从此记恨在心。

红星大队民兵营长调到公社当公安员，当大队长的叔叔想到自己的承诺，就想安排徐长发到大队工作。开会讨论，大队会计一反唯命是从的常态，竭力反对，说他不成熟，自私自利，不适合在大队工作。有人领头，其他大队干部跟着附和。他们都不喜欢六爷的刀子嘴，自以为是的样子。六爷为了显示自己口才和聪明，经常拿别人的缺点和短处开玩笑，特别是酒后更是口无遮拦，得罪很多人。他贪小便宜，当年，大队放了一窖石灰，准备粉刷学校墙壁，六爷路过看见，想到自家墙壁破损，就趁着夜色，挑了两担回家，藏在小屋。第二天，大队干部发现石灰被人偷了，就查，顺着路上滴落的石灰印子，找到六爷家。他开始不承认，后来在他家小屋找到石灰，这事让六爷形象大损，又成了人们的话把子。多数人这么说，提拔的事也就作罢了。

上世纪八十年代初，许多地方实行家庭联产承包责任制，六爷不宣传，不发动，久拖不办。他知道，分田到户，他这个生产队长就有名无实了。他家除了大哥经济困难，其他人由于劳力强，挣工分多，年底分红多，让很多人羡慕。大哥家，因为有4个孩子，经常超支，就带头要求分田单干，想改变现状。召开生产队会议讨论，会上，家里人口多的人家、年底超支户都赞成承包到户，家里劳力多、年底分红多的户极力反对，双方吵得不可开交。大哥竭力主张承包大户，六爷不好当面反对，就一直沉默不语，暗地鼓动其他人反对，会议不了了之。后来，还是上级要求全面推行家庭联产承包责任制，公社派工作组到落后的生产队督促，六爷才改变态度，把田分到户承包经营。

不再吹哨催工、不再分派队员干事、不再自主支配集体财产，只能在自己一亩三分地和承包的山上做文章，六爷失落了很长一段时间。茅山队田少山多，山上竹木粗放管理，只是到了竹笋上市的时候，才忙。那时就是山里人的“双抢”（圩区7月抢收抢种），要上山看山防止别人偷笋，要起早摸黑，扳去竹林中过多的笋子和退笋，还要到街上卖笋子。遇到下雨天，要制作烘笋，把笋子烘干再卖，不能让笋子坏掉。平时，农户需要钱，就到山上把竹木砍一些，自有人上门收购竹木，轻松自在，生活无忧。时间多了，打麻将、推牌九，赌博成风。但好景不长，随着改革深入，国家取消粮食统购统销制度，非农户口不再配给平价粮，加上竹木市场行情不好，竹子难销，许多人的日子不好过了。穷则思变，有人利用山上毛竹打竹垫，销路不错，后来，家家户户都跟着学，茅山成了远近闻名的竹垫村。1984年体制改革，六爷这个年轻的老生产队长，改任村民组长，主要任务就是宣传党的政策，领头搞水利兴修、修桥补路等公益事业。他每天捧着玻璃杯，到处转悠，和人天南地北、天文地理乱侃一通。许多人愿意听他忽悠，佩服他见多识广。有时，和人打点麻将，赌点小钱，钱输多了他心疼，大赌从来不参与，日子过得很快活。妻子手巧，打竹垫挣钱多，看六爷经常在外面跑，口中经常抱怨，六爷也不争吵，心说妻子不理解人，他在外面跑惯了，要一天到晚猫在家里打竹垫，还不急死人。有时缺少赌资，就编个理由向妻子要钱，妻子牢骚满腹，别人是男人养家，她要养男人。经济决定话语权，他无语，只要妻子给钱，任由妻子唠叨。

天无绝人之路，六爷也会时来运转，一个偶然的机会让他在妻子面前扬眉吐气。上世纪九十年代，茅山组竹垫出名后，许多人上门收购。那天，在村里小店，六爷捧着茶杯正和村民天南海北地神侃，有个穿着西装打着领带的年轻人开着桑塔纳到村里，下车打听收购竹垫的事，六爷当仁不让接茬。两人一聊，才知道，来人叫杨大宝，是县土产公司经理，想在当地找个人代理收购竹垫。六爷一听，这是个能占便宜的好事，赶紧请杨经理到家里坐。杨经理听旁边人叫年纪不大的徐长发六爷，又是村民组长，出言不凡，也想深入了解。六爷让妻子炒了几个菜，两人边喝酒边谈心。杨大宝原是县土产公司职工，主要跑供销。改革开放，企业改制，他主动提出承包经营，就当起了经理。听说茅山打竹垫出名，为了拓展业务，就想预付定金，长期代购产品销售。六爷说自己干了十几年生产队长，对这里情况熟悉，哪家打竹垫好，哪家打竹垫多，各人的性格特点，他了如指掌。凭他的为人，只要付少量定金就能收购到质优价廉的竹垫。杨大宝看六爷会来事，辈分又高，一激动，站起来端起酒杯说："今天，我借花献佛，敬你老队长一杯酒，这件事，就这么定了，我俩合作，收购就交给你，我不会亏待你的。"说完就一杯酒下肚。六爷赶紧端起杯子站起来，一口喝完，激动地说："兄弟，只要你相信我，我们一定会合作成功。"

六爷每天名正言顺捧着茶杯走东串西，妻子无话可说了。开始，人们将信将疑，把少量竹垫送到六爷家，杨大宝讲信誉，收购竹垫预付定金，虽然价格低了三四元，但不必和上门收购的商贩讨价还价，不愁销路，不必囤货，还是不错的。人们开始相信六爷，送竹垫上门的人越来越多。杨大宝按照每张竹垫2元给六爷提成，六爷积极性更高。有时候一天能够收购几十张、上百张竹垫，这比打竹垫轻松，钱也赚得多，六爷在家里的地位不断提高。六爷通过杨大宝买到一台21英寸熊猫牌彩电，那是全村第一台彩电，黑市价格2600多元，杨经理帮忙，搞到一张平价票，1800元就买到，这在当时也不是小数目。当年乡镇干部一般每月只有一二百元工资，不吃不喝，一年还攒不到这么多钱。六爷家晚上热闹起来，周边许多人到他家看彩电，原来村里先富起来的人买的14英寸、17英寸黑白电视机与21英寸彩电比，差得太远了。六爷在村里风光起来，每天捧着茶杯，腰板笔直，精神抖擞，村民老远就叫六爷，他答应得蹦脆。

茅山的竹垫都是大路货，价格不贵，在江北很有市场。头层篾的竹垫价格高，一般只有熟人定制。市场风云变幻，本世纪初，市场上出现了机器生产的竹垫、藤凉席、麻将席，产品花样多，还能折叠，企业大批量生产，比人工编织成本低，价格更便宜，大大冲击本地竹垫市场。由于竹垫行情不好，上门到茅山收购竹垫的人少了，六爷的生意却反而火起来，许多人主动把打好的竹垫送到六爷家。六爷有时也拿乔，说现在生意不好做，杨经理还没有订单，不知道杨经理要不要。淳朴的村民赶紧递上香烟，诚惶诚恐："六爷，您在杨经理面前美言几句，帮帮我们吧，竹垫放在家里也是放着，就请六爷多费费心。"六爷和杨经理喝酒，六爷把这作为笑谈，杨经理听了抿了一口酒笑笑。渐渐地开始定金不给了，后来说，竹垫难卖，土产公司资金困难，把竹垫卖了才付款。村民没有说什么，六爷只要有提成，更不会说什么。一天，杨经理开着车子到六爷家，六爷感到有点意外。一般订购竹垫他们通过电话联系，六爷收好货送到杨经理指定地方，有时杨经理派车来拉货，货款也是杨经理安排会计和六爷结算，诚信交易，大家合作得很愉快。这次杨经理说接到一个大单，六爷一高兴，就让妻子把家里会生蛋的花母鸡杀了，让妻子数落好多天。

六爷全力以赴收购竹垫，很快就装满一辆大货车。可是货发出去了一个多月，还没有拿到货款。有村民问六爷，六爷说："不急，杨经理向来守信用，货款一到，就会打电话的。"又等了几天，打电话给杨经理，没人接，六爷心里有点发虚，听说近期有许多老板生意不行就带着钱跑路，杨经理应该不是这种人吧。他赶紧到县土产公司，一打听，说杨经理不知道去哪里了，土产公司也在找人。六爷一听，一个头两个大，他多方打听，得到了几个版本的消息。

一个版本说，杨大宝有了钱，包二奶，又与有夫之妇鬼混，被发现后打残了，无脸见人；第二个版本说，杨大宝赌博输了100多万，还欠了几十万元高利贷，就把公司剩下的钱拿了，跑路躲起来；还有种说法，杨大宝想做一笔大生意，但被人下套，骗去100多万元，为了堵漏洞，他大肆借款，甚至借高利贷，眼看还不起了，就带着二奶跑了。甚至有人说他带着二奶跑到东南亚去了。

六爷拖着沉重的脚步刚回到家，村民纷纷到他家来。六爷强打精神，向大家讲述自己了解到的情况。有人不乐意了，自己起早摸黑辛辛苦苦打的竹垫，就这样打水漂了，不行！有人说还指望这个钱给上学的孩子交学费。大家七嘴八舌，闹哄哄。等到大家情绪发泄得差不多了，六爷说："大家的心情都一样，我也是被害者，我家也有几十床竹垫在里面。明天我带两个人到县城找杨大宝家，跑了和尚跑不了庙，他家总有一些东西，万一不行，就到法院打官司，我们一定会赢，我一定会把大家的货款要回来。"大家听了六爷的承诺，才陆续散了。

第二天，六爷带了本村两个年轻人到县城，好不容易找到金桥小区杨大宝家。在三楼302室，敲了半天，没有人应，可能没人在家。他们三人就在附近守株待兔，直到中午，看见一个妇女骑着自行车带着一个背书包的女孩回家，赶紧跟上。看到妇女拿出钥匙开302室的门，六爷急忙上前问："你是杨大宝的爱人吗?"

"谁是杨大宝爱人，不是!"那个妇女气冲冲地说。

"这不是杨、杨大宝的家吗"一向伶牙俐齿的六爷不知怎么口吃起来。

"早就不是了，那个没良心的，有钱了，早就把我们母女甩了。你们找他讨债吧？已经有几班人来找他，我也在找他。我们早就离婚了，我女儿一年生活费还没给，你们要有他的消息，麻烦告诉我一声。”砰的一声，六爷三人还没有反应过来，那个妇女已经拉进孩子关上门。

再敲门已经没有意义了，六爷三人慢慢走下楼梯，大家一句话没有说。还是六爷打破沉寂，说，我请客，大家吃饭去，下午我们到法院去问问打官司的程序。

在法院，一名法官接待了他们。六爷把事情的经过向法官说了，法官问：“你们有没有合同？要有证据才能立案。”

六爷说：“开始代销竹垫有书面合同，后来，大家合作多了，也就马虎了，一个电话，一次见面，就商量了有关事项，一般都是口头合同。这次购货，也没有书面合同，但我把货交给杨大宝，他写了收条。”六爷从口袋里拿出那张收条。

“你这张收条，只能证明杨大宝从你处收到多少货，但杨大宝有没有把货款给你，不能证明。你们没有书面合同，口头合同，你一面之词，杨大宝能不能承认，也是个事，这不好立案呀。”法官说。

六爷急了，激动地说：“不会吧，法院是伸张正义的地方，是保护老百姓合法权益的最后一道屏障。我们村民辛辛苦苦打的竹垫交给杨大宝，这个收据就是证明。没有书面合同，是因为我们已经合作多年，相互信任，都是按照惯例，我们收了竹垫给杨大宝，他卖过货后就及时把货款付清。这次货交给杨大宝后，他就消失了，你们可以调查。我们相信政府，相信法律。”

法官说：“好吧，如果这样，我们调查属实，可以立案。”

法院经过调查，确认杨大宝在收到茅山组村民的竹垫后消失，还有几个别的客户的款，杨大宝也没有付，就并案立案。竹垫收购是六爷经办的，他主动拿钱代交了诉讼费，代表大家打这场官司。法院缺席宣判六爷他们胜诉，但找不到杨大宝人，他早就离婚，把房产给了前妻，没有财产可供执行，村民还是没有拿到钱。

这事对六爷打击很大，精明能干的六爷被人耍了，让亲戚邻居没有拿到辛苦钱，一向自以为是的六爷感到很没面子，待在家里好多天不敢出门。大部分村民实在，没有过多责怪六爷，只是有少数人冷嘲热讽，自尊心强的六爷还是受不了，大病了一场。

国家提倡退耕还林，六爷认为机会来了，承包山冲山板田。这些田，由于灌溉条件差，几乎靠天收，村民兴趣不大，一些在外打工的人家田几乎抛荒。六爷以每亩250斤稻，承包15年，与村民签订合同，又把附近的荒山承包下来，每亩80元，承包20年。许多村民想，荒山80元一亩不多，蚀本倒着算，有比没有好，一年还有几百元的收入。六爷找来挖掘机，挖去山上灌木，种植石楠等苗木，在田里栽种花草、绿化苗木。适逢各地城市大建设、大绿化，六爷通过同学关系，产品畅销，加上政府退耕还林补贴，六爷在村里又风光起来。有村民眼红，认为承包金太少，找六爷理论，要收回自己的田地、荒山。六爷就一句话，我们签订了合同，合同受法律保护。私下里，他经常请村"两委"主要领导吃喝，联络感情。酒足饭饱，村干部一边剔着牙，一边说，六爷，你放心，保护种植大户的合法权益是我们责任。村民吵到村干部处，村干部耐心向村民讲解合同法。有的村民想打官司，咨询律师，律师说，双方签订合同，白纸黑字，这个官司不好打！村民虽然不痛快，但也无可奈何。

近日，六爷心神不宁，晚上翻来覆去睡不好觉，要出去多次，每次时间很长，这在六爷几十年生命历史上是从来没有的。妻子知道六爷小肚鸡肠，好计较，为一些小事喋喋不休。遇到不顺心事，人前镇定自若，口若悬河，背后，唉声叹气，自怨自艾，可一到床上，头一挨枕头，就会鼾声大作，第二天又精神抖擞。妻子巧云常常笑骂他没心没肺，六爷笑着说，这是自我修复，是自己的特异功能，是本事。这次有点不得劲，巧云一再追问，六爷只说没有什么事，不要她管，气得巧云坐在灶屋里直抹眼泪：这个老半吊子，结婚几十年了，他的里里外外自己最清楚，最近怎么了，为女人？六爷人不算太潇洒，但很壮实，口才好，荤素都能来，有时也和村里妇女打情骂俏，如果没有吸引力，巧云当年也不会意志坚定要跟他。想当年巧云也是村里一枝花，长得眉清目秀，温柔可人。在县钢铁厂工作的叔叔给她介绍本厂一个小伙子，小伙子一见巧云，就喜欢上她，没事就到她叔叔家来。能够成为城里人，找个国营单位的工人，这在当时让许多人羡慕不已，可是，巧云鬼迷心窍，就迷恋上了六爷，和父母寻死觅活，这也感动了六爷。婚前六爷发誓要保护她，忠诚她，爱她一辈子，还要对天赌咒发誓，被巧云制止。巧云喜在心头，革命意志更加坚定，父母拗不过宝贝女儿，同意了婚事。人生无常。俗话说“男怕选错行，女怕嫁错郎”，小时候，巧云就对六爷崇拜，花季岁月就认为六爷最好。唉！不多想了，巧云抹了一把眼泪，甩了一下长发。

巧云知道，男人的誓言只是满足女人的虚荣心，海枯石烂忠贞不渝的爱情只有书上有。男女要坚守婚姻，主要还是出于对家庭、对子女的责任。六爷抠门，怕吃亏，虽然巧云有时难以忍受，但想到他很顾家，很关心自己和子女，也就包容了。巧云甚至把六爷抠门当成优点。

六爷喜欢打麻将、推牌九，赌小钱，输赢到一定的时候就走人，不像有些人“烂桌子腿”，不管输赢都拼到底，到头总是输。六爷输到500元就不愿付现金，再输就放炮，说自己没钱，如果人家较真，他就走人，他的“赌品”不好，人们都知道，他也无所谓。他说小赌图个快乐，和大家在一起玩玩。赌大了，伤人，辛辛苦苦挣的钱，白白送给人家，影响自家生活，十足傻蛋！由于六爷辈分高，又是老队长，他的歪理邪说没有人去计较。

小时候，六爷听大人讲了这么一个故事。说一个地主整天担心自己财富被抢被盗，愁眉不展，看到自己长工整天乐呵呵，心生嫉妒。一个智者告诉地主，要想快乐，可以和长工互换角色。后来两人互换角色，长工不再快乐，担心失去财产，地主倒快乐起来。那时候还不相信这个故事，现在六爷算是体会到个中滋味了。天上掉下个大馅饼，自己在山上挖到宝贝，是宝贝打破了六爷平静生活。

前几天，六爷在承包山场的护林屋旁坐着，看到栽种的樟木郁郁葱葱，有一拳粗了，石楠长势喜人，暗暗高兴。他默默地算账，再过几年，这些树木就能变成大把钞票，自己又会成为人们羡慕的能人了。这时走来两个青年人，其中一个穿红色T恤的青年人掏出一包香烟，打开，递一支给六爷，自己叼一支。六爷一看牌子是中华，还是软的，心中一凛。红T恤得知六爷是当地生产队长，更加热情，自称是中国西南航空公司工作人员，公司要开辟南方的航线，扩大业务，派他们勘察地形，选择航标，建航空指示塔。两人拿出工作证及相关资料给六爷看，六爷瞄了几眼，看到红彤彤的“西南航空公司”的公章。这两人说根据地图和他们实地勘察，这里地形不错，是修建航空指示塔的最佳位置，到时，修建航空塔的基建可以由六爷承包。看护航空塔，他们可以和领导说说，也可以委托六爷管理，到时不要忘掉他们就行。说得六爷心花怒放，连声感谢他们信任，一定不会让他们失望。红T恤又对六爷说，他们想到山顶上，确定塔基位置，让六爷陪他们上山去。六爷高高兴兴背着一把锄头带着两人上山了。

这里是江南丘陵岗地，山不太高，一会就到山顶。红T恤看到一块平整的地方，说这里好，视野开阔，要六爷帮助他们挖洞钉桩。两人用测量仪测量，选择了五个点。他们称挖的洞里不能有金属矿物质，否则辐射干扰，影响航空安全，得用“金属探测器”探测后，才让六爷挖洞。六爷看到他们很专业、很认真样子，便打消疑虑，暗自庆幸自己遇到好事，怪不得早上起床左眼直跳。六爷按照他们的方两尺、深一尺五的要求，卖力挖洞，一会便汗流浃背，六爷用手抹抹脸上的汗水，继续干。

当六爷挖到第四个洞时，“探测器”发出“嘟嘟”叫声。两人称，地下一定有金属矿物质，要向单位领导汇报。一会儿，领导回电话说这是黄金的声音，让他们继续挖。当六爷挖到两尺多深，果然发现一个黑色胶包。两青年显出激动的样子，捧起黑色胶包赶紧到六爷看山的山棚，打开一看，有一份藏书和一块“金砖”，藏书是一份发黄的毛边纸，好像有些年头，上面用毛笔写着“民国十二年，由于战乱，把金砖埋藏于此”。两青年对六爷说这块“金砖”要值60多万元，但现在单位领导已经知道此事，这块“金砖”一定要上交。为了应付单位，必须购买黄金首饰铸造一个小金砖交给单位，这样他们3人就能放心分享这块“金砖”，不然，单位会告他们侵吞公家财产，是犯罪。他们在外工作，身上带的钱不多。为了买黄金首饰，他们向六爷借钱。为了让六爷放心，他们把“金砖”留在六爷家，他们相信六爷是信守诺言的人，况且，跑了和尚跑不了庙，他们不怕六爷私吞。看到自己亲手挖的“金砖”，六爷信以为真，到银行把自己好容易申请的刚刚到账的国家支持承包大户的贴息贷款5万元取了出来，加上自家的8千元积蓄共5.8万元交给两青年。两青年煞有介事地打了一张收条，上面写“今收到徐长发同志人民币5.8万元”，没有事由，他们说不好写，等他们买了黄金首饰打一个小金砖糊弄好单位领导，就来把挖到的金砖处理掉，先还六爷借的钱，剩下的钱，六爷贡献大，分四成，他们两人每人分三成。他们做主让六爷承包航标指示塔基建，说得六爷心花怒放。六爷心想，这块“金砖”有两三斤，保守算卖40万没有问题，自己四成，十几万元，还能承包工程，又能赚一笔，发财了，这要种多少年田才能赚到？

六爷把黑色胶包藏在衣服里，回到家，没有和妻子说，怕妻子大嘴，说漏了，遭贼惦记。晚上睡觉，总不踏实，害怕有小偷光顾。六爷起床看看妻子睡着了，就轻手轻脚把衣橱里黑色胶包转移到灶屋，在砌灶时有一块活动砖，六爷把东西放在里面。第四天上午，有两名辅警到村里，询问有没有人听说有人挖到“金砖”的，如果知道要及时报案。六爷从辅警的口气中，越发确信自己挖到“金砖”靠谱，不然政府不会这么郑重其事。当天晚上，六爷不放心，就悄悄把黑色胶包转移到自家的水井下。六爷在自家厨房里打了一口井，为了上下方便，六爷在井壁挖了凹槽，还挖了几个小洞穴，这个秘密只有六爷和打井的人知道，现在派上了用场。

那晚，六爷美美地睡了一个好觉，直到日上三竿，妻子还纳闷，这几天翻来覆去睡不着，这次一觉睡到大天亮，真难得。

六爷吃过早饭，捧着茶杯，精神抖擞踱到护林棚，嘴里不时哼着小曲。这时，乡派出所干警带着上次来的两个人到山村，只是这次两人手上都有手铐。六爷赶紧背过脸，心想，这是怎么了，两人买金子打小金砖被发现了？这也不犯法呀。是两人把他们合谋的事向公安机关交代，事情复杂化了？穿红T恤那个青年见到六爷，大声喊他，六爷装着没有听到，不理不睬。这时派出所的李所长走到六爷身旁，喊了声“六爷”，六爷只好回转身，脸上挤出笑：“是李所长呀。”李所长他们认识，还在一起喝过酒，不能再装了。李所长问六爷是否认识这两个年轻人，六爷开始说不认识。李所长把六爷拉到旁边，悄悄对六爷说，这两个是骗子，这次是指认现场。李所长简单叙述案情：前天，李所长到县城办事，路过小岭村民组时，看到一辆挂着D地牌照的出租车停在路边，李所长瞄了一眼，看到出租车里有两个女的。他从县城办完事回来时，看到出租车还停在路边，两个女的还在车上玩手机。出于职业敏感，李所长感觉有点蹊跷，自己办事来回有两个多小时，这辆外地出租车还停在这里，实在令人怀疑，联想到最近周边发生几起诈骗案件，就下车盘查。两个女的一看到警车就特别紧张，说话支支吾吾。询问之下，她们交代说是在等两个人，这两人到村里办事去了，事办成了，她们就到村里接他们，至于办什么事，不知道。不一会儿，一个女的手机响了，李所长示意她接电话，是个男人的声音，要出租车沿着村中道路开进去接他们。李所长安排一名干警在出租车上，防止女子传递信息，其他干警在第二辆车上。车子拐过山坡，穿过竹林，在路旁看到两个年轻人，边抽烟边兴奋地交谈，看到出租车，把手直招。出租车停下，两个年轻人看到出租车下来一个陌生男子，一愣。后边车迅速赶到，干警们一拥而上，把两个青年人控制住。经查这些人是河南人，结伴到南方行骗，到偏僻的山区，打听到有一定资产，貌似聪明的人，上前套近乎，冒充西南航空公司工作人员勘探航空指示塔，许以承包基建，让村民带着锄头上山，帮助选点，发现假金砖，进行诈骗。

六爷不相信李所长的话，明明是在金属探测仪探测到后，自己亲手挖出的金砖，怎么可能是假的?

李所长看六爷满眼狐疑，继续说，据犯罪嫌疑人交代，当受害人辛辛苦苦在前面挖洞时，另外一个人悄悄把假金砖用钢钎埋在后边点中。当受害人要挖这个点时，年轻人煞有介事说要用仪器探测一下。自然，探测仪叫了起来，让受害者认真挖，不一会就发现“金砖”。更可气的是，所谓的金属探测仪只是门铃改装的。由于“金砖”是自己亲手挖出来的，一般人都会深信不疑，他们就说自己带的钱不多，要去买一个小点金砖顶替，然后平分所得，善良的受害者一般都会拿出一些钱给他们，少的八千，多的十万。犯罪嫌疑人已经交代了六起诈骗事实，案件还在进一步审理中。

那天，两名派出所辅警到茅山问六爷情况，被六爷矢口否认了，这次是带着犯罪嫌疑人来现场指证……

李所长的话还没说完，六爷脑子“轰”的一声，眼前一黑，一个踉跄——这些可恨的骗子啊!

自视聪明的六爷，又给人增添了“话把子”。

坑爹证

◇王继强

一

作者简介：王继强，安徽繁昌人，作家。

胖乎乎的乐乐，两个月不到，就骨瘦如柴了。

夫妻俩赶紧把乐乐送进医院，看儿科。

儿科主任是个大个子，精瘦，白大褂一穿，细长细长，活脱脱一把镊子。“镊子”坐在椅上，两腿将乐乐夹住，托着下颏，喊张嘴，伸舌头，看了一下舌苔，诊断出来：营养不良。夫妻俩佩服，四只眼一对，同时竖起拇指：神医啊！

骑电动车回家，丈夫坐中央掌控，儿子站前，妻子坐后。妻子手拿平板，见熟人就打招呼，潇洒呀。

出医院不远是游乐场，尽是古城堡、旋转木马、磁石钓鱼这些游乐项目，还有卖植物僵尸玩偶的、卖小刀小枪的……全是赚孩子钱的。两岁开始，只要到了这地方，乐乐就不走，也不吭声，只抱住爸的腿摇晃，意思是要爬城堡。五岁了，不爬城堡，要骑旋转木马，还要爸在一旁唱蓝蓝的天上白云飘……那时，丈夫轻易不敢带儿子来这儿，来一次少也得花五块钱。五块钱，在当今富得到处淌油的时代，当然算不得什么，可对丈夫来说，这真不是个小数目，因为妻子每天只给他十元钱香烟费，黄山牌，“硬锦绣”的。要是花去五元，那他只得抽“国宾迎客松”的了。这个小祖宗！今天舍得，因为儿子的病因已查出，回家可以对症下药，他高兴，一咬牙，“国宾”就“国宾”吧！乐乐，骑马吗？爸给你唱蓝蓝的天上白云飘。儿子无力地瞟了一眼吱呀转动的马儿，摇了摇沉重的脑袋。妻就骂，还骑什么木马，乐乐瘦得都能被风吹走了，还蓝蓝的天上白云飘？

丈夫不再吱声，继续前行。身边尽是车，大客车，轿车，跑车，摩托……来来往往。奇了，动物都是小怕大，车怎么就是大怕小呢？呼，摩托飙到轿车、跑车前面去了；嗞，轿车、跑车超越了大客车……有儿子在车上，丈夫不敢骑快，将车速拧到最低档，慢悠悠行驶在道边。

因为慢，满街的景致就如电影慢镜头一幕幕闪现在眼前，还配着无处不在的清甜的幽香！正是这味儿，又让丈夫那瘾上来，就伸长脖颈，翘起下颏，咻咻吸动鼻翼……丈夫本有个很帅的鼻子，挺直的鼻梁，挺拔的鼻尖，据说当年貌美若仙的妻就是因为看上这只帅鼻才对他一见钟情！坏就坏在这些年小城变化太大。满城高楼大厦，盘盘焉，囷囷焉，他视而不见；满城灯红酒绿，明星荧荧，绿云扰扰，他无心领略；唯一上心的，就是嗅那满街充溢的香水的味儿！他也曾读过《阿房宫赋》，知那“渭流涨腻”一说，可那时只有皇宫才见，小城哪有？现在小城不仅有了，更是连大街小巷，庭舍院落，无一处没有那日日夜夜时时刻刻分分秒秒都弥散着香气的精灵！什么叫耳濡目染？什么是环境使然？这就是！绝对是！闻长了，闻久了，就成了一种瘾，就嗅得他那高挺的鼻尖越来越短，直到最后萎缩成一小撮。妻子震怒了，闻，闻什么闻，多漂亮的鼻尖，硬是闻成了蒜头！从此，“蒜头”就成了丈夫的另一个雅号。

“蒜头”骑着车，嗅着香味，心中舒坦，难以克制，自然一声长啸：啊，好香啊！女人的香！“苏菲娜”的香！“蒂芙尼”的香！……他分得清楚。这是妻的功劳，是妻熏陶的硕果，数百元上千元一瓶，妻说不贵，他只得说不贵，心想，花了钱，你敷在肌肤上，我吸进肚子里，看谁更会享受。

风在脸上摩挲，摩挲中又多了一种香味。“蒜头”一惊，就知到了什么地方。这些年，他已摸出一条铁的定律，大凡白天有油炸香味的地方，必定有学校。乐乐从上一年级开始，只要放学经过那，就不走，死抱住爸的腿摇晃。“蒜头”说，儿子，鸡翅不能吃，那里面有坏东东。儿子不说话，也不走，一个劲地扭动胖乎乎的身子！只得买，自己就抽了一天“国宾”。天天去接，天天如此。这学期，也就是两个月前的那个下午，再经过那地方，“蒜头”正准备将早已准备好的五元纸币递给那烧烤摊的胖女人，已读四年级的乐乐一把夺过，拉着爸就往家走。“蒜头”奇了，把眼睛瞪得如玻璃弹子，咋不要了？吃厌了？不吃，就是不吃！儿子难得说话，嘎嘣脆。

“蒜头”知道儿子言语少，就不再问。这一定是老师不让吃零食！想着，就赶紧去街边小店买了包锦绣黄山，极其陶醉地深深吸上一口，从心底发出感叹：久违啊！

有开始就有发展。

起初，乐乐不仅爱吃油炸鸡翅，更爱吃鸡腿，每餐少则三个，多则五个六个。“蒜头”每见桌上啃剩的鸡腿骨，就戏言，乐乐，知道吗？你一年吃掉一个养鸡场哩。妻狠剜丈夫一眼，鸡腿有激素，吃多了会早熟的。丈夫和奶奶不敢说话。乐乐不听，还是吃，只吃得满嘴油腻，天昏地暗，身上的肉哟，就一天天长堆起来。

现在儿子不仅不吃鸡翅，连鸡腿也不吃了；不仅不吃鸡腿，连凡是带荤的菜都一律不吃！只吃素菜，像青菜、萝卜、茄子、豇豆……

丈夫急了，说乐乐，光吃素菜，对身体发育不好。

妻子又是瞪眼，还怎么发育？瞧这，都长圆了！说着就用雪花藕似的嫩手拍打儿子肉墩墩的屁股。

给丈夫言中了，儿子在一天天消瘦，原来圆嘟嘟的小圆脸拉长了，三道箍的脖颈也瘦成了两根筋，还要艰难地支撑一个硕大的鸭梨脑袋，那颤颤巍巍的小长颈哟，看上去仿佛随时都有折断的危险。我的妈呀！

二

快到家了，家在花园A区六楼，妻子甩动一下飘然长发，脑袋从丈夫腋间探出，儿子，饿吗？

饿。那就不上楼了，直接去奶奶家，妻命令丈夫。不，就在家吃，儿子声音微弱，像从遥远的地方飘来。

那怎么行？家里好长时间没开火，碗筷都上霉了，咋做饭？还是到奶奶家去吃！

儿子不依，就在家吃！就在家吃！妻子就哄，儿子，你没听那首歌？老人不图儿女为家做多大贡献，一辈子不容易就图个团团圆圆——尾音拖得细长细长。两句唱完又说，儿子，去奶奶家吃饭是次要的，更重要的是去看奶奶，要不，奶奶会想我们的！

儿子说，吃饭要钱！

妻说，奶奶有钱。

奶奶没钱。

奶奶有钱。你没看见，奶奶天天吃虫草哩！没钱，还能吃得起虫草？

儿子坚持，奶奶瘦。

妻说，那叫瘦？那叫精干，有钱难买老来瘦，你没见隔壁曹奶奶天天用拳头捶肚皮，"嘣嘣"的，干吗？不就是想瘦嘛！乖儿子，去奶奶家，让奶奶买牛脯、甲鱼给你吃……医生说了，你营养不良，要大补！

乐乐硕大的脑袋一蔫，无力地耷拉在电动车车把上。

三

奶奶家住天堂B区一楼，此后的日子，自然还是在奶奶家吃饭。奶奶每顿将牛脯、甲鱼……端上桌面，媳妇都赞不绝口，啧啧，儿子，都是大补哩，全是为你做的！乐乐看一眼满脸丝瓜篓般皱纹的奶奶，只得埋头吃饭，吃素菜。妻问，儿子，这大补怎么不吃呢？就帮着搛。儿子将搛来的退回，一边小声嘀咕，不吃奶奶，不吃奶奶……“蒜头”斥责，怎么说话呢？儿子还是嘀咕，不吃奶奶！不吃奶奶！夫妻俩惊讶，就一起制止，儿子不再说，又低头吃饭，吃青菜萝卜茄子豇豆。妻子见儿子不再说话，自己就吃得狼吞虎咽，时有长发裹嘴，也顾不得用手，只用筷头挑着长发顺耳根匆匆往后一拨，接着吃……

儿子吃了一阵，停下筷子，又看那丝瓜篓脸，再嘀咕，不吃奶奶，不吃奶奶……

“蒜头”慌了，急用脸贴着儿子额头，用手抚摸鸭梨脑袋，乐乐，怎么啦？啊？怎么啦？

乐乐不说，又低头吃饭，青菜萝卜茄子豇豆……

妻子不耐烦了，边吃边瞪眼，人家发财，你尽发虚，乐乐说两句话又怎么啦？神神道道的！还是埋头吃，吃牛脯，吃甲鱼……

一番风扫残云，妻子推开碗，从盒里抽出餐巾纸，抹着满嘴口红，见儿子已放下碗筷，说，儿子，走，妈下午忙着哩。

四

妻的确很忙，也忙得很有规律。早上起来，洗漱，到公园舞剑，那剑舞得潇洒，胯一蹲，腿一伸，眼看前方，剑指前方，突然一个蓦然回首——白鹤亮翅哩；婆婆传统，早上吃汤饭，她不去，也不让丈夫儿子去，只到“南北和”吃套餐；上午搓麻将，中午午睡，下午接着搓；晚餐与中餐一样，都在婆婆家；晚餐过后，照例嘴一抹，让丈夫带儿子回家写作业，自己去公园跳舞，探戈、恰恰、桑巴……样样精通。舞好，舞伴更好，尤其那一双情眼十根指头，何止是销魂，简直就是醉生梦死呀！就说那情眼吧，表面柔情似水，实则坚如刚刀，嚯嚯几下，就剔得她没筋没骨，就成了一坨“面团”，只得灵魂出窍般绵软无力地依着赖着傍着偎着；那柔指更是厉害，纯粹就是把高超的手术刀，几经游走，就摘得她没心没肺，只得稀里哗啦任由他左遣右调如影随形！她不羞赧，更不紧张，好在舞者都是天下多情人，心照不宣天知地知你知我知；外行人更是看不明白，还以为她那是舞姿婆娑轻盈曼妙哩！她太幸福了，太陶醉了！

这晚正跳得如痴如醉，彩铃响起，“我想有个家，一个不需要华丽的地方……”不管，还是跳。一曲终了，这才想起手机，不等靠近耳边，就骂，叫魂啦——啊？什么什么？扭头就跑。

舞伴蒙了，急喊，怎么啦？出事啦……就咂嘴，搓手，很失落。

五

再疯玩，儿子总是好的，十分钟不到，就到家。儿子正在闹，不吃奶奶！不吃奶奶……妻子骂道，你是猪头脑？儿子都成这样了，还不送医院？

又去了儿科。“镊子”说这孩子说胡话不归儿科治，就手指大厅。看了大厅电子屏幕指示，重挂了号，到外科找胖医主任。胖医主任年过半百，秃顶，脑袋四周被一绺稀发圈住，映衬得中央那处更加亮堂，院里都叫他“一饼”，可见，也是麻将桌上常客。

做核磁共振检查！“一饼”当机立断。夫妻俩就抱着儿子上了二楼，恰好核磁共振仪这时闲着，就直接将儿子塞进塑料罩里，十分钟不到，片子到了“一饼”手中，举起，迎着光亮来回扫视两遍，说，轻微植物神经紊乱！

丈夫刚要赞许，妻子已细腰一扭，伸出两个指头，摆个探戈姿势：华佗再世啊！

“一饼”并不为夸奖所动，只拿笔开药。妻立马按住，问开什么药。“一饼”就看着对方说，当然是对症下药，轻微植物神经紊乱的原因是气血失调，气血失调就得调理气血，调理气血就得先调气后调血，先调气就得……正要下笔，妻又按住，别开，那药我有。

你有？

我有。

你哪有？

我家有！

你家哪会有我这等药？“一饼”满脸不屑，别说你家，就是一院二院……不仅一院二院，就是我们这城里大大小小那么多药房，哪一家会有我这等药？不看广告看疗效，我院这药吃了会立马见疗效！

妻仍按住钢笔不放，也信誓旦旦，我敢保证，我家那药吃了，一定比你的疗效要好上百倍千倍，那才是真正的不看广告看疗效哩！

六

我们家哪有那药啊？妻儿三人回到家，“蒜头”问。

妻说，怎么没有，奶奶不是天天吃虫草吗？大广告小广告不是说了，虫草调气养血比什么都见效！

“蒜头”说，虫草是妈吃的，怎么能给乐乐治病呢？

妻说，奶奶吃虫草是为延年益寿，而乐乐吃虫草是为治病！孰轻孰重？你头脑灌水啦？又说，奶奶那么疼孙子，能不给？

听说虫草很贵，要是都给乐乐吃了，妈不又要花钱去买？

妈每月拿那么多退休工资，不在她孙子身上花，在哪花？都贴给她女儿啊？猪头脑！

“蒜头”无言，只得去取虫草。

奶奶这次真的没给！说那是自己吃的，不能给孙儿。想了想，回房间拿了一卷纸钞，说儿子，你去买吧。

“蒜头”见那卷面值大小不一的纸钞，再见妈那张瘦成丝瓜篓的脸庞，心疼。

妈是一位退休教师，又退得早了半年，错过了一班车，人家每月拿三千多，她只拿两千几。政策一把刀，也只能无可奈何。一位女退休教师，不吃烟不喝酒，每月拿这么多钱，照理还是够用的，但妈偏又是个极讲情礼的人，教师圈里同事多，谁家婚丧嫁娶、小孩考大学参军，她都得去，一年下来，少也得三四千；妈还有个女儿，虽说有份工作，但那是专做铜花生铜葫芦铜猫铜狗铜娃之类小工艺品的，效益不好，一月仅拿千把块钱。手心手背都是肉，虽说妈有点怕儿媳，但还是藏着掖着多少贴给女儿一点；还有，儿子一家三口一天两餐把嘴插在她锅里，分文不出；还有……

这买虫草，妈又拿钱……妈能有多少钱呢？看着妈手中那卷纸钞，“蒜头”犹豫，妈，那就不要了吧。

妈说，呆，孙儿都病成这样了，怎能不要呢？怕是儿子嫌少，又从手袋中掏出来大大小小几张钞票。

七

儿子拿钱走了，妈也心酸，就叹，唉，这儿子！

儿子他爸原在县化肥厂工作，英年早逝，儿子顶职进了化肥厂，化肥厂原也是吃香喝辣的单位，可没想到三十年河东河西——哪有三十年啊，就那么一眨眼工夫，化肥厂倒了，儿子下岗，每月拿八百块钱下岗费，下岗费虽少，但儿子有体力，再打些零散工，月收入也在一两千。儿媳虽无正式工作，但年轻，又有几分长相，特别是那双眼睛，哟，别人眼睛只长两颗眼珠，她儿媳眼里怎么就养了一对乌溜溜的“小蝌蚪”呢？用人单位不看简历，只看那对“小蝌蚪”，立马就说，行，明日就上班！一个月千把块钱到手了，如是效益好，还可多拿个三百五百。这样算来，一家三口，也能将就过得去。但这些年城里人怎么突然疯狂起来，整天都是唱呀跳呀……唱能舒心悦耳调节情绪，跳能舒筋展骨永葆青春，都是好事嘛，但怎么就攀比起来？追时尚，抹脂粉，一张张小嘴哟，涂得就像市场上卖的草莓！呀，讲到草莓，那可真闹了大笑话哩！一日看杂志，见文中写着女孩在男孩身上“种草莓”，她笑了，讥笑，嗨，闭门造车，又是一个把小麦说成韭菜的人！就在饭桌上说了，硬是把儿媳笑得前俯后仰满桌喷饭，老土！她脸红了，就知道自己这个当教师的早已落后于时代！

儿媳自从恋上跳舞，整天就叫着腰酸腿痛脊椎盘突出，不能站立不能干重活，不仅辞去了工作，连饭桌也挪到婆婆家来了，而自己却白天晚上泡在麻将桌上跳舞场上……

奶奶是教书人，书卷气浓，就叹，这好日子才过上几天，怎么都变得怕吃苦图享乐了？本想因势利导，教育教育儿媳，偏遇儿子那高挺的鼻尖日渐萎缩，而儿媳那对“小蝌蚪”却依然如故，“小蝌蚪”是会游动的，单会游动并不可怕，可怕的是会跟着别人一道游走！儿媳曾说过，看到那“蒜头”

就撮火，并多次扬言要离婚，不仅要离，还要将孙子带走。我的妈呀，就这么一个孙子，龙宝蛋哩，这要是离了走了，那儿子不成了孤老，那陆家不就断根绝后了？这是天塌下来的大事呀！妈就一再劝，儿啊，下次千万别再闻那满街的香水味了，只要不闻那味，你的鼻尖一定还会复原的，一定还会慢慢高挺起来的！

儿媳嫌丈夫鼻短是次要，重要的是嫌陆家不富有，没有大腕，没有宝马香车，自己不能如别的女人样，做个“全职太太”。决策重要啊！婆婆的决策又出错了。四人吃饭，四菜一汤足够，为笼络儿媳，她每餐偏弄个八菜一汤。儿说，妈，这么多菜不要花很多钱吗？她瞟一眼儿媳，钱算什么？妈有钱哩！儿说，吃不掉咋办？那不简单，倒呗！一个从苦难中过来的人，舍得吗？待儿孙走后，她就大口大口将那残羹剩菜吞下肚去，长此以往，还能有好胃吗？ 直到一天，儿子发觉，妈，你哪里不舒服？她还要强，妈哪儿都舒服，硬朗着哩！那你吃药？吃药？那是虫草！虫草你没听说？那是大补，老人吃了延年益寿哩……

这次要“虫草”没给，儿媳一定会生气的！

儿子走后，婆婆又担心起来……

八

儿媳这些天确实很生气。

如果那天丈夫拿了钱，自己直接去买，一切都会平安无事，但丈夫偏要她去。如果她直接去了，也一定会把虫草买回来，偏偏那天刚下楼，对面二楼的姚呱呱就把头伸在窗口尖着嗓门叫喊，“蝌蚪”，快来，三缺一哩！妻仰头看了一眼，双脚还在走动，不行，我有事哩。姚呱呱又叫，多大的事？天塌下来啦？不行，今天真的有事。窗口一下又钻出两个脑袋，多大的事呀，不就抹个三五圈嘛！你这次要是不来，就开除你“牌籍”！其中一个把头伸得更长，一对大奶就如两只青皮葫芦吊挂在窗台口，来来来，你婊子手气好，我这个“老送”今天再送你几张！就抖动一叠哗哗响红殷殷的百元纸钞。

“蝌蚪”心动了。丈夫说过，那虫草三百二十块钱一克，这九百块钱能买多少？三克不到哩！要是能赢个五百六百，不就能多买几克了！想着，长发一甩，咚咚咚上了楼。

活该要出大事，她往日手气奇好，这日却坏得一踏糊涂，很快就将那叠纸钞输得分文不剩！如果不是回到家，见儿子还在神颠颠地念叨不吃奶奶，妻子兴许也只会为输钱而生气，但见儿子已病成这样，自己买虫草的钱又没了，正急得猫挠心，又想到婆婆那边的虫草，更是恨，这老东西，只顾自己活命，连孙子治病要虫草都不舍得！

气足胆壮啊。这一气，就有勇气了，就去了婆婆家。

很顺利。敲门，婆婆不在，拿钥匙开了门，刚打开衣橱，就看见那包虫草方方正正摆放在一叠衣物上！

但此事做得总归不够磊落，自觉理亏，此后好多天，儿媳不再去婆婆家吃饭，连丈夫儿子也不让去，只在家里重起炉灶，亲自做饭做菜，为儿子煎熬虫草……

终究长久没站灶台，重操旧业，自然感觉苦累；单是苦累倒也罢了，最可恨的是，一近灶台就犯迷糊。……麻将桌上的条子、饼子怎么一下全跑到灶台上来了？伸手抓个二条，两指一抡，怎么变成梆硬的篾筷！刚抓个“一饼”打出去，“咣当”，一只细瓷花碗落地摔成了八瓣！那呼呼响着的明明是燃气灶上一圈绿莹莹的火苗，怎么就成了舞场上飞旋的裙裾？怎么就看见舞伴在招手？可没等接近，胯被撞了，手被烫了！……懊糟啊！就烦，就又想到在婆婆家吃饭的日子，那多自在呀，省力，省心，省钱……想到钱，她又急了，婆婆虽不是大款，但每月总还拿着几个穷工资，现在不去吃了不去喝了，那钱岂不全让婆婆贴给女儿了？正揪心，又闻到一股焦煳味！

九

乐乐每次见焦煳的饭菜，虽是皱眉，但还是艰难地吃着，也不再说“不吃奶奶”的话了。

妻子高兴，以为儿子是吃了虫草，见了疗效，心里叮嘱，儿子，坚持吃噢，吃了病就会好的！

可到了第七天，一碗煎熬的虫草汤刚喝下，乐乐就肚痛，冒汗，不等问明白，已砰然倒地，人事不知！

外出打工的“蒜头”得到消息，立即赶回，和妻子一道，再次把儿子送进医院，找到“镊子”，说神医，快救救我儿子吧！“镊子”让把乐乐衣裳撸起，妻子立马帮忙。“镊子”用听诊器在乐乐胸前来回熨过几趟，下笔就开了五张处方。

心电图做了，B超做了，核磁共振检查做了，脑电图做了，彩超做了——还是无法确诊！急了，院长就把全院主任医师喊到一起会诊，结果出来：这是目前世界上发现的首例病症，至于此病形成的缘由，还要申报国际卫生组织，做进一步调研……

这时，手机响起，说奶奶病重！“蒜头”慌了，叮嘱妻子照看乐乐，自己骑电动车飞快赶到天堂小区，见妈躺在床上，紧咬被角，蜷缩一团，汗如雨注……“蒜头”知妈痛得厉害，急忙拨打“120”。

进了外科室，“蒜头”哀求，主任，快给我妈看一下吧！

病者已蜷缩一团。“一饼”正要诊听，突然眼前放亮，认出，你不是天堂那个陆奶奶吗？接着就抱怨，叫你吃西药，你偏要吃中药，还说中药便宜，疗效好。这便宜吧，疗效好吧，硬把胃吃成了这样！

“一饼”伸头又问，那中药吃完了？

没有回答。

“蒜头”如堕云端，主任，什么中药？我妈吃了什么中药？

白及呀！你妈是胃溃疡，我劝她吃西药，她偏要吃中药，还说白及便宜，治她胃溃疡疗效特好！“一饼”显得幸灾乐祸，这就是省钱的结果啊！

“蒜头”警觉，主任，白及是什么呀？

是什么？“一饼”看了对方一眼，显出不屑，现在最名贵的补品叫什么？虫草！虫草你见过吗？虫草跟白及的形状非常相似，现在好多地方都拿白及冒充虫草卖哩！

“蒜头”啊的一声惊叫，吓得众人一个个睁大双眼。

这时，妻慌慌张张跑来，一向伶牙俐齿也的她变得语无伦次：蒜、蒜头，这、这怎么得了啊！刚才大屏幕显示了，我们这小城三家医院已有一千单八十个儿童都得了这病，整整十个水泊梁山哩！虽是满眼噙泪，但腰肢还是摆出个劲舞的架势。

主任，主任，快救救我儿子吧！快救救我儿子吧！妻哭喊着。

任凭风浪起，稳坐钓鱼台。并不是“一饼”不急，他是没辙呀！试想，一个世界级的首例病症，是他一个小城医生所能解决的？

大家正急，一位病友说话了，听说这几个月来，好多小学生都为一本什么小册子，在家里同父母闹得菩萨不归位、屋柱子朝天哩！

众人大惊，啊？什么小册子，如此巨大威力？

这时，蜷缩在病床上的奶奶开始挣扎。大家急把眼光移过去，就见奶奶从衣袋里掏出一个薄薄的卡片大小的小册儿，断断续续说，我、我、我这有……

“蒜头”急忙拿过，就见是一本绿色小册，小册的封面赫然印着三个字：坑爹证

翻开内页，更有几行蝇头小字：

兹证明××经国际坑爹组委会考核，该同志坑爹思想毒辣，坑爹手法异常高超，故予以通过特发此证，以兹证明。

发证单位：国际坑爹组委会（公章）

颁发日期×年×月×日（此证明永久有效）

全场愕然。奶奶又颤颤巍巍说道，今、今日我、我在房里找药，在地、地上拣、拣……一阵绞痛袭来，奶奶又蜷缩一团，紧紧咬住那洁白的被角！

“蒜头”急喊，主任，主任，快救我妈！快救我妈！

“一饼”不再理睬，只极其神速地将那绺溜到耳根下的稀发牵着在头顶绕上一圈，说，有救了，有救了！夺过小册子就向“镊子”那边跑去……

城北旧事

◇王素勤

作者简介：王素勤，安徽繁昌人，作家。

傍晚时分突然大雨滂沱，我只得滞留在办公室内，百无聊赖，本打算把搁置多天的学生测试卷给改了，后排的谈话声却聒噪不停。期中刚过，老何班在同年级的综合排名居于下游，前几天校长开大会时就没给他好脸色。这不，他立马对症下药，把班里排名垫底的学生和家长统统都叫到办公室，各个击破，谈话好像一时半刻不会消停。

泡了一杯茶，我交叉着胳膊，站到窗台前，看着天空中的雨云隐隐发黑发亮夹杂着电闪雷鸣。中午还是晴空万里，这鬼天气说变就变了，跟人一样。课前，老何还和我们说段子打趣，一脸没正经，这会儿当着人家长的面硬是义正词严，把桌子敲得咚咚响，每一句话仿佛都雷霆万钧，轰得本来就羞愧难当的家长们更是没了底气，一个个噤若寒蝉。

老师，孩子拖累你了，他爸常年不在家，我一个人管不住啊……一个唯唯诺诺的声音颤颤地响起。

呷了一口茶，杯子里的热气氤氲了我的眼镜，透过模糊的镜片，现出一个体型微胖、衣着马虎、顶着凌乱头发的中年女人。她无奈地叹息，四下里张望，似乎在寻找着某种援助，当她的目光与我交错，我突然发现，那张过度愁苦的虚肿的脸却异常清晰地横亘在我面前。似曾在哪里见过，我打了个寒战，随即把茶杯盖上，蹑手蹑脚回到自己的位子上，从衣帽镜的反光中，我不由得又仔仔细细打量了她，没错，那眉眼，那说话的神情，是她，阿霞！二十年前的旧时光游梦般迫来……

二十年前的城北鱼龙混杂，贯通南北的主干道横穿小城而过，每天喧嚷不迭，车水马龙，街道的两头分别连接着运输的枢纽：火车、汽车两站。我们是一群住在城北最北端的车站家属大院里的孩子。我们的父亲们既有客车司机也有货车司机。我妈最大愿望就是我高中毕业能念个大学哪怕是个专科，离开城北。她有严重的失眠症，每次我爸出车她都要担心，每个清晨她都要念叨，睡不着，睡不着。我感觉她老去的速度简直可以用小时来计算，有时候我上午上学，中午回家就觉得她比早上老多了，她烧菜不是忘了放盐就是咸得不能入口。我妈甚至在她四十不到的年纪就早早办了内退，在家门口摆个小摊，卖点零食汽水冰棒，摆几辆自行车租赁，那时候县城还没有大雅机（按：方言指人力三轮车），更遑论出租车了。她自认比她在工厂里上三班倒要划算多了，最主要能照顾我的一日三餐。

然而老李从外面带回的女人却刷新了我的认识。老李是我爸的同事，只不过我爸跑客车，他常年跑货车，三天两头不回家。老李原先也有个老婆，但她一直病恹恹的，终年躺在床上，有时偶尔坐在院子里的躺椅上晒一会儿太阳，脸色蜡黄。后来，我升入高二的那年冬上，她就死了，据说是癌症。因为一直是病着，所以对于她的死，大院子的老小也没多大反应，老李不过几天没去出车。倒是李梅，老李的大女儿在家哭号了好些日子，她那连绵不绝凄凄惨惨的抽泣声，在半夜，隔着天花板断断续续地传过来，不免让人毛骨悚然。然而，我妈却说大梅子是个好闺女，重感情，对死去的娘，有念想。家里的另外两个男人对待死去的女人就像马路上被车碾过的一只猫。毛头固然年幼不更事，但老李却穿戴越发整齐，我妈已然嗅出了一股异样的味道。究竟是哪里不对味呢？怎么感觉老李比以前气色、精神头还旺了些呢？

李梅初中毕业就失了学，最近几年一直在家照顾有病的老妈和小弟毛头。现在她妈没了，她整天无所事事，无聊得快发霉了。有些女人呢，似乎天生就没有姑娘气，她们长到十几岁就是个妇人，野蛮粗鲁，肥胖，爱搬是非，无所顾忌，李梅就是。从她厚重的胸腔内，我妈诧异地听到了发出来的不屑声：我爸巴不得我妈早死呢，他在外面有野女人！

事实证明大梅子并非红口白牙，空穴来风，谁也想不到老李老婆头七刚过，老李就带着一个操江北口音的女人回来啦。我妈低声嘀咕：这是急等着要进门啊！人死魂魄还没散呢，新人就来压一头，还让不让死人好好投胎了。

这是一个稍显年轻的妖艳女人，嘴巴抹得猩红，眼皮上还沾着金粉。我妈见了，嘴巴一咧：我洗脸只会抹蛤蜊油，除了发亮还吸尘，哪像这个女人脸敷得比墙还白呢！车站家属大院的人看着，一言不发，心里却有些生厌。那女人似乎不屑周围的人嘴脸和神色，麻利地起身整理包裹，乡音浓重地大声叫唤着什么人。

那是我第一次见到她，洪霞。一个十六七岁，身材苗条的少女，在大家的注目下，那张漂亮的脸上有着些许故作的矜持，尽管穿得还算时尚，眼里却明显透着乡下人的气息。周围的妇女看到毛头在一旁，脖颈子伸得老长在凑热闹，不免揶揄：你爸这是买大送小啊，你长大干脆就把这个外来的姐姐娶了，来个老配老，小配小……突然，大梅子不知从哪里跳出来，拖住毛头藏在身后，扯着嗓子憋红着脸大声回敬：婶子，可不兴这么损人啊！大家一看这架势，也觉得这后娘一旦进了门，姐弟也确实可怜，就都不再吱声了。老李被一团喜气笼罩，浑然不觉丝毫尴尬，忙里忙外，一身干劲，整个人仿佛年轻了十多岁。大家看他货车架上，好多坛坛罐罐，锅碗瓢盆，都觉着有些稀奇，这倒不像是搬家，简直就是个酒肆在大挪移。

时隔不久，老李和他那个操江北口音的女人果然在车站里办起了饭庄。那时原本车站里废置的仓库就多，租赁出去也是一笔额外的收入。大家都恍然大悟一般：先前来坐车的人就挺多，但没处吃饭，特别是长途到站的，饥肠辘辘吃包子都不问价的，怎么就不知道在这里开饮食店呢？车站外倒有几家路边摊，用手一抹桌子，上面的灰尘能写个清晰的大字。等到老李和江北女人干得红红火火，大家也只有眼红的份了。其实那个车站饭店也很简单，无外乎早上卖点稀饭、煮点面条、下点馄饨、蒸几笼包子馒头，中午烧几个家常菜，用脸盆装着，卖个三元五元的快餐。按我妈的说法，那些个菜，还没有她的家常菜有看相。话虽如此，那饭店生意却格外好。老李似乎也变得爱回家了，甚至把开货车调成了开班车。谁都知道货车司机油水多，班车司机调休的时间多，但没什么额外的甜头。大家都看出了猫腻，老李现在兼职开饭店比过去开货车要来钱快多。

大梅子原先对眼前热闹，一直冷眼旁观，就是钱挣得再多也是他们的，与她半毛钱关系没有。然而不出半月，老李竟然拿着棒槌，满院子追打大梅子好几回，还青筋暴突地吼：老子不养闲人！我妈在隔壁每次听见，都会幽幽地说：后娘手里的饭哪有那么好吃啊！大梅再犟也犟不过命！这叫隔铳打枪子，都是那江北女人使的坏。过不多久，大梅子就红肿着眼睛在店里忙活开了。

这下两个丫头都在店里帮衬着，江北女人有两个女儿可以使唤。但明眼人一看，就明白了，这人心隔肚皮，晚娘的心蜂尾针啊。阿霞仅负责店面的活计，端端盘子，收收钱，活轻巧，人整天爽利，看起来青青丝丝的。而大梅子一天到晚灰头土脸在灶膛里忙活，不仅洗碗烧锅，有时救急，也会下厨炒两个小菜，这蠢姑娘笨手笨脚，常被烟熏火燎呛得连声咳嗽。到了冬天，大梅子的两只手更肿胀得像小包子，脸也皴得发黑。左邻右舍都有些瞧不下去，或明或暗提示老李：不能让江北女人这么厚此薄彼啊，没娘的孩子看着让人心疼呢！可老李愣是没看出任何端倪！

江南风水柔润，没过多久，阿霞竟一天天丰盈标致起来。一双含情凝睇丹凤眼，朱唇未开笑先启，天生的好水色，腰间系上素洁的围裙，玲珑浮凸。院子里那些半大小子干脆都喊她馄饨西施。我说不出阿霞的美，但总觉得她与周围那些满身野气的女孩子不同，她柔弱、娴静、雅致，清新脱俗。但凡真正的女子就是水做的，而我只要靠近那一泓清泉，总是莫名兴奋。我妈总是在我耳畔嘀咕，这么大姑娘家挺着个大奶子整天乱颤，一双桃花眼乱瞄，一看就是狐狸精，跟她妈一个胚子，天生靠男人吃饭的料！我只好腹诽：那是风情，可惜老妈，你不懂！

阿霞在店里的时候，生意格外好，她嘴巴甜，见人熟络。江北女人徐娘半老风韵犹存，母女俩简直笼络了城北老老少少男人的心。傍晚放学，远远看见阿霞拎着酱油、米醋之类的调料瓶子，我们就会心照不宣，相互推搡，小声提示：馄饨西施来啦！阿霞走在灰扑扑的街道上，周遭的一切瞬间成了背景。我不自觉地盯着那道霞光的正中央，感受我妈言语里经常描述的震颤，却发现她早已擦身而过，只留下一缕若有若无的清香。一道口哨忽起，四下哨声呼应，馄饨西施轻轻回过头，莞尔一笑。

以前车队老少爷们收车回家，会早早休息。现在下了车，大家再也不急着回家，倒更喜欢去老李的店里喝两杯。男人们渐渐不愿早点回家了。酒一冲脑，脸上微醺，仔细看，都觉着这个江北女人漂亮，与老李前妻比，简直不知好看多少倍。男人们艳羡，窃窃私语，老李早有体察，不禁有几分得意。女人在众目睽睽中更是放纵自如，嬉笑怒骂，好一幅别样的景致。

女人们都对江北母女有意见，这一老一小的，骚劲十足，搅扰得老少爷们鸡犬不宁，淫心躁动，简直败坏了城北的风气。我妈嗓门大，脸上的不满尤为明显。阿霞倒是经常来我妈摊位买东西，照顾生意，婶子长婶子短的，可是她从没得过半点好脸色。我妈一见到大梅子，总要热情地扑过去，拉着大梅子日渐粗糙的手，寒暄半天。大梅子现在似乎很忙，她们家饭店生意越做越大，内间设了几个雅室，刚开始都是江北女人主厨，她打下手，时间长了，竟然也能独当一面了。江北女人从此再也不轻易下厨了。我妈叮嘱大梅子，不要太辛苦了，你一个姑娘家的，没事累得跟男人似的，帮你爸养俩妖精，划不来。大梅子总是露出无可奈何的神情，刚想叹两句苦，那边江北女人就叫唤开来：大梅，锅灶里油炸啦，水烧开了，客人要菜啦……大梅子听了只好抽出手，匆匆往回跑。

每逢周六，我妈喜欢抹小牌，中午人不多的时候，她都要我看着摊位。我那时读高二，戴着眼镜，成绩一般，不爱多说话，不过常躲在屋内，皮肤显得白净些，可我妈总是咋咋呼呼说我仪表堂堂，文质彬彬，标准的大学生模样，将来可是要手拿笔杆子做文雅人！真是瘌痢儿子娘叫好。

在我看摊位的时候，阿霞总有意无意地喜欢到摊子边转悠，有时候买一包烟，有时候买包瓜子或打火机什么的，看我手里拿一本书也要翻过来看看。她经常大惊小怪，抿着小嘴，瞅半天，轻声说道，你真聪明！我好羡慕读书人哦，这个院子里就你看着气质最出众。说实在的，这些话，除了我妈，别人从没说过，更别说漂亮的异性了，我们班那些稍微有点姿色的女生在我们理科班那简直就堪比国宝，从来也不会拿正眼瞧咱。阿霞不仅美而且如此温柔多情，又岂是那些男女不分的学习机器可比。时间长了，我似乎总是有意无意等待周末时光的到来，等待着那亲近柔水一般的静谧的美好时光。以至于每个周末，我都不停地催促老妈早点去找她的那些牌友。

没过多久，我妈就觉察出什么来。那个下午阿霞还没跟我说上两句话，老妈就在身后拿着一把蒲葵扇敲我脑袋，虎着脸要我回屋温课去。阿霞轻声地叫了一声婶子，我妈却没搭理她，从鼻孔里哼了一声，扇子在摊位上不停地扇来扇去，分明是要赶走一只讨厌的苍蝇，阿霞只好讪讪地离开。我满心愧意，一直想找个机会跟她说对不起，可老妈看管得更紧，连牌也不去抹了，更别说让我看摊子。一天早晨，我刚出门，只见阿霞迎面而来，往我手里塞了一封信，便匆匆离去。我展开一看，顿时血涌大脑，一个激灵，突然明白过来，这就是所谓的情书啊，天呐，我生平的第一封情书，竟然是个超级美女写给我的！时隔多年，我依然记得那封信和随信夹着的一张照片，照片里的阿霞在一棵花树下，美目盼兮，巧笑倩兮。信的下方还写明了约会的时间和地点。

放晚学后，我说去同学家温课，我妈盯着我一尘不染的白衬衫和异常齐整的发型，将信将疑，那种目光让人如芒在背，我赶紧加快脚步，匆匆逃离。出了城北那条熟悉的街道，整个人便若脱笼之鹄。

太阳刚刚落山，西边的天上飞起了一大片红色的霞朵。山尖上染着一抹淡淡的橘黄色的光芒，两边树林的阴影已经笼罩了幽僻的小道，空气显得凉森森的。河两岸的高秆作物现在都已出穗吐缨。空气里弥漫着一股豆类作物清淡芬芳的香味。

阿霞从头到脚，所有的曲线都堪称完美。丰满的胸脯在米黄色连衣裙里不断起伏……第一次和一个如此可爱的姑娘单独走在一块，我陶醉在巨大的幸福之中。在河边的一片安静的小密林里，阿霞坐下来，并回头看着我，我的心咚咚狂跳着，紧挨着她坐下来。她稍犹豫了一下，羞涩而坚定地抱住我的肩头，把脸贴了过来。我闻到了一股少女特有的馨香，感受到了那绵软发烫的身躯里传来的阵阵战栗，我的荷尔蒙被激发出来，一股巨大的幸福感像一股热流在身体内部来回冲撞，让我们彼此喘息不已……许久才趋于平静。平静下来后一句话也没说，我们又找了块长满青草的空地，静静地、甜蜜地并排躺在星空下，躺在大地的怀抱里……激动地倾听着彼此甜蜜的心跳声。

回到家都快半夜了，我妈支棱着脑袋在沙发上打着瞌睡，听到我开门一下子跳了起来，狐疑地盯着我半天，冷不丁地说：请魂去了啊！

躺在床上，阿霞那张含情无限娇羞炽热的俊秀脸庞还是不停地在眼前晃动，我把那张夹在字典里的阿霞照片偷偷地拿出来看了又看，狠狠地亲了一口，再也抑制不住的幸福热流终于从体内涌溢出来。天蒙蒙亮的时候，我才沉沉睡去，美梦却在聒噪的铃声中被击碎，冲到学校，上课铃早已过了半晌。课程几乎没听进去，周遭的喧哗自动隔离，兀自沉浸在一片迷离彷徨的绮丽中。中午回去，进了房间，才发现床褥早就给翻晒了，突然想起昨夜留下的那一摊黏糊糊的液体，不禁有些难堪，赶紧冲到堂前支吾着提到照片，我妈拿着碗筷，脸色铁青，只回了我一句：吃饭。我以为这事跟以前被我妈收缴过的那些暧昧纸条结果一样，她恼怒几天，便会丢诸脑后，哪知竟至掀起轩然大波。

大致酝酿了三天，我妈终于选择在阿霞家饭店生意异常火爆的一个当口来了一场血雨腥风。我知道老妈气急败坏时无所不用其极的那些不堪入耳的骂人话，但当后来大梅子轻描淡写地向我转述，我听了依然面红耳赤，瞠目结舌。我的美好的无限憧憬的初恋，就这样被我妈活生生地扼杀在襁褓中。

自此，江北女人每回看到我路过她家门口，就有意无意地往外泼污水，嘴里不干不净。有同学不知在哪探得些风言风语，有事没事来两句戏谑：听说你被妖精勾了魂啊？就连我爸也被勒令不许再去老李家喝酒。最致命的是，阿霞永远不会理我了，并视我为路人，即便偶尔顶头遇见，也是幽怨无限地躲闪避忌，我和阿霞咫尺天涯。我在心里一次次对自己说，阿霞等着我啊，终有一天，我们一起逃离重重包围，相守终老。暂时静下心来读书，把自己埋进习题里，经过七月之殇，我的高考成绩勉强能上师专。我妈却欢天喜地摆了升学喜宴，请了大院子里的所有人，我总觉得有些显摆。从来不喝酒的老妈那晚竟然喝高了，说了许多含混不清的话，但其中有一句我听得真真切切——要不是我果断斩断情丝，这浑小子能上大学?

我外出上学那会儿，正赶上城北拆迁，整个汽车站南移，车站大院原住居民也就各自分离，各安天命去了，自此我和阿霞就断了音讯。

师专毕业后，兜兜转转在各个乡镇中学，从农村包围城市，直到而立之年才征调到县中。去年儿子升初中，学校离家有点远，老婆建议买辆车方便接送儿子。老婆是以前学校的同事，啰唆，琐碎，人到中年更是瘦削干瘪，例行公事的时候，胸部的肋骨经常硌得我心窝都发疼。有时静下来，我总会想，同是女人，为啥人与人差别就那么大！当年阿霞只要走过我身边，我都会情不自禁地战栗，我跟老婆第一次在一起的时候便缺少激情，纯粹是到了岁数为了结婚而结婚……我妈却对我的生活异常满意，前些年，爸脑出血走了，她对我平时的日常起居愈加关注得无微不至。在老人眼里，女人能摆弄出个大胖儿子，质朴无华，操持好小家庭就可以对她竖大拇指，而老婆就是这种标准的好媳妇。男人不能贪图床笫，那些个妖精都不会安生过日子，只会把男人的精气吸完。在他们那一辈人里，有个小家庭，三餐饭能饱腹，有工作能挣钱，行业体面，人生有什么可抱怨的？如果还有什么想法那都是吃饱了饭撑的……然而，在我的好日子里，夜阑梦回处，我又总是一次次徘徊在被夕阳染映的密扎的林间小道上，等到那个正当年华的人。

赶鸭子上架来考驾照，四十几岁人，平时站在讲台上训斥人，竟然要来学乖，想想头皮都发麻。三十好几的教练一副吊儿郎当的模样，我早就听人说，驾校的那些教练个个都不是什么好鸟，骂人跟吃饭似的。我就赶紧凑到教练边上，点着一根中华递上准备拿热脸贴冷屁股，没承想，那个人却大声地呼出了我的小名！天哪，毛头，是毛头。隔了将近二十多年，当年吸着鼻涕，尾巴一样存在的毛头也发福成了大腹便便的薄顶壮汉了。阿毛却嚷着一眼就认出了我，还是当年的书生模样。车还没上，便硬是拉着我要喝酒叙旧。早知道学车之前要请教练搓一餐，但等阿毛把我拖到附近一家高档大酒店时，心里不免打起了小九九。阿毛却说不妨，里面的老板都是彼此的大熟人，话还没落音，就大叫，大梅子，大梅子，看看谁来了！

这是一个与我记性中完全背离的形象，我怎么想也无法把眼前这个面容妆饰精致，身量苗条，衣着得体的优雅女人和当年那个烟熏火燎中忙碌的糙丫头等同起来。酒过三巡，舌头变成了木头，大家却也放松起来，幼年时一处玩耍的无拘无束感都上来了。大梅子幽幽地叹息，亲妈死得早，没娘的孩子苦啊！现在条件好了，捯饬捯饬，也能体体面面做人了。当年在江北女人手里过日子把苦水都尝尽了。还是你妈，你妈那一顿海骂，愣是把那女人弄蒙了，至今回想起来都解气。提到我妈当年的“英雄事迹”，我只好自罚三杯。毛头却说，骂得好，我姐当年就给她们母女整天使唤来使唤去，别说你妈嫌阿霞妨碍你读书、求学、上进，就她那个老娘也不会看上你的。她恨不得让自己的闺女整天打扮得花枝招展攀附高枝呢！我心里一颤，不禁问了一句，阿霞现在过得怎么样？

抿了一口酒，阿毛接着絮叨：江北女人一肚子坏水，自己亲闺女摆在店堂里给人看，让我姐做烧火丫头。结果大梅子自己天天在锅灶上摸索，红案白案全会了，生意也越做越好，前几年跟我姐夫租赁这个大酒店自己当上老板了。你妈当年那么一闹腾，阿霞也就对你死了心，但一般的人还是看不上，结果江北女人托人介绍，硬是把阿霞嫁给了大她十多岁二婚的县局头头。实指望靠着阿霞能在这个县城里过上有头有脸的生活，哪承想，没几年头头贪污受贿，被人检举，判了刑。阿霞的好日子也到头了。

再不好好干，你的好日子也到头了！老何还在训斥，那个看起来眉眼有几分似阿霞的孩子，还是一副死猪不怕开水烫的样子，我仿佛看见阿霞在抹眼泪，不停地抹，突然感觉整个胸口好憋屈，疼得厉害。

我赶紧冲出教学楼，天色已渐向暝，雨点稀稀落落。回到家，妻子一个劲儿地埋怨，出门不知道打把伞。妈扯着一条干毛巾往我头上擦拭，她现在老了，我爸没了之后，一直跟我们一处住。现在的老妈是个慈眉善目、悠闲自得的老太太，对生活总是充满了莫名的感恩，你根本无法想象当年她的焦虑和急躁火爆的牛脾气。按我妈的说法，我爸走后，她想透了很多事，人啊一辈子太短，不能堵心。儿子完全是按她指的路子，生活才搭上开往春天的地铁：现在有铁饭碗，小家庭和美，生活事事如意。我从她手里一把扯过毛巾，胡乱地在头上抹了一把，她倒是立马觉察出我的不悦，关切地问了声，咋了？我换下湿淋淋的运动鞋，看见妻子正在厨房准备晚餐，就低低地应了她一句——今天看见阿霞了。

晚饭过后，我一个人在书房抽着烟，踱着步，心绪凌乱。门却吱的一声被推开了，是老妈。往常这个点，当我一个人滞留在书房的时候，是很少被打搅的，显然老妈有话要对我说。

你爸生病卧床时，老李来过家里几回，他们老哥俩唠嗑的时候，我听到老李提过他们家的事，一双儿女日子过得都挺顺，特别是大梅子都做上大老板了，毛头在驾校也人五人六的，只是阿霞眼下的光景不太好过，可是毕竟不是亲生的，也犯不着担心胳臂比腿粗。倒是江北女人老了，总不停地唠叨，不待见大梅子这一年年赶着比阿霞的日子舒坦、滋润。可是又有什么法子呢，两个丫头，当年小姐一样捧着的，啥也干不了，落难的凤凰不如鸡；倒是大梅子什么苦都吃过，啥活也能扛，这如今才叫苦尽甘来。命呐，老天都是睁着眼安排得妥妥当当的。只是提到阿霞，说实话，妈心里存着愧疚。当年明眼人都知道她中意你，我就是没给她好脸色，她还是左一声婶子右一声婶子，热火劲儿地叫着。她来买东西，明知我故意起价，还是三天两头地来照顾生意。可是我没法子啊，那时你即将高考，我不狠狠心撕破这脸皮，哪有你后来教书先生的饭碗可端啊！……可是我那一通火发过之后，阿霞那怯生生的眼神，我看着，心里也过意不去，特别是听到有人提起阿霞过得不太如意，这人越老越觉得以前自个儿做得……前些日子我去街坊打豆腐，看见阿霞在豆腐店打下手，整个人模样都变了，要不是她喊我，根本认不出来。

临了，她竟然拉着我的手问了一句，儿子，阿霞的事，你没恨过你妈吧？我转过身，把烟熄灭，轻声地说：都是命……

夜这样沉寂安宁。那个飘忽不定，隐隐约约在我梦里飘忽了多年的身影，今晚还会来入梦吗？如果祈祷有用，我希望，阿霞，明天会有一个灿烂的艳阳天。

乡愁是一种病，美丽而忧伤。在那荻花翻飞的江边上，有我可爱的故乡……

散文

SAN WEN

我哭我笑在生活里　我哭我笑在剧中

——为了那些难以忘却的记忆

◇严啸建

作者简介：严啸建，安徽繁昌人，中国作家协会会员，现居英国。

2005年的那个溽热的夏天，在南方，在一列南行的列车上，我结识了一位我的安徽小老乡。

那本是一次愉悦的旅行，却因为与这位小老乡的邂逅从而使我的心情变得阴晴不定，起伏难逆。他是我的邻座，起初并不多话，甚至可说是沉默寡言。一路上只是用舌头将腮帮顶成凸形状，然后就一根根地清算着那本就是稀落无多的几根黄茸茸胡楂，手儿每掐一下，喉咙里还咬牙切齿地吭哧一声闷响，让我的心也随之而纠结。这种场景当然算不上“和谐”，我也是实在不堪忍受，才开始了主动与他搭讪；用意无它，只想转移一下他的注意力，让他那熏黄的手指能从腮帮上放下来。

殊不知，两人一聊开，却让我发现碰上了一个说事高手，悬念大师。

我这样形容可能不太准确。因为他看上去老实巴交，其貌不扬，并不具备一张能言会道的利嘴。他的谈吐也很吝啬，只凭借单词连贯，不分逗句号，没有主谓宾。然而，就是这种断断续续的言辞，却让你很快就从中咂出点味道来。

起初，我问他做什么，他说他会打洞，本事就是盯紧裤裆下，夹着两腿讨生活。我以为他说什么荤段子，便笑言别瞎扯了，你又不是耗子，只有耗子才打洞。他回答一本正经，说自己就是靠着一棍走天涯，而且这方面特在行，瞅准就上马，上马就能出水。当今社会审丑热闹过审美，粗鄙文化大行其道，时髦得能让人休克。我听了，也不以为然，只以为又碰上了一个好说粗口的雷人。

其实不是，他说的还都是专业行话。他是个找井员，一天到晚就是拖着根钢棍到处帮人找洞打洞。现在的乡村，很多塘沟圩河的水都不能直接饮用了，许多乡下人都在自己农家小院置一架压井式水泵抽取地下水。但风在天上刮，水在地下流，要省人省工省时省料地找到一口好井，也不是寻常人的一双凡眼就能看个准的，所以乡镇钻井队这一行业便应运而生。

在我幼时的记忆里，乡村人淘一口水井都是花费不菲的。既然是这方面能手，收入应该裕绰得很。今人见面都要“恭喜发财”，可我还没双手揖起，他又闪烁其词，解答找洞确是个技术活，一根钢棍捣下去，而且要捣出水来，这确实要点本事，还要靠点运气。要论收入以前还过得去，当下不行了，风险大，成本高，费神费力且收益无几。他所言及的风险成本，是指地表水逐年枯竭，井愈打愈深，水愈来愈少。家乡附近又冒出了支地质队，莫不也是矿藏愈来愈难找，反过头来热衷帮乡镇找水来增加收益。人家那是“正规军”，技术专业设备精良，很快就把他们“杂牌军”挤出地盘，从而也断了他们的营生。谈及这支地质队，也不见小老乡有多少埋怨，只说干这行靠的就是家伙要硬，人家打洞的本事更大，那不服不行。

所有的正经话由他嘴里吐出来都变得不那么正经，这让我忍不住失声而笑。他却奇怪，有什么好笑？反倒摆出一副严肃的思考状，说他一直有个不祥的感觉：是不是这个地球坏了？——其实他的这种职业的出现，包括地质队又来抢他们饭碗的种种情事，都是从另一侧面提出了一个让全人类都亟须严肃对待的大课题。但我不是生态研究专家，自知也无能力把人与自然休养生息的道理与他说个透彻，只说地球没坏，是人坏了，把生态环境搞坏了。

他说想想也是，据他多年打洞经验，他敢肯定地球不是坏了也一定是老了。这也像人，年轻丰满就水多，人一老干瘪了，水自然而然就少了。他一边说，一边还劝我不要过度解读，他只是就事论事。

小老乡说话很逗，整个一个荤打素猜贯彻始终。但他神态一点不逗，看上去非常淡定，甚而淡定到带点轻度抑郁。当我问他不打井了怎敷衍生计？他又话题一变，说打洞并不是他本行，而填洞才是他的专业。看我两眼直瞪，一头雾水，便又解释打井的活他只做了年把，真正的职业是个厨师。他烧得一手好菜，乡邻间都留有相当不错的口碑。最初，他就是以一名小伙夫的身份应聘去乡钻井队的，是做老板的偶然间发现他在找洞方面悟性不错，所以要他把菜勺子扔了，专职找井打井。钻井队倒闭后，他已歇业一年有余。想想人各有命，他的命就是自己要糊口，还就得先糊住别人的口。此趟去上海，他就是去一家高档饭店应试一份二厨兼油煲工作。

听他这么一说，我想这人还是有些本事。上海滩十里洋场，食客的嘴巴可刁了去了，又是高级餐馆，又是二厨位置，没点真本事敢揽这个挑儿？听到我的夸奖，他有些吊诡地岔开了话，说自幼生活在皖南的一个梅雨小镇，平生还是第一次出远门，尤其是去上海这样的大城市，一点不怯也是假的。促成此行的是一位同村同窗的孩提好友，如今在上海活得非常滋润，现已为那家颇有名气的大饭店前台总领事，力荐他去当厨师，连素昧平生的餐馆老板都亲自来电热情相邀。盛情难却，不去也不好。

我们安徽有个厨师县。言谈中得知他来自该地区，擅长做徽菜。我说这职业好哇！因为从严格意义上讲，现在真正懂传统徽帮菜的厨师并不多。再从人生道理讲，树挪死人挪活，上海本就是个藏龙卧虎之地，此番去应聘，没准就是他显示才智拓展人生的难得契遇，应好好把握才是。他性子憨憨的，说道理是这么个道理，做伙夫应比打洞要靠谱。因为天下所有的洞都有底，只有人嘴才是个无底洞；只要把这个洞伺候好了，应该不愁生路。

我说这就对了，你以前瞎折腾，是扬短避长；现在干回老本行，才是扬长避短。我这人虽“懒做”，但“好吃”，一谈起吃便就来劲，于是津津乐道地又和他大谈起传统徽菜，什么“文火老汤、臭咸夹烩”，一股脑儿地都端将出来。他也不时提纲挈领，就传统徽菜的选材和加工，以及其菜肴特质与其他菜系有什么特别不同，区别在哪里，从理论上、实践上一一跟我颇为专业地探讨了一番。

这时的火车厢里有点像厨师研讨会，两人大有相见恨晚之叹，气氛也由此而活泼。他那弓曲的手指由于情绪的转移再也无暇去折磨那可怜的胡楂了，这更让我的心情顺畅了许多。小老乡的确也道出了一些不乏新鲜而又独到的烹饪见解。诸如：家常饭菜和餐馆烹饪就完全不是一个路子能套着来的，同如家禽和野味的肉质有异，味道也不同，前者缺少新鲜感，后者少了安全感。还有呢，干这行首要是掌控火候，喜新汰旧，知色懂欲，最紧要当然还得把握尺度，搞清人的胃口是个什么东西。怎么能让人既饱眼福又图口福还要吃进去不会吐出来。这些都是学问，一定得谙熟“粗的细搞，细的粗搞；荤的素来，素的荤来”这通基本道理。如此等等。

应该说，这是一次很好的谈话，如果就此打住的话。

可偏偏又不是。就在列车驶过一个叫安亭的小站而快要进入上海城区时，他突然又变得沉默起来，双手又不自觉地开始和腮帮过不去了。我们这一路下来都互相感受到了对方的真诚，也几乎不约而同留下了各自的手机号码。当我提出说拉个手，再见了，他扯着我的手久久不语。间歇好一会儿，他又突然话语艰涩冒了句——真对不起，其实我一路说的都是谎话。

面对我的惊讶，他旋即又纠正说不是撒谎，是一路在圆谎。事实上，他也不是什么职业厨师出身，干厨师同样是歪打正着。——坦白讲，是他的女人对厨师很崇拜，嫁个厨师曾是这山沟女人心中的梦想。婚前婚后为哄老婆开心他才慢慢学着动锅动勺。——憋屈的是，现在菜做得倒真是大有长进了，但是老婆却跑了。之所以应允了上海的这份工作，真实的想法还是为找老婆而来。——他觉得一个男人跑了老婆，怎么说都是桩太没面子的事，所以他一路“瞎扯，愈扯愈远”。

听到这里，我心里咯噔了一下。他这会开口了，我却沉默了，可以想象那是人家的隐私，也是人家的心中最痛的点，我不该就这个话题再继续追问下去。

我们最后在上海站那人流稠密的广场上分手，并最后拥抱了一下。我摇撼着他的肩膀说：生存是人的第一需要，生存即为故乡。希望他能适应上海的这份工作，也希望他能尽快地找到老婆；如果能有一天接到他的好消息，那对我当是最快乐的一天。听到这里，他脸部的表情和说话的语调都发生了急遽的变化，似乎言犹未尽，但这会已时间无多，朋友接站的人和车都已到了，我只能和他挥挥手，互道珍重。

人生在世，有些人相处一辈子也就像路人一样，而有些人只是那么一两次接触，却使你一生难以忘却。这种感觉是相当奇妙的。小老乡当晚就来了个电话报平安。那会我还在一位挚友的饭局上，听电话那头十分嘈杂，夹杂有盘碟的碰撞声，推测也同样是在餐馆里。他是个勤勉的人，我以为他为图有个好表现，不顾舟车劳顿就上岗了。他回答说不是，老板只要他先看看，熟悉熟悉环境再说。他说这家餐馆确实大得吓死人，装修豪华生意火爆。听他这番描述倒给了我宽慰。我说，你一定要好好干，天道酬勤，技不压身，人只要努力总会有回报的。就如当初你为取悦老婆而学了这门手艺，如今靠这手艺却意外在上海谋得一份好差，这就是上苍给你的补偿。他听后，一口一声说记住了，再苦再累他都会学着去承受。

话正说到此处，电话里插入了一个女人柔柔的问话声把他打断了。我不能确定那女人喊了他一句什么，但能感受出非同常人一般的亲昵。我以为是不是他老婆自觉内疚而主动找上门了，两人已前嫌尽释？但他回答我的口吻十分冰冷。——他说找老婆是世纪工程，哪有那么容易？这只是又一个跑了的老婆，但不是他跑掉的那个老婆。见我有些摸不着南北，他又压低嗓门解释：这人就是在火车上几番提及的那位同村同窗的孩提好友，也是个弃婚的妇人，店里伙计都认定他俩既为同乡亦是相好。

此刻谈话大概不太方便，只言片语中却让人强烈感受出他内心情感的波涛正载浮载沉。他说一切等安置好后再来电和我好好细聊。普天下没有谁比他活得更窝囊，有些苦衷若不找个人全盘道出来，心里还真憋得慌。

这时我有些自作聪明，以为明白了这位小老乡为何对我一路谈话那般隐涩的症结所在。他的遭遇还能再有什么大的悬念，明眼人谁都会猜度出几分来——他的老婆跑了，他又和另位人妻好上了。生活中这类破事太多了。

无须多言，凡人都难以挣脱饮食男女的那些俗行俗为，无论情与欲都需要一种填补，作为底层小人物的他更难冲出这道樊篱，这都是可以理解而不用多说。再者，有人的地方就有绿帽子，古来有之。这玩意其实很通俗很大众，相互间戴来戴去，物质的稀缺成分并不多。倘若将之作为一个故事来解构透析毫无特别，这种寻常家庭的裂变和重组的现象，在这变革和迷乱的年代早就司空见惯，见怪不怪。我甚至也奇怪自己，一个似曾相识的老套故事怎么竟让我如此上心，或许纯粹因是旅途中与当事人相聚时那特有的语境和氛围？

其实我错了。小老乡的故事严格说是从这天晚上才刚刚开始，结局更是出人意表。生活中的真实远不是靠想象能展示，这位小老乡那复杂与彷徨的心绪，在这之后与他的接触中，我也只是读懂了一点点，且还是很肤浅的一点点。

他，作为一个乡村人，出这趟远门对他来说既是苦涩的，又是沉重的，一如我们见面之初他那一脸歪叽的表情与动作，那第一眼的直觉就是最真实的他。

这趟沪上之行对小老乡完全是出于不得已而为之。他既不全为来找老婆，也不是特别看好那份工作。确切地说他是为了应对现实的窘境，不能不来。自一年多前钻井队散伙时，他的老婆就已跟人跑了，家中上下老小也整日为这事唠叨个没完没了。他不想违拗全家老幼的期许，只能答应来上海找找看看。然他心里也很清楚，他若不混出个人模样，老婆是很难再回到身边了；若自己真活出个人模样，这样的老婆他也不想要了。对于这个一想起就心中刺痛的老婆，他也不是说一点线索没有，现在是个信息爆炸的社会，家乡人在上海打工的也很多，他老婆现在上海哪个地方做什么生活，乃至睡在谁的床上，他都有所耳闻。但他的心已积极不起来了。他认为这样的老婆找回来或找不回来，看不出意义的不同。至于前来应聘的这份厨师工作，对他而言同样不是久留之地，甚至可说是个危机四伏的是非之地。他内心最大的祈愿，也就是指望这儿能是块平安的过渡跳板。

我数天后去看过这小老乡一回。他的那位孩提好友我也有过短匆一面，白白净净，面相看上去也算朴素。她与小老乡谈不上青梅竹马，但两家是世交，这女人的父母在小老乡童年时给予过他不少呵护。对方的婚姻也是麻烦多多，几年前就独自来上海闯荡谋生，如今好不容易坐稳餐厅大堂总领事的这个位置，薪水也相当可观，可老板娘却开始和她过不去了。为了消弭老板娘的猜疑，她搬来小同乡并以“家乡男朋友”的身份顶份差。餐馆伙计初见到他，都流落出一种很让人玩味的窃笑。

小老乡来到上海的第一夜，其实是在阁子楼的仓储室“一次性筷子”包装盒上搭铺安身的。他和这位孩提好友的关系并不暧昧，暧昧的是这位好友和她的老板。好友原说好等打烊后再安置他，谁知餐馆老板临时起意说要“丰富一下夜生活”，又拉着她出去唱歌吃夜宵去了。这位总领事只好对“家乡男朋友”说声抱歉，只能等明天上午回来后，再看看怎般安置为妥。小老乡处境是有些难把握，任何男人被戴上顶绿帽子，都很纠结，悲哀的是他同时还戴了两顶。这里面一为真，一为假，都为别人强迫，非他所愿，可他想甩还都甩不掉。

那一晚，他就是躺在这用筷子堆叠的床上和我煲起了电话粥，万般感叹这沪上第一夜，竟还是一个半路结识的老哥用手机相陪。他说阁子楼很静，静得能听到空气的流动声，这真不像他想象中的夜上海。他还说这家餐馆的菜色看上去很花哨，研究了一下也只是一般般，自信熟悉后能应对自如。唯有不踏实的是这个让他为难而又尴尬的角色。一般人头顶绿帽都闷声不吭，他头上的绿帽却还光芒四射，为此也有些害怕，长之以往会不会惹出什么纰漏？当他一走进这阁子楼仓储库房，躺在一动身就嘎吱嘎吱响的筷子堆上，立马就想起了过去上海的地下党，深切体会人家那会闹革命也真是不容易。但话又说回来，过去地下党假夫妻是为了崇高的信仰，为了全人类的拯救与解放，他却不是那般光彩；你要说他只为图果腹求生存，赚点人民币花花，又不全是那回事。这以后万一要暴露了，砍头的事当然不会发生，但要被告个重婚罪什么的，那对他真是冤枉，传回小城名声也难听。

真的没找着，假的又粘上了，这事换作谁都难办。他从头到尾如是说。别看他外表很有点老油条味儿，其实他一直以来都是很严谨地对待生活。生活却这样对待他，这让他很不爽。然而，他也深知自己是个并无多硬的底气的男人，对现实很无奈，对前景也不看好。

我当时很有一种莫名的冲动，真想当即赶往那家餐馆。但考虑良久，还是放弃了想法。一则天已太晚，二则我同样没什么能耐，去了也解决不了任何问题。我在心里甚而几番想对他呐喊：你要慎重啊，老婆丢了，但做人的尊严不能丢啊！可就连这样的话，我直至再见面也没说出口。我深知即便是说出来，那也是苍白的，廉价的。

2008年岁暮年初那个阴寒而又多雪的冬天，在伦敦，在泰晤士河南岸的一家小酒吧里，我和一对来自南安普顿的英国朋友正坐在那儿小叙。这是一对年迈的夫妇，道地的英格兰人，男的叫乔治，女的叫安吉娜。他们在乡下有一个小农庄，我一家每年也都会去那儿，度过一次人生的小憩。我之所以将自己的一双女儿取名叫乔治娜与安吉娜，也就为纪念两家这二十多年来的一段纯厚友谊。老乔治很健谈，见面的话题除了家庭、生计、孩子，都还要抖抖书袋，向我叙说很多有关于盎格鲁·撒克逊民族的一些奇奇妙妙的趣闻轶事。

作为一位落寂的他乡人，对于异邦文化，我永远只是个听客。他的妻子安吉娜性格非常文静，也和我一样，永远是个最有耐心的陪听者。此刻，她一如往常坐在一旁，一边品呷着咖啡，一边随意浏览着一份客人遗弃的时尚休闲杂志。我的妻子则在家里正准备着一顿丰盛的中式晚餐。我陪友人在此小坐，只为把那一品脱淡啤酒打发下肚，稽此而排遣晚饭前的那段最无聊而又无可作为的时光。

我和老乔治正聊东说西，忽听安吉娜失声“哦”了一声，并要老乔治看一看那本杂志里的一段文字。我依稀记得文字很简短，也不是刊登在什么显赫位置，而是穿插在一堆复古时装广告之中。文章好像谈及某位在上世纪中叶时尚界很出名的一位星探，老夫妇阅读时的神情却是一脸肃穆。他俩对一位已逝世经年的人物竟还如此关注，这也让我很好奇，却没想一番问询，又侃开了另一个故事的话匣子。

能看得出，老乔治对这位星探很了解，并还挺崇拜的。他的叙述首先从这位星探之死说起——一个风雪寒流肆虐的冬日，一个公园的空落落长椅上，一个身披碎雪花的长者，像个雕塑者一样静坐在那儿，冷冷的目光眺望着地铁出入口，一动不动。直至暮霭沉沉的傍晚，一位收摊的报亭小贩偶尔间路过，才发现了这位老人，其时已全身僵硬、气绝多时。警方介入后没有丝毫懈怠，但经调查很快就排除虐待或谋杀的可能。老人纯因酗酒过量，加之心脏旧疾，天气骤寒等多种因素造成猝死。

这世界走去哪儿都是穷人多过富人，漫长的冬季里即便有一两个穷困潦倒者冻死户外，人们亦不会太感意外，更不会构成什么重大新闻。可这次连办案的警员都百思不得其解了：因为死者并不属那类在贫困生活中挣扎的普通穷人，他的一幢独门别墅就在市二区离地铁站区区数百英尺的富豪区荷兰公园！路人皆都知晓那一圈的居住者大都是中东石油大亨、流亡政府首脑、金融界操盘大鳄等各行各类出类拔萃的人物。正因为冠盖云集，故而寸土寸金，能在那儿拥有一幢独门别墅的都是非富即贵之人。这位老人亦也如是，他是一位作秀大师，一位别具慧眼且很另类的星探，很多被世人遗忘的过气明星都是仰靠他咸鱼翻身。在上世纪六七十年代的欧美时装和模特表演界，他走去哪儿都有一群拥趸追随左右，一时风头无二。众人熟知的伦敦纽约巴黎法兰克福几大时装作秀展，如果没有他的到场那都是承办商的最大失望。

能人都很执着，一生的执着方成就为一行的翘楚。老乔治由此也唏嘘不已，说世人都有一好。有人一生好赌，有人一生好色，有人一生好玩，而这位老人一生无求，唯有一好——就是喜欢晒大街，看人。隐退江湖半世纪的他始终保持着这一喜好，整日整日静坐在某一角落，从清晨到暮晚，斜叼烟斗眯着眼，扫量着大街上来也匆匆去也匆匆的各色人等众生相，乐此不疲，忘乎所以。他最后死也死在这唯一所好上，让人不能不嗟叹他的人生还真搽抹上了一层厚厚的宿命色彩。

我倒觉得，星探那罕闻的谢幕方式其实就是种人生态度。他走得很有尊严，而且既专业又艺术，让人仰望。有关其人其事，老乔治都有着很详尽的冗叙，在这里我只能长话短说。这位星探出生于英格兰山地一个偏远海滨乡村的裁缝世家，手工活在当地算是一绝，被称为“出门不带尺”的裁缝。年轻时的他并没想过走出故乡，走出那个小乡村。可是他生不逢时，正遇西方工业化浪潮方兴未艾的年代。在这股大浪潮的冲击下，许多近乎原始的手工作坊都接二连三倒闭，手艺人也都纷纷走向城市，走向工厂，走向机器旁。乡村被蚕食，被挤压，再坚持靠手工一针一线的劳作，生活已难以为继。出于无奈，他只能来到伦敦大都市寻找出路。起先，一家专演传统歌剧的剧团看中了他的手工技能，聘他专事盎格鲁·撒克逊民族服饰的缝纫制作。薪酬并不丰厚，活儿更是费神费力也不讨巧。尤其是宫廷戏服，小到男爵燕尾服的几十排对襟纽扣，大到贵妇人的收腰鸡罩裙的褶摆，都不是现代机器所能重复制造，仍要靠高超的手艺完成，还需要智慧与耐心的配合。

好在能者不难，小裁缝做起这些可谓得心应手，左右逢源。渐渐，剧团老板发现他的才能远不止这些，尤其是对人体骨骼比例判断异常精确，在对艺人的气质评析和角色定位方面也有着过人的天赋。那时的西方社会正处于科技发展日新月异的时代，电脑网络虽未问世，但电影已开始由黑白走入彩色，又很快由电影往电视发展，影剧院已不再是人们唯一的消遣去处。物竞天择，适者生存，为了增收减负，使歌剧院能维持正常运作，剧团老板考量市场需求，又将现存演员预备队拉扯起了一家模特经纪公司，专为一些影视娱乐公司、唱片公司以及车行、马场、成衣制造行、化妆品营销商等行业做广告走秀。谁知剧团老板一个普通生意人的经营理念，却铸就了这位乡村裁缝的一生辉煌。他做过衣饰设计师，也兼职做星探，但不论他做什么，都做得风生水起，一些长期坐冷板凳的二三线不易入角的备胎，经过他的重新调教，又都一个个闪亮登场，甚而影响非凡。当这类普通演员经过他包装训练而成了另一表演行的重角甚而为明星之后，这位乡村裁缝为公司赚了钱的同时也为自己扬了名。

那时由于商业市场的繁荣，广告业对模特的需求激增，伴随而生的星探公司在欧美各国也是遍地开花。模特多如牛毛，模特的等级却是天壤之别。它和演艺界也行情相若，一般的无大用，有大用的请不起。怀揣明星梦的模特，有人一步上天，有人只是跑跑龙套，同如那些遍处都是的星探公司，大多数的经纪业务也只是为一些小企业服务，或去卖个车，或去跑个马，或是为酒吧夜总会包装歌手。

然这位小裁缝与众不同，他能声誉鹊起，确实独具慧根。很多人都以为星探的工作就是寻找帅男靓女，其实远非那么简单。模特除了对身段的特别要求，其他也和演员一样，要具有某类特殊气质和表演潜质。美丽人人易识，气质却不好鉴别，他对二者关系却有着自己的独到诠释。按常理，真正在大街上人群中发现模特的概率极低，发现佼佼者的概率更是微乎其微，然而他不，他就是从一些不名一文的俗人凡胎中寻找。他所发掘的模特，或满目沧桑，或一脸纯情，或为展示肌肉拉力，或也是弱不禁风。他能把南美某小国穷镇孤儿院出来的瘦骨伶仃少女，培育成巴黎最著名成衣品牌的代言人，“骨感美”一词就是源自他的创意。经他训练与包装的模特，很多日后都很风光，大红大紫，日揽万金；他为这些模特量身设计的衣饰，往往一上镜就成了时尚界关注的焦点。

星探在中国职场的出现只是本世纪才有的事。其实它也不算新鲜。过去我们电影厂或一些演出团体的副导演和助理初步遴选演员的工作，实质担负的就是星探活计。随着中国改革开放三十年形成的市场需求，模特表演行业的发展在各地已势如雨后春笋，但目前能形成气候，乃具有一定规模和影响的，仍只限北京上海深圳几地，不过以国内当下一切都在加速发展的态势，参照发达国家发展的轨迹，这个行业凑热闹的人会愈来愈多，这是无疑的。——行文至此，必须说明的是，撰写此文的初衷并非去探寻这个什么星探行业，而真正拨动了我内心深处某根琴弦的，仍还是有关小裁缝的那段命运描叙。人人都想着进城，进一个好城。他是个道地的乡巴佬，从未想过离开自己的故乡，是生存的压力，让他漂泊到了伦敦。他历经磨难，也没少经历过彷徨与痛苦，但他挺过来了，终于出人头地了。可这时的他仍觉得自己是孤独的，他仍还深深地眷恋着那个已消逝了的乡村，那爿他已回不去了的故土。

说实话，连我都不明白自己的情绪为何能被这样一个异域人物的故事所感染。那一个黄昏，我都是傻坐在泰晤士河畔的这家小酒吧里，面对着静静的流水，静静倾听着老乔治苍老的声音，脑子里万马奔腾，浮想联翩。就在当晚送走一对挚爱的友人之后，我也是辗转反侧，彻夜难以入眠。荒唐的是，那会脑海里忽又冒出上文提及的小老乡，清晰再现2005年去上海列车上与他相识的一幕，以及这之后接触中再听到的三三两两。诚然，这是两桩风马牛不相及的事，是一个发生在东半球一个发生在西半球的两个截然不同的故事，两者之间也几乎没什么关联性可言。可是我无法摆脱，很长一段时间里，总是把这两桩不相下的事纠缠到一处去审视，去咀嚼；总有一种冲动闹得我半夜下床，想着把这些碎片化的记忆先记录下来再说。

不能忘却，才有记忆。人类都肩负着记忆的责任，凡事也因有记忆才体现它的价值。但这些互不搭界的记忆价值在哪里？我也很朦胧。几年下来，不知不觉中，我已厚厚写满了两本A4活页簿。仍觉得没有清晰抓住记忆中所感觉的那些厚重的东西，还没挖掘到那深层的魂核儿。

2009年那个使我玩得非常快乐的夏末，在长江南岸，在自己的故乡，我冥冥中感觉自己似乎找到了这个故事的“文眼”。

陈志斌是浙江人，也是一位事业有成的儒商。这年夏天他正好有些闲空，说要陪我沿苏浙皖一线好好转转。适逢熊尚志正在嘉兴小住，闻知便相约一道前往。两位都是我相处了半辈子的好友，一路交谈甚欢，仿如又回到年少时光。当志斌驾车去浙南途经一座大气磅礴的跨海大桥时，远际正现出一道绚丽的彩虹。志斌说，彩虹落脚之地，那就是我们当夜的寄宿之处。他要领我们逛逛当地著名的娱乐城，晚上就去他一个同乡所盖造的宾馆下榻。承蒙志斌及尚志的另一友人悉心安排，夜生活确实多姿多彩，我们吃本土海鲜，逛茶社，看社戏，去娱乐饮食一条街看那人挤人的热闹。

这个地方现已成为江浙一景，号称华东最大的“娱乐航母”。给我印象最深的首推那家戏堂子，上千人黑压压几近爆棚，人们边品茗边看戏，笑语喧哗，热闹非凡。在今天这个娱乐多元化的时代还能把戏园子搞得如此红火，既难得而又少见。当我们精疲力竭地回到住地之后，才发现这也是一个非常高档的四星级宾馆，其本身就是娱乐城配套设施之一，专为方便外地游客而建。娱乐城带动了一区的繁荣，已成为当地的纳税大户。推开窗户远眺而去，深夜仍游人如鲫，私家小车像甲壳虫一样密密麻麻。回观国家这些年的发展，我想用“日新月异”来形容也不为过。诚然，类似这样热闹场所，每个城市都有，算不得什么特别稀罕。作陪的朋友谈起自己的家乡都津津乐道，虽不少啰唆，不少感叹，对我们这些路人也只是听听而已，并不曾有什么多想。

但世上事也真是奇怪，第二日早餐当地友人的一番闲聊，一段提不上台面的胡扯，却忽儿又扯动了我的某根神经。友人手上夹着根油条轻描淡写——你别看台上台下都是笑，倒退十多年前，这里还是一片不毛之地，只有一个破产的小仪表厂，还有一个濒临倒闭的地方戏剧团。只因为一位能人的出现，才改变了这里的一切。

能人，中国同样不乏能人。我就曾结识一位大佬，文化只有小学程度，却有多少博士教授围着他忙。就这么一个穷苦的乡下人，靠着改革开放之初闯荡所淘得的第一桶金，回家乡因缘际会，把成百上千下岗的城里人和失去土地的农村人拢聚一起，慢慢由小做大搞起了一个综合实业集团。也常听到一些传言，说某些土豪不干不净，如今的财富都是由黑漂白而来等。真真假假不是我能管的，那是法律与制度层面该管的事。我只能说我看到的是，一个所谓的乡巴佬，却养活了一大批所谓的城里人；就是靠这位能人才带动了一方的繁荣，这也是个不争的事实。我们不可回避今天的社会情绪，充斥着太多的牢骚。但牢骚不是生产力，说得太多与社会与个人并无益补。各人头顶一方天，要改变生存境况还得靠自身的努力。很多人的成功，靠智慧，靠运气，或靠其他，但首要，还是要靠一种精神的存在。

我对创造者都是很尊敬的，对能人都是很崇拜的，同如对名人和伟人的尊敬与崇拜一样。说口不臧否人物，无人那么高尚，然对人对物的评判还是要依据事实的。反观当今社会无论大道小道的传言，乃包括媒体的炒作，能说全都为历史的真实？最起码不是真实的全部。今天，我们在娱乐城泡茶社，看社戏，与新结识的朋友人人都有着很愉悦的谈话，看他们个个也都活得很滋润。可曾有多少人再去回忆，当初那个倒闭小厂的下岗工人，家家愁云惨雾，一日三餐无着。有人用做仪表的手去卸水泥包，竟还为争得这样一份搬运工活，打得脑袋上缝上十几针；也有的为给孩子治病，一星期三次卖血。更让人心酸的是那个倒闭的剧团，谈起来更是个黑色幽默：想当年能被招聘进这个“铁饭碗”的地方戏剧团的，是让人何等歆羡不已的神圣的“文艺工作者”。树倒猢狲散之后，那个剧团嗓门最清脆洪亮的专演小生的老戏骨，去给人家殡葬公司喊魂。一个板胡拉得非常有名气的乐师最后学着做烧饼，结果他做烧饼的名气比他拉板胡的名气还大。还有一位曾是很多戏迷“梦中情人”的旦角，跑到外地去走穴，忽有一天被当作“卖淫女”押返故乡。

我们去收获快乐，但同时也收获了另一种沉甸甸的心情。

社会正处于发展转型期，现存六十年的城乡两元结构缺陷日见凸显。我们用三十年走完了很多发达国家一百年走过的路，今日的很多痛苦承受，其实都是在为过去买单。以前我们常说“广阔天地，大有作为”，作为在哪里？口号空洞，但脚下的那块土地是实在的。而如今土地走失，环境丕变，走出土地已成国家城镇化发展的大趋势，是一条不归路。由此变革带来的阵痛也就不可避免地为全民承受。综观今日之社会种种热议的话题，什么物价、房奴、医疗、教育等各领域的失序，尖锐矛盾的症结，都源自这个基因缺陷的存在。说来也巧，最后赶回上海那天在进城高架上碰上了大堵塞。现在大马路上跑的车是愈来愈多了，世界上哪个城市塞车都是家常便饭。车主们数落着市政的不是，交通的拥挤，真可谓怨声载道。这年头，诚信流失，人心浮躁，有钱的无钱的都是满腹委屈，到处都弥漫着一种“什么都说不”的危机感。其实他们不想想，倒退若干年，他们都是骑脚踏车或挤公交车上班的主；亦更不曾去细想，比之他们这些“穿鞋”的，还有众多“赤脚”的拥挤在另外一条更为崎岖的羊肠小道上，只为最基本的生存需求还在挣扎，甚而为此相互倾轧。

我与尚志、志斌兄就是在这次的旅行中，敲定了共同合作来完成这部剧[①]。近十天的朝夕相处日子里，围绕着写作方案也有过不少的讨论。甚可以说，直至在返回上海的路上，我们的创作思路才在被滞留的那一刻，忽儿得到了疏通。

今日之国家，数以亿计的乡村人，或说城乡边缘人，正涌现在每座城市。他们给城市带来了一些问题，但也给城市带来了发展。谁也不可否认，共和国今天的壮大，都市今天的繁华，都是由一双双普通人青筋暴累的双手托起。一个城市没有这些人的存在，那么这个城市就蔫了。几乎在城市运作的每个环节上，我们都随处可见这些真实凡人，以及他们的真实小事。——农民工，一个辛酸的、甚儿带有点歧视性的称呼，已经频频出现在我们的生活词汇里。他们没有权贵的引领，也不是载歌载舞地进城，他们中间的绝大部分仍还都活得非常艰辛。他们平凡，渺小，甚而也带有猥琐和邋遢的存在，然而谁也无可抹杀他们工作中的美丽。大家小家都为家，大人小人都是人。就人的本质需求而言，你我他都是一样的，人人都活得很累，人人都渴望轻松，渴望健康，渴望财富，渴望爱情。他们亦同

① 指的是严啸建、熊商志、陈志斌编剧的电视连续剧文学剧本《首席星探》。——编者按

此理，同样有痛苦，亦有欢乐；有眼泪，亦有笑颜；有困惑，亦有惊喜；有风暴，亦见阳光。

人生苦短，世事维艰。小人物要活得欣然已属不易，活出精彩更是难上加难。但人活着又不能没有希望，不能没有理想。一人，一家，一家庭，一家族，乃至一民族，一国家，都需要某种文化归依，精神给养。忆苦思甜般的空泛说教在今天已无市场，但即便是娱乐消遣，充斥了太多的那些破闻旧事和无厘头传奇，同样也让人乏味。为何不能换换思维角度多搞一些现代题材剧？同样搞笑，同样好看。诚然，我们也深切体认到，理想乌托邦不可信，直谏现实亦行不通，现实题材要写得让手持剪裁大权者中意，同时又能提振观众群中最广大底层人的情绪，给予一些阅读和视觉的新感受，那就一定得另辟蹊径。

正是基于这一理念，我们苦苦寻觅着，让支撑剧本的都尽可能源自异质材料和赋予它新的内涵。新鲜，是人生真谛，是世上万物不懈追寻的最高境界；新鲜，也是创作的首重特质。这个剧本虽几易其稿仍不尽完善，但追求新鲜故事，新鲜人物，新鲜细节，乃包括新鲜的审美感觉，为此所做的这般努力于我们却是一以贯之的。

这时再梳理一下故事梗概，简单几句亦可概而括之了：一个底层社会不入时尚的小人物，歪打正着地闯入了大都市的时尚圈，结果把这所谓的上流社会闹得人仰马翻，秩序大乱。主人翁找回了自己的尊严，亦同时感受到“高处不胜寒”。这时的一切，亦非他所能左右了，内心深处无不眷往回到原乡，找回生活的真实，重燃生命的激情……全剧的主旨，意在一方面忠实地展示这最广大小人物群体的心声，倾诉他们的感伤，不平，牢骚，甚而对生活的无奈。而另一方面则意有所指：人无定数，富贵无凭，云展云舒亦终将云消云散。人之活着，总还有它应遵循的道德，诚信，总还是要做点事，这才是生命的存在意义。同样，人之一世所追求，是为生存，亦为自尊，只要怀有美梦就去奋力践行吧，一切的成功靠努力。就这而言，是励志，也合调主旋律。让芸芸众牛那疲惫而又麻木的心灵能乐一乐，笑一笑，甚而哭一哭，叫一叫，再想一想。真若能达到这个效果，则足矣！

上叙，只是想换一种说法来做一番心机坦露，不知这种另类的“剧情梗概”能否清晰阐明创作者的真正初衷。其外，为丰富想象空间，也为了阅读的顺畅，剧本在情节铺陈中掺揉了很多文学表述，也不知是否有些画蛇添足。

好了，就此打住。

月光照彻松树林

◇张诗群

一

作者简介：张诗群，安徽繁昌人，中国作家协会会员，安徽文学院第四届签约作家，芜湖市作家协会副主席。

我有时想，岁月的长河如果有一张返程票，我会选择在哪里靠岸？这么多年过去了，一想起来，心还是要微微疼一下：我看到一片松树林，它们在水一样清冷的月光里静默着，好像睡着了一般。夜空澄澈如洗，白月亮把自己挂在东边最高的树梢上，久久不愿离去。

女孩站在院子里仰望夜空，她瘦弱的身影被月光拉长，她闻见松脂的气味在周围一阵一阵游荡，夜气使它们变得寂寞又寒冽。

是的，那个女孩就是年少的我。我呵着冻红的双手站在院子里，不知站了多久。月光铺满了整个院落，松树林在月光下显得苍凉沉郁，那一刻它多像大地上那些卑微又善良的生命，一生的时光只被月光照亮。

皖南丘陵地带的冬天漫长寒冷，一场雨雪过后，田野被冰雪覆盖，屋檐上总挂满一排晶亮的冰凌，风从它们身上吹过，像从剔透的排箫上划过一样，带着哨子“嘘嘘”地响。一离开屋子我就要不停地跺着脚，脚趾头冻得像冰疙瘩，在棉布鞋里刺骨地痛。严厉倔强的冷，让肉体和精神在每一分每一秒都保持瑟缩和清醒。

——成年后，我总在冬天里想起那时的冬天。现在还有冬天吗？那个冰雪严寒的时代渐渐一去不复返了，似乎一并带走了苦难和寂寞，当然，也一并带走了奶奶、伯父和孤寒无依的人们，他们与严寒同在，也和炉火共眠。

自然，那时的冬天也有暖和的地方。灶膛里火苗在跳跃，枯黄的松针迎着火舌噼啪作响，米饭的焦香从锅沿冒出来，最后一把灶火把奶奶苍老的脸庞映红……然后，火熄灭，奶奶往陶盆里撒一层木屑，从灶膛里铲出火灰把木屑盖严，再用铁钳顺着盆沿压实。木屑被火灰焐燃，在馒头一样的火盆里发出微弱而幸福的“扑扑”声。这时奶奶招呼我：“娃，端去，暖和暖和。”

冬天，也就这样过去了。

尽管冬天冰凉的触角无处不在，但和荒原以及洲圩地区的人们相比，我依然觉得，我们已经算是幸福。

成片的树林环绕在屋子周围。在春天，几乎所有枯枝败叶都已化作温暖的灰烬，你会看到每一个枝头都胀满了新鲜的汁液，它们从斑驳或光滑的树皮里挤出嫩芽与花蕾，就像我抽枝长叶的小小身体，被漫山遍野浩荡的风，吹得蓬勃而蓊郁。

我热爱清静，大概与树林有关。我喜欢内敛而善良的人，喜欢沉默寡言而深刻的人，当然，也喜欢清新明澈像山溪一样的人。也许，我潜意识里是把他们比作了树和草，比作了我少年时的那一团绿，他们让我温暖和心安，就像树林让我温暖和心安一样。

我三岁以前，我家在乡政府附近的街道边，后来政府要在那个地段建中学，房子推平，父亲便用两只箩筐挑着我和弟弟，搬到了两里外的山坡，筑屋而居，开始了与树为邻的生活。

我的记忆无法抵达三岁以前的时光，我只知道生命最初的码头涌荡着绿色，耳边时时有松风鸟鸣，冬天遍野枯黄，松针落满山冈，拾柴的人们散落在树林间，腐叶和松木的气息清新又迷人，而寒风吹彻的夜晚，便会有温暖的炉火映红冰凉的脸膛。

但有一次我母亲说，如果没有我伯父，这里只有一座荒山，连一棵泡桐树也没有。母亲坐在灯下纳鞋，一边用力拉紧鞋底上的棉线，一边说：做梦呢，哪有树？尽是石头。

那一年我大概十岁，语文教科书开始培养我对人间万物的情感，比如太阳公公送来温暖，春风姑娘给大地披上绿装，还有小英雄雨来和王二小，我的价值观已有了最初的雏形。就在那一天，我忽然意识到，原来我伯父，竟然是一个被埋没的大英雄。

唉，说起伯父……松树林啊，你可还记得，我伯父是怎样一个人呢？

去年单位组织看电影《杨善洲》，看到刘佩琦饰演的杨善洲在荧幕里手扶松树的时候，心里忽然一动，我用手机搜索出杨善洲真实的照片。

穿藏青色中山装的老人，站在一片已成材的树林中间，手抚着粗壮的树干，抬起头仰望树梢，眼神沧桑慈祥，像在打量他长高的儿孙。他瘦削衰老的身体已将至生命的尽头，仿佛一阵风就能把他吹倒；而白发，像一团快要消融的白雪依偎在头顶，这让他与树林形成了辛酸的对比，使嫩绿更嫩绿，使苍老更苍老……我几乎哽咽着对身边的同事说：看，我伯父就是这个样子啊。

真的，从我记事起，我伯父几乎就是那个样子。他像树一样沉默寡言，高大瘦削，目光坚毅，满脸沧桑。有时他背一把锄头去茶林，有时领着几十个林场工人在树林里喷药或除草。当然，最初的时候，他还年轻，有着一副健壮的身板，他和场工们奋战了无数个白天黑夜，开出了一座又一座荒山，又一棵一棵种上茶树、松树、杉树、柏树。十多年后，荒山变成了一望无际的茶林、松树林、杉树林和柏树林，像一匹用深浅不同的绿丝线绣成的巨大绸缎，上面栖息着鸟鸣和松涛，栖息着成片的木材和冬天取暖的柴火。

土墙黑瓦的林场在茶林和杉树林中间，房前的一大块空地堆放着伐倒的树木，地上一层剥落的褐色树皮，常年散发着潮湿腐败的气味。我喜欢那种味道，它闻起来是一种熟烂枯腐的醇香，比锯子锯开木料的芳香还要浓郁。后来的某年夏天，我闻到自己成长的身体散发出的青春气息，才明白体香这个稍嫌暧昧的词语，原来不过就是生命的芳香。花的体香让人联想到爱情；苹果的体香会浮现生活的甜美；树的体香像寡言的人月夜独行，大地沉静，他一生的孤寂在月光下吐露着青艾的芬芳，又苦涩又清醇。

树的体香贯穿了树的一生，从活着，到死亡。

二

无法想象，如果没有绿色的树林，没有被山风轻柔地抚摸过，我的童年会不会像“嗡嗡”叫的牛虻那样沉闷和无趣。我一直觉得，我之所以有一颗饱满而细致的善感之心，之所以能体味到寻常而琐碎的小幸福，能感应到一粒草芽的生命悸动，都源自于年少的这段时光。

沉默和宁静教会了我很多，草木不言，山川不语，可是草木山川比一切巧舌如簧的生物更具有生命的庄严感，它们贴近泥土而生，与风云际会而语，它们感知着大地深处神秘的脉动，却顺应着自然秩序的脚步，选择枯荣与沉默，只用年轮刻录着岁月的沧桑更迭。

“识几个字了?”有一次，在伯父家暗黑的屋子里，伯父问我。

“还几个字！有一千多个了呢，我都认得。”我噘着嘴，也许翻了个白眼，满脸都是被人小看的不甘。

伯父罕见地大笑起来，也许是很久没有这样笑过了，笑把咳嗽都引了出来，他一边咳喘一边笑着说：“真厉害！咳咳……我们张家……咳……要出女秀才了!”伯父一边笑，一边揉眼睛。

他结着厚茧的大手轻轻抚在我的头顶，仿佛我是一株刚刚长高的松树苗。

说实话，我的几个堂兄堂姐很少能见到他们父亲慈爱的这一面，他一直都是寡言的，沉郁的……苦楚的，甚至，也是冷漠的。也许在伯父眼里，我和他亲手植下的那些树们一样，被土壤、阳光和气候，赋予了灵巧的生机，让他看到了某种与希望同在的东西。

大概在我十四岁那一年，就像英雄总将面临悲壮的结局那样，伯父被他的上级免去了场长职务，离开了他亲手缔造的绿色王国。

他像极了自己亲手种下的树，性格中有太多“直”的成分，宁折不弯，孤傲倔强，愿意接纳风的问候，却学不会揣度心思，曲意逢迎。

我后来想过，卸任有什么不好？一个小山村的林场场长，担负和享有的所有一切，不过是把身子弯下来，蹲下去，手握锄柄，汗流浃背、面黑如炭，把浑身筋骨累得吱嘎作响，到老再换一身腰酸背痛，还能有什么呢？微薄的薪酬甚至连一家人的温饱都不能体面地解决。

可是对伯父而言，这是一次不小的打击。他是将整个岁月都交给了树林的人，是将生命装订成册给林子里的风去阅读的人。树林一天天成长壮大，他投入了毕生的心血和情感，可是突然间，他失去了看护它们的资格，不再拥有去给它们除草、间伐和修剪的权力，也不再需要运用季候与阅历教给他的万物生长的经验，在春茶冒尖的时节，为采茶人选择一个最适宜的采摘日期——他成了一个不相干的局外人。

他坐在小竹椅上抽烟，微火明明灭灭，那是一个月光泛白的夜晚。那夜有风，萤火虫像提着灯笼走夜路的醉鬼，风把它们吹得跌跌撞撞东倒西歪。松涛声排浪一样涌来，“呜——哗——呜——哗——”成千上万棵松树——这些年轻的小伙子们，它们在风里大声歌唱，歌声合在一处，成了一曲回旋跌宕深情起伏的咏叹调。

他站了起来，掐灭纸烟，走进林子里去，长久地站着，静静地，一动不动。此刻，他的难过和难舍，被月光照彻。

这月明如洗的夜晚啊，没有抒情的烛光和晚宴，没有掌声和告白，但这些博大的绿色生灵，这些婴孩般纯粹的树们，它们用多情的天籁之声，抚慰着一颗孤独委屈的心。

直到今天，只要一想起那个夜晚，松涛声仍然回荡在我的耳畔。谁说草木不懂情感？它们只是习惯了用静默代替喧哗，用深沉代替浅薄。你想听懂它们，必须关闭一切外在的通道，唯独打开没有杂质的心，触摸到自然之神的脉搏，你会听到幽叹、低吟、私语和悲欣交集。

我喜欢这千军万马般浩瀚深沉、滚雷般忽远忽近的松涛声。如同我喜欢在林子里追逐嬉戏的山风，喜欢我小房间北窗外的一丛橘红美人蕉、一架葡萄藤，以及它们在我脑海中跑马一样浮现的若干情节……它们陪伴了我整个悠长寂静的年少时光。

那些年的暑假，在很多清晨或傍晚，我走出屋子，沿着树林到山坡上漫步。绿啊，海一样深广的绿！茶林浩瀚，树林蓊郁，草坡绵延，绿浪翻滚，山风游荡……不唱歌是不对的，不大喊是不对的，不张开双臂是不对的，不仰望蓝天是不对的，不与林鸟对话是不对的……于是我放声喊："你好——啊——啊——啊——"风把问候又卷回来送给了我；于是我抓一本书大声朗读，躲在树梢里叽叽喳喳的鸟儿立刻掩嘴静听，回过神来又叽叽喳喳吵成一片；于是我晃荡着身体大声唱歌，有时莫名其妙引来远方一声合唱，不知是谁隐在我看不见的草坡下放牛或砍柴。啊，梦一般的所在，诗一样的时光，我清贫又富有、孤寂又幸福的年少岁月。

树林带给我的快乐，伯父知道吗？也许不知道，我从来没有对他表达过，当然，也从来没有人告诉过他，他所做的这一切有多么了不起。我想，如果他知道这一切已经产生了意义，知道他亲手缔造的这片绿色王国已成为我灵魂巨大的滋养，他一定会十分欣慰，甚至，会因为欣慰而羞涩。

放学后，我常在野草覆盖的小路上与他迎面相遇，他从山下的井里挑水回家。两只水桶在他前后有节奏地上下颠簸，不时溅出一点水花来。我叫他一声，他含混地应着，擦身过去，然后一步一步吃力地上坡，瘦削蹒跚的背影，渐渐被海洋般的绿色淹没……我忽然觉得好心酸，转过头，发现整片树林都心酸不已。

粗粝的生命总有一副坚强的铠甲，柔软的那一部分，永远只向心灵的圣地敞开。我想起伯父后半生的生活——劳累积压的病痛渐渐蛀空了他衰老的身体。他缓缓走进树林，轻轻抚摸粗壮的树干，抬头仰望在风里私语的树梢，面容是那样安详宁静，淡淡的笑容在皱纹里浮现，那是一个病弱的老人所能享有的最后安慰。

曾经，他是这里的将军，如今，只有一个慈祥的父亲，他看见它们在成长，就觉得自豪和满足。

"在辽阔的生命里，总有一朵祥云为你缭绕。"他带不走岁月，带不走一片绿云，但风从遥远的地方吹来，月光下的松树林，泼满了忧伤。

三

我喜欢一切与自然有关的事物。木头的气息、松软的泥土、沾着露水的青草，甚至，深秋树林中的枯枝败叶。

生长和枯萎，构成了自然的主题。一片树叶在林间飘落，意味着另一片树叶的新生；褐色的松果落下，不久将长出明亮的松黄。因此我对大自然歌手普里什文的一句话有着深深的共鸣：“一棵树倒下了，去滋养另一棵树。生活在死亡中诞生，这就是万物相连的规律。”

一棵松树向右倾倒，在离地还有两米的时候，它被另一棵树接住，于是斜靠在这棵树的肩头，晕了过去。它离死亡已经不远。那时，树林刚刚被一场罕见的暴风雨洗劫，无人打扫的战场上，满地都是断枝残叶，它们身上覆盖着雨水和湿漉漉的沙石。

后来，阳光洒遍山林，被暴雨倾灌的土壤肥润松软，树林愈发生机盎然。但走近那棵斜倒的树，仿佛能听到汁液在它体内流动的声音，像经过一座垮塌的桥，从树根艰难地挤过断裂处相连的部分，缓慢地流向枝枝叶叶，直到耗尽最后一丝元气，再也无法流动，树，也终于死了。

它慢慢干枯，绿的精魂飘离了它的身体。尽管如此，它依然身姿挺拔，死而不僵，像一个战士斜靠在爱人肩头，沉沉睡去。如果不是林场的工人用一把斧头将它砍断运走，它会一直保持这样的姿势，不再参与时光和岁月的游戏。

我在童年便见惯了树林中各种各样的枯荣。春夏时节，树林张开一把遮天蔽日的绿伞，伞下丛生着矮灌木和蒿草，映山红、田旋花、刺蓟、雏菊、金银花……在林间小道四处妖娆。到了秋冬，寒气追随头顶的雁阵降临大地，那些灿烂的生命也到了终结的时辰。

我九岁那年，村子里发生了一件令人难过的事。几个村民在暴雨过后上山砍毛竹，下山时，载货车触到了垂落的高压线，一个村民去救另一个村民，结果双双死去。

大人们惋惜地说起这件事的时候，窗外，暴雨初歇，雨丝还在零星飘下，绿色铺天盖地地涌动。大人们又陆续谈到另外一些死亡事件，我至今仍有印象的是一位老人的离世。那位老鳏夫在得知自己身患绝症后，用毕生微薄的积蓄，买了些酒肉、冥币、黄表纸和鞭炮，又像即将远行的人一样，在村子里挨家挨户地告别，告别的话大意是请求别人原谅他曾经的过错、祝福每一个人福寿双全。回家关上门，老鳏夫煮了一大锅平时舍不得吃的红烧肉，好酒好肉地饱餐了一顿，然后点燃鞭炮为自己送行，将冥币和黄表纸在火盆里一一烧化。做完这一切，他拿起墙角的一瓶农药，喝水一样咕嘟咕嘟灌了下去。

我承认，我被过早地卷入了关于生死的沉重话题。这使我想起那棵树的死亡，树死了，却像睡着了一般；老鳏夫死了，像到另一个世界去旅行。但死亡终究会让人流泪，尽管贫寒剥夺了太多活着的快乐，就像一棵树的倒下，总有风雨雷电为它送行。

冬天，松树林依然苍翠，但林地已铺满了厚厚一层枯黄的松针。那是树林对大地和生命的回赠——屋外天寒地冻，炉膛里火苗正红，松针和枯柴噼啪作响，它使清贫的岁月有了温暖的回声。

拾柴的人们三三两两散落在树林深处。要不了几个时辰，他们就能将干枯的树枝、柴莞、松针装满两只三角锥形的夹篮，挑回家去生火做饭。被竹筢细细耙过的林地，散发着潮湿枯腐的气味。

秦奶奶总是最后一个离开树林，她太老了，驼着背，动作迟缓。我站在屋角，睁大眼睛不安地看着她。暮色徐徐降临，西天最后一丝晚霞也已落幕，远处田畈里收工的人们走在回家的路上，晚风中飘来饭菜和柴烟混合的气味。

一捆柴火堆在秦奶奶的脚边，拐杖穿过捆柴的细藤，她“吭吭”着，慢慢半蹲下去，想将柴火扛到她老得快要散架的肩膀上，可是一次又一次，拐杖滑下来，柴捆又落回到地面。她再没有半点力气，喉咙里发出微弱的“啊啊”声，像求饶和哭泣。

我急得眼泪都要流下来，我焦急地来回跑，总算发现一个收工回家的大哥哥，立即跑过去仰起头，几乎哭着对他说：“去帮帮秦奶奶吧，她好可怜！”然后，大哥哥轻轻巧巧地扛起柴捆，我跟在后面让秦奶奶牵着手，一直将她送回到破旧的小屋里去。

我回忆起这位逝去多年的老人，是因为她让我想起了往事的辛酸和温暖，那段远去的岁月，像月下的松林一样积满了忧伤。

很少有人知道秦奶奶的过去，就像没有人会关心一棵树的历史一样。她无儿无女，孤独一生。凹陷的嘴落光了牙齿，像失守的林地早已草木不存，但她有时会拄着拐杖，颠着一双小脚来到我家，抖抖索索地从怀里掏出一粒糖或是一小块饼干，笑眯眯地塞到我手里，咧开没有牙的嘴，倒比自己吃了还要开心。

时光的无情也许正体现在这里，它让所有曾经的温暖到头来都变作伤口，每揭开回忆一次，就隐隐作痛一次。

大雪下了整整两天两夜，就在那一年冬天，秦奶奶死了。赤条条地死在了她的小屋里，没能见到下一个春天的来临。

“她想洗一把年澡。想暖和一点，就把柴火在炉膛里点燃。炉子里的柴快要烧完的时候，她想再去添一把，然后就跌倒了，没有爬起来……”母亲一边擦眼泪一边说。

我一个人躲到松树林里大哭了一场。哭得所有树都白了头，白发苍苍的松树林，在送行曾向它索取过枯柴的人。

一棵衰老的树倒在地上，永远不会有再站起来的可能。一棵树倒下了，去滋养另一棵树。

再后来，伯父也离开了。

松树林依然在那里。有月光的晚上，夜风吹过，松树林在寂寞地歌唱。

母亲的汤果子

◇吴黎明

作者简介：吴黎明，安徽繁昌人，安徽省作家协会会员，芜湖市作家协会副主席。

月儿终于明亮起来，渐渐地向圆了。依着露台的护栏，浴着新年的第一回月辉，我不由地便想起母亲的汤果子来了。

母亲是江北无为人。我们家族也来自江北无为。约略百年前，曾祖父携着曾祖母，挑着一担稻箩，一头装着锅碗坛罐等杂物，一头坐着我年幼的祖父，就这么从江北挑到江南，在一片长满芦苇的荒洲上歇下来了。百年以往，当初的移民早已作古；但如今聚居在这里的后辈们，依然一口江北腔，依然一派江北人的习俗。

汤果子就是江北人对汤圆的叫法，浸透了江北人的元宵习俗。每年冬至一过，三山、横山这边的江南人已经开始为蒸团子而忙得团团转了。近在咫尺的洲上人，直到入了腊月的门，望得见年了，才开始忙碌起来。

磨汤果子便是一桩不可或缺的年事。糯稻收上来轧成米后，母亲专门用一只陶缸贮藏着。腊八过去几日，母亲把那糯米和粳米搭配起来，拎到屋后的水塘边淘洗过了，用清水泡着。泡到五六天，那些米儿酥了，便可以磨成米浆了。

家里有一只老辈留下来的石磨。每到年关，磨豆腐，磨汤果子，左邻右舍几十户人家就都指望那两爿青石了。如果天晴，人们就把石磨移到门前的空地上，磨推子挂在一株大楝树桠上。如果是雨雪天气，石磨只能放在我家的堂屋里，堂屋里就成了涝糊塘了。那些天，石磨呼呼隆隆的摩擦声，磨推子吱吱嘎嘎的叫唤声，大人小孩的吵闹呼喝声，整日整夜不息。

母亲似乎从来没有抱怨过，为这家那家帮前忙后，不但提供热水，有时还提供吃食。常常是人们用过了石磨，年已经挨到眼前了，而我家的汤果子米还泡在缸里。虽然被拖得筋疲力尽，父母却不得不强撑着身子忙活。

磨汤果子是一件苦差事。父亲自然是推磨的主体。母亲体量父亲的辛劳，总是抢着替换父亲。母亲个子矮，比磨架子也高不了多少，推起石磨显得非常吃力。有一年父亲摔成重伤，我们姊妹几个都还小，推磨的事自然落到母亲的身上。看到母亲大冬天穿着单衣，脸颊上挂着汗水，头发里冒着热气，身子随着磨推子甩来甩去，年幼无知的我还觉得有趣，牵着母亲汗湿的单衣一下一下地晃悠着。现在想来，母亲当年该承受了多么大的压力呢？

汤果子浆磨好了，母亲便找来干净的单被页子，盖在浆子上面，再在单被页子上铺上厚厚的草木灰。隔日，草木灰促湿了，轻轻地掀起被页子一角，底下便躺着洁白如玉的汤果子面了。

正月十五，母亲照例天蒙蒙亮就起来了。我也早早地被叫起来，跟着父亲在大门口放一挂鞭炮。这时，母亲已经搓好了一竹筛的汤果子，准备给我们下汤果子挂面。当年，物质匮乏，家境清寒，连面条也难以吃得上；但正月十五，母亲总能为我们捧出汤果子下挂面。母亲说，老辈子传下来的规矩了，我们要守着。也许，这就是母亲的理由和依据吧。

上个世纪七十年代末有了电动磨浆机，但人们嫌电机磨出来的浆粗碴，没有石磨子磨的浆细腻绵软，一到年关我家的石磨子依然闲不下来。上个世纪九十年代以后，母亲一辈老了，年轻人都纷纷外出打工，我家的石磨终于被冷落了。现在，人们已经用买来的年糕代替汤果子了。汤果子，磨汤果子，也已成为冷僻的词语了。历史就是这样扬弃的吗？就是这样在扬弃之中嬗替的吗？我不知道。

空里流光，月色正好。依着露台的护栏，有风入怀。风儿柔了软了，且带着花草的清芳。我分明地感到，母亲正在高处远处热切地看着我；我知道，元宵节正在如约而来，依然会有鞭炮炸响，而我却再也吃不到细腻的绵软的汤果子了。

最是那一茎春香头

◇吴黎明

几场透雨过后，小东风一吹，草木便醒了。常常是花儿先忍不住，渐次把黄的红的紫的开放得漫天漫地了，那些芽儿这才开始爆出来。直到清明时节，花儿已经旺到了极处，芽儿却也恰到好处了。

江南的清明时节，在土里插根筷子也会长出一蓬绿来的。姐姐在繁重的农活之余，总会扯一把野草刚刚抽出来的嫩头带回家。母亲接过姐姐递过来的那些嫩草头，在煮沸的开水里焯一下，去了苦涩味，捞起来沥干，滴几滴熟香油，拌些咸盐，就成为一道下饭的菜肴了。

姐姐长我小十岁。姐姐的脚下与我的头上，还有俩姊妹，出世不久便殁了。也许是我与姐姐的年龄相差悬殊，也许是父母对我的生命力存在着隐隐的担忧，我一直很懵懂，姐姐却远比我明白事理。家里家外，姐姐很小的时候便开始分担活计了。姐姐能辨别出什么嫩草头可以吃，什么嫩草头不能吃。姐姐说，长在地角的长腰形叶子的是马兰头，长在芦柴场里半拃长的叶子上有白毛的是蒌蒿，喜欢长在水边上的梗子细长的是水芹菜，箭一样挺在浅水里的是野蒿瓜，卧在深水上的是野菱角菜，这些都是可以采来吃的。

老家屋后，一排长着三棵香椿。那是二舅从铜陵凤凰山里带过来的。到我记事了，那三棵香椿已经有二号蓝边碗粗，树梃子早已高过屋脊了。姐姐找来晒衣篙子，在篙尖子上绑把锯镰刀，爬到最低的一根树杈上，伸出竹竿就把最高处嫩椿头割下来了。一蓬一蓬紫红色的嫩椿头飘落下来，奶奶拎只小竹篮，颠着两只小脚，一棵一棵地拾掇了。我看奶奶高高大大的身子压在一双裹得不过三寸的脚上，颠来颠去，总是担心她一个不稳会跌倒了。奶奶把那些嫩椿头拿开水过一下，滗掉浅酱色的汁水，让它们凉透了，撒上盐花腌一下，便用大瓷碟子盛了。大伯喜欢凉椿头。他从学校教完书回来，总爱坐在后门口的杏子树下，一边喝茶，一边看书，一边有一根没一根地吃着奶奶端过来的凉椿头。那些椿头似乎从来没有放过油，但大伯总是吃得津津有味。要是碰到家里来了客人，母亲会把香椿头切碎，打两个鸡蛋羼进去，就做成一味香椿头炒鸡蛋的菜了。

奶奶和母亲把香椿头称呼为“椿香头”。我一直不明白奶奶为什么这么叫法。直到很久以后，我才若有所悟：奶奶她们口中的“椿香头”，也许应该用“春”字。在她们的观念里，这春香头当不是专指香椿树枝杪上的那一蓬嫩头，而是泛指清明时节所有能进得了口的草木的那一蓬嫩头，比如马兰头、水芹头、野蒿瓜头，都是可以称为春香头的。

三棵香椿树的北边，生着一片面积很小的竹子。我曾经觉得无所事事，就花工夫去数那些竹子，总共68根。那是奶奶的干儿子从江南圩里的柳村送过来的一盘竹根，叔叔便栽在后门外的隙地上了。叔叔说，那叫淡竹，棵子不大，但笋子可以吃，而且竹子剖的篾也好。叔叔时常去那竹林子里砍下一根两根的竹子，剖了篾，编个篮子或是筐子，虽然不精细，但父亲说用起来也还是蛮称手的。清明节前后，竹林里就会拱出细条条的瘦笋子。奶奶在那些竹笋长到大半尺高的时候，就间花条子掰几棵笋子，氽汤或者用土酱卤上。

在我的印象里，从来没有感觉到那些草木的嫩头是什么美味佳肴。竹笋子涩，椿香头苦，水芹菜辛，马兰头麻，嚼着嚼着喉咙口那里便收紧了，嘴里的食物无论如何就是难以下咽。我想，奶奶他们吃得有滋有味，大约一半是因为清寒的岁月过惯了，能吃上饱饭已属不易，还有下饭的野菜，那真是有福了；还有一半，就是他们必须给我们这些后辈以表率，鼓舞我们快乐地生活。

世事变幻，奶奶他们根本不会想到，当年不得不借以果腹的那些野菜，如今已经成为人们竞相追逐的食物；而我竟也因为种种机缘，对那些野菜食之有味，马兰头那起于舌根处的微微的麻竟让我有了丝丝的快慰了。那快慰，是否是因为或显或隐的怀旧呢？

坐在春夜的深处，没来由地就想起那些清洁而明净的野草野树。想想，已是三十年前的旧事了。三十年，不过一瞬罢。其间，奶奶走了，母亲、父亲也先后走了。其间，我的故乡，早已让城市蛮霸地占据，变成工厂和街衢了。我的心底，故乡，故乡的风物，却顽强地疯长着；顽强地疯长着，最是那一茎春香头！

怀念或将成为濒危动物的耕牛

◇黄在玉

一、耕牛是人类的奴隶

作者简介：黄在玉，安徽繁昌人，安徽省作家协会会员，繁昌县作家协会副主席、秘书长。

牛是老天爷对人类特殊的恩赐。如果有一天，人类需要对动物界做检讨，我认为，第一对不起的动物便是牛，尤其是耕牛。在所有的家畜里，耕牛的奉献精神最突出，对人类的帮助和贡献最大。能与之比肩的只有马，人们为了表达报恩之情，往往要发誓“来世当牛做马”。

牛被驯服无疑具有划时代意义。在人类社会发展史上，自农耕时代，牛对生产力的发展起到了至关重要的作用，至少在中国是这样的。据记载，春秋战国时期，牛成为专事农耕的战略物资。有了牛，人的劳动负担大大减轻，借助牛的力量，扩大了生产规模，还影响到交通、餐饮、服饰、医药、文化、娱乐等领域。

人们普遍知道的牛类有青牛、黄牛、白牛、奶牛、牦牛、野牛、犀牛和“神牛”。我亲眼所见的有青牛、黄牛、白牛、奶牛、牦牛；比较熟悉的是青牛和奶牛，曾经和它们有过零距离接触。青牛也就是我们常说的水牛、耕牛，淮河以南比较常见，圩区更多，我青少年时期放养过，它像我忠厚、木讷、默默无言的家人或发小。我熟悉奶牛的原因是我曾在奶牛场干过整整一年，主要从事收购和发放牛饲料的工作，偶尔也去挤一回奶，只为尝试挤奶的劳动乐趣。

所谓青牛，外观上并非是纯青色的，它的毛色为浅黑色，毛稍泛黄；牛皮泛青，夏季毛稀，青皮泛亮。粗而扁的牛角通常向里弯曲，给人以相当的安全感。我们当地人把公牛叫作“牯牛”；把母牛叫作“沙牛”，类似“傻妞”的谐音。

牛生下来喝母乳，这点和人一样。它也就婴儿阶段比较幸福，无忧无虑，随时撒欢。一旦断奶，便和成年牛一样吃草。草是牛的主食，也是唯一的主食。春季、夏季、秋季吃青草，冬季和早春吃干草。因此，人们通常要在入冬前备好一冬和早春的草料。若是坐月子的沙牛，产期可能加些精饲料，如大豆、麦麸、玉米粉之类。牛一年四季喝生水，安然站在河塘边，伸着头，竖着耳，大口大口地吸，即所谓的“牛饮”。偶尔抬头张望，因色盲，它的眼前应是黑白一片，没望出所以然，低头接着吸，鼻子里噗出的气能让嘴边的水面生出微小的涟漪来。

牛天生的就要被人类所奴役，驯良、耐劳是其秉性。牛犊到三四岁的时候，主人便要教它耕地，土话叫“告牛”。主人会给它穿上类似梭子状的木质（也有铁质）牛鼻栓，也叫鼻拘，一头拴上麻绳（或电丝花线），就可以牵着走了。牛为什么会乖乖被人牵着走呢？据说，牛虽高大，却怕疼，犹如男人，疼点低，有点疼就虚得要命；拉牛鼻子牛觉得非常疼，所以会乖乖地被牵着走。

牛听使唤了，会给它的肩胛上架上人字形的木轭，两边用绳索和犁连上，便可以犁田耕地。不听话的牛是要挨鞭子的，能打得它在地上乱蹦乱跳。牛的生活重。出活的还数牯牛，力气大，跑得快，犁地多。我们那地方常形容小伙子长得墩实有力，会说，看他长得像头小牯牛。田地犁得深浅在于扶犁人把握，压得深便深，压得浅则浅。北方人犁地会有人在前面牵着牛走，南方人无须人牵。牛走得直不直全靠犁地人标，标好了，只需将牵在手里的缰绳左拉、右摆，拉时喊“趄”，摆时喊“撇”，不拉不摆时喊“驾”，牛会听人摆布，走得笔直。犁地人一只手会扬着鞭子，偶尔打一下慢下来的牛，多数是摔得响，不真打，呵斥一声，牛也会加快步伐。犁过地的人都知道，有的牛会偷懒，故意走得慢，有的牛饿了或渴了，也会放慢脚步，真甩它一鞭子，偷懒的会疾走，饿了渴了的还是走得慢腾腾。

牛除了耕田犁地，还可拉车。相传，孔圣人带着弟子周游列国，坐的就是牛车。被神话的老子，即太上老君的坐骑也是青牛。可见牛的祖先是非常荣耀的。世上有那么多善于拉车的动物，如马、驴、骡、狗，孔圣人怎么偏偏就选中了牛？他选中牛自然有他的道理，只是《论语》里没讲这个道理。过去，江北、中原一带牛车较多，我们江南一带牛车稀少。偶尔见过，也不是正儿八经的牛车，而是牛拉平板车，临时拼凑，慢慢悠悠拉点货或拉个病人，不用时，牛是牛，板车是板车。

牛一旦病入膏肓或老朽不能耕田犁地，人们将会宰杀它，剥皮啖肉，从无怜悯之意。早年，我们那里有个姓陈的屠夫，家里摆了肉案子，专门承揽屠宰生意。我亲眼见过他在我们生产队场基上宰牛的场面。且说那劳累一生的老牛被人捆住四蹄，待在那里，仿佛犯人押在刑场一般。陈屠夫端了半脸盆的盐水，放在一旁待接牛血，将一尺多长的双刃尖刀担在脸盆上。帮忙的人一拉绳索，老牛的两条前腿“噗通”跪地。陈屠夫提刀，正要下手，但见老牛两眼流泪，凄然可怜，正是“一声长叹老牛哀，跪向屠门乞命来，白刃临头魂欲断，纷纷泪落口难开”。他略一迟疑，上前一刀，正中喉管动脉……有围观人见了，不禁扭过脸去，不忍目睹。他说，牛跟狗一样通人性，就是不会说话。随后，看他解牛，犹如看他表演一样，钢刀在他手中任意翻飞，一块块牛肉被割下扔进大筐，不久只剩下一副硕大的牛骨架。后来读了庄子的《庖丁解牛》，才晓得陈屠夫解牛堪比庖丁。

牛只知道奉献，从无索取。它过于依附于人类，任劳、任怨、任人打、任人骂、任人骑、任人买卖、任人驱使、任人宰杀，终生是人类不折不扣的奴隶。它不会像人类奴隶社会的奴隶那样通过逃亡、赎身、立功等行为重新成为自由的牛。按“六道轮回”的说法，投胎为牛来到世上是为了赎罪，因此，它甘愿一生劳役、受苦受累。而佛教《三世因果文》中说，今生牛马为何因？前世欠钱不还清。莫言的小说《生死疲劳》里，地主西门闹投胎的牛和主人相依为命，死而后已，其实是对自己灵魂的救赎。牛是典型的四肢发达大脑简单的动物，太过愚昧，太过无知，否则也不会有“对牛弹琴”的鄙视和侮辱。

从人类的道德层面来说，人类是不是愧对于牛？人对牛干出的那些缺德冒烟的事，真不是人所能干出来的！而恰恰只有人干得出来。

可以说，人类对牛所有的赞美，都是源于我们肮脏的私心，在获取牛的最大利益的同时，用伪善、廉价的溢美之词和高尚的评价来平衡罪恶的心理。站在牛的角度，人类的赞美无非是最阴险狡诈的欺骗。

二、耕牛的繁衍

牛犊长到四五岁就会发情，发情时会“哞哞”地叫，像其他动物一样，“嘤其鸣矣，求其友声”。发情时牛笼屋再也关不住它们，它们会不顾一切地冲出去寻找异性。找到了合适的异性，它们会互舔对方，耳鬓厮磨，公然交配，播撒情种。

相比之下，牯牛比沙牛要惨，除少数被主人看好留作种牛之外，绝大多数牯牛是要被骟的。我小时候见过匠人骟牛，匠人骟得很轻松，先在牛的阴囊上擦上酒精或烧酒，手术刀一划，一对野鸡蛋大的牛卵蛋被快速摘除，会流少许的血，缝合囊皮即可。骟过的牯牛像被劁过的阉人，没了骚劲，乖了许多，不再逮谁爬谁的后背。

“大跃进”时期，生产队的牛群数量时常或多或少，就是因为牯牛能带回追寻而来的发情的沙牛，或者，发情的沙牛追随其他的牯牛而去。发现少了牛，生产队派人去四处寻找，往往是能找得回来的。或者，多了牛，人家找上门来，也会奉还。有时候，牛跑得太远，一时难以找到，人们以为真的丢失了，却在数月后突然返回，让人惊喜有加。牛在求偶之时，何其执着！

沙牛一旦怀孕，主人会格外照顾它，有时比照顾自己的女人还要用心，不让它干重活，不让人踢它的肚子，会为它冲洗全身，为它驱轰蚊蝇，喂它上好的草料——将泡胀的黄豆夹在稻草里送入牛嘴，满意地看着牛细嚼慢咽。牛宛如哑巴吃饺子，必定心里有数。牛和人的妊娠期差不多，都是九至十个月。临产期间，主人会陪侍左右，如有异常，还会请来兽医助产。我也曾亲眼见过沙牛生产的场面，通常是先破羊水，产门处的黏液挂得老长，像微型的瀑布；一般是两只小牛腿率先露出，然后是小嘴、鼻子、眼睛以及整个小牛头，接着才是身子、后腿连着胞衣滑出产道；主人或兽医会给它剪断脐带并打个结，小牛犊算安全着陆了。主人为小牛犊冲洗后，母亲会用它那宽大的舌头不停地舔舐儿女，即为“舐犊之情”。小牛犊在母亲的舔舐下，会时而安静，时而调皮地动弹。过了一会儿，小牛犊尝试着跪起来，并挣扎着要站立。刚颤颤巍巍爬起来，立即摔倒，又爬起来，再摔倒，反复多次，直至立而不倒为止。因为每次摔倒的方位不同，所以被称为“小牛拜四方”。老一辈人说，所有的牛生下来都要先拜四方。沙牛会当场吃掉自己的胞衣，据说会增强产后的体质，吃得满嘴血糊拉儿，除此之外，牛一向不吃荤。难怪人类要惊呼：这也太牛了！

母牛总是站着哺乳，为了方便小家伙。小牛犊能独享母亲所有的奶头，这是令小猫、小狗、小猪们十分羡慕的。小牛犊子无比优越地扬起下巴，吸吸这个又嘬嘬那个，自由自在，一副少年不知愁滋味的样子。做了母亲的沙牛，有时会变得异常凶悍，生人靠近，它会怒眼圆睁，晃角示威，可见其护犊心切。

小牛犊总是紧跟着母亲的脚步前进，有时撒欢冲到前面，停下来会顾盼母亲。偶尔落后，离开了母亲的视线，听到母亲发出“哞——”的呼喊声，就会撒腿追上。

三、牛笼屋及其他

牛笼屋是我们当地人的叫法，书面语叫牛棚。

我的印象中，牛待在牛笼屋里无非是两种状态，一卧，一站。刚吃过草的牛卧下便扯动下巴反刍，反刍完了休息；站着的时候异常安静，仿佛在面壁思过。据说还有一种状态，它用角抵墙，像发泄，也像磨痒痒，我虽没见过，但墙面上留下的一道道大大小小的划痕便是佐证。

牛笼屋有两类，一类是集体牛笼屋，另一类是家庭牛笼屋。

当年，我们生产队牛笼屋是四间宽大的草屋，泥巴墙，麦秸顶，比我家住房还大。里面住过十几条大大小小的水牛。队里专门安排了几个饲养员，早早晚晚轮流服侍，像服侍一大家的老人、小孩一样。

我读书那年，由于大队的小学离我们这里较远，上面决定在我们生产队增设一所教学点，只有一、二年级两个班。没有教室怎么办？人们打起了牛笼屋的主意。于是将里面的牛悉数迁出，临时安置在埂畈下，那里生长着几棵杨柳和苦楝，有的一人合抱有余，浓荫蔽日，亦可蹭痒，倒是一处不错的休憩场所。几个男劳力将屋里的稻草、牛粪倒腾出来，用土填平地面，夯实做平，放了一挂鞭炮，牛笼屋遂变成了崭新的教室。课间休息，我们男生会冲下埂畈，抢着骑牛，有时候，牛背上骑三个，牛头上还顶一个。女生则在埂上站立一排，观看男生逞强逞勇，也观看牛左右不停地甩尾巴驱蚊蝇或岔开后腿撒尿屙屎。也有胆大的女生，夹在男生堆里起哄。除了骑牛，我们也在牛身上捕捉牛板苍蝇，为牛做好事。那是一种绿色超大的专吸牛血的苍蝇，它像蚂蟥一样叮在牛皮上，贪婪如狼，牛尾巴鞭长莫及，拿它一点办法也没有，只有忍受。我们上课时，有牛犊子站在门口仰首朝里面看，驱之不离。后来，老师在上课，牛犊子静静地旁听，大家都见惯不怪了。入冬，队里腾出两间队屋，让牛有了安身立命之所。

常在文艺作品或影视剧里看到，“文革”时期，造反派或当权派将“地、富、反、坏、右”等“五类分子”关押在牛棚里。牛棚便是简易的、原始的牢房。“牢”字属于象形字，表明围栏里面关着牛。还好，我们那里的牛笼屋没有关过什么人，“五类分子”们都有各自的家，不用住牛笼屋。“五类分子”也不会跑，到处是眼睛睁得雪亮的革命群众，跑了和尚跑不了庙。

我们读完小学二年级升三年级后，大队来了一批芜湖下放学生。于是，教学点撤销，那里成了知青点。当最后一名知青返城后，生产队划成了几个村民小组，牛随即分到各组，知青点变卖给兄弟较多的一户人家，成为其中一人的婚房。

牛分到各组，境况迥然不同。那时尚未分田单干，村民组长比不得生产队长，遇事要和各家各户商量，建牛笼屋也不例外。牛少了，牛笼屋不必很大，有的搭了土墙草屋，也有的用玉米秆扎成墙，有的通透无墙。牛在没有墙的牛笼屋过冬时，遭遇风吹雨打还是一声不吭；雪花飘进来，落在脸上它眨眨眼，落在屁股上它摇摇尾巴。第二天站起来，只有它卧的地方没有被雪覆盖，四周一片冷白。

实行联产承包责任制后，由于僧多粥少，不可能每户一牛，于是实行联户养牛，轮流放养。难免有人细心有人马虎，遇到马虎之人，牛便遭罪，吃喝没准时，甚至吃不饱喝不好，像穷人一样，饥寒交迫。

后来，多数人家干脆不再养牛，有的农户便专门养牛，叫“养牛专业户”，靠替人犁地赚取佣金，靠卖牛赚大钱。牛在专业户家倒蛮舒适，起码居住环境大大改善。我曾进过一所养牛专业户的牛笼屋，土墙瓦顶，里面虽不宽敞，却相对干净、干燥，不似从前牛笼屋那样脏、乱、湿，不是人待的地方，也不是家畜想待的地方。

如今，我们那里再也没有了牛笼屋的影子，一如没有了生产队队屋一样。

四、牛粪的妙用

说起牛粪，很多人会想起一句耳熟能详的俗语，即“一朵鲜花插在牛粪上”，指一个漂亮的女子嫁给了一个和她不相匹配的男人。典型者如潘金莲嫁给了武大郎、甄英莲卖给了薛蟠。和二莲相比，王昭君算嫁得不错，男人毕竟是匈奴的单于。然而，西晋文学家石崇在其《王明君辞》中，毫无掩饰地写道：“昔为匣中玉，今为粪上英。”王明君即王昭君，因触文帝（司马昭）讳，故改之。嫁给单于，做了阏氏，为何成为“粪上英”？原来“父子见凌辱，对之惭且惊”。她竟然嫁给了父子两代单于，只得“默默以苟生……积思常愤盈”。这里的花下之粪，究竟是什么粪？作品注释里没有提到。可能是牛粪吗？俗语为什么说一朵鲜花是插在牛粪上，而非其他粪上？盖因牛粪盘子比较大，有堆头，鲜花插得稳当吧。因此，可以推测，“粪上英”翻译成白话文，便是“一朵鲜花插在牛粪上”。

上世纪八十年代之前，我们那里时常能见到墙上贴着牛粪，似铜锣大小，俗称“牛屎粑粑”。牛屎粑粑何用之有？是用来烧锅、烤火的传统燃料。这种燃料的好处是无须成本、制作方便、废物利用、清洁环保，体现了劳动人民的无穷智慧。我曾亲手加工过牛屎粑粑，颇有感性认识。牛吃草，反刍后草被磨得细碎，屙下的屎细腻如面。用粪框将热乎乎或冷冰冰的牛粪装回来，双手捧出一团，团成球状，如偏硬可适量加水调匀，贴到墙上（一般是土墙或是未经粉刷的砖墙），抹平按实，状如馕饼，晾晒至干，揭下备用。汪曾祺先生在《大淖记事》里亦有如何做牛屎粑粑的描写，早年读之，格外亲切。烧锅时将其掰开架在柴火上，引着即可，旺如炭火，耐烧时长，类似文火，熬粥、熬汤俱佳。烤火亦然。那时，流传这么一个笑话：一城里来的下放学生给父母写信，说这里家家户户每天吃牛屎粑粑煮稀饭，可香了，其父母看了一头雾水。还听说一个真实的故事：邻队老王家远在外地的亲家第一次上门，第二天早饭时吃了一顿香喷喷、黏稠稠的米粥，觉得是他至今吃到的最好吃的米粥，啧啧称赞，遂问老王，这米粥是怎么煮的？老王说，用牛屎粑粑煮的。临走，亲家向老王讨要了几块牛屎粑粑带了回去。当晚，老王的亲家让老婆煮米粥，并亲手将一小块牛屎粑粑放进锅里……

听母亲说过，过去穷人没鞋子穿，冬天走路冷得不行，恰遇水牛屙屎，便双脚站在热气腾腾的牛粪里取暖。

牛粪当然也能作为农家肥使用。不过，听父亲说，牛粪不能用来肥瓜果，特别是西瓜，一旦施了牛粪，西瓜不甜反苦。

前些年，我随团考察了湖南的一个苗寨。苗寨是个旅游景点，据说是某大牌歌星外婆的家乡。进了寨子，便闻到一股牛粪、牛尿、草腥混合的冲味，迎面碰见寨民牵牛而来，后面跟着懵懂、憨态可掬的小牛犊，又见路边牛粪散落，我颇感亲切，仿佛穿越回上世纪七八十年代的家乡。

综上所述，牛粪姑且有了插花、烧煮、烤火、暖足、做肥料、恶搞、引发乡愁等妙用。

五、犟牛到底有多犟

俗话说，狗眼看人低，牛眼看人高。牛眼虽是色盲，但不妨碍把人高看一等。而在人的眼里，牛一般温驯有加，只要牵住牛鼻子，让它走便走、停便停、低头便低头、卧倒便卧倒。骑牛很容易，无须像骑马一样第一次非得要征服它。以我的经验，男人横着坐在牛背上比跨骑在牛背上舒服得多。性急的人别骑牛，牛总是慢悠悠地闲庭信步，因其身躯过大，不善长跑，即使抽它一鞭子，它也只是象征性地跑几步，很快便恢复之前的速度。

牛在劳动之余过惯了安静的日子，安静地吃草，安静地饮水，安静地站立，安静地卧倒在地，安静地反刍，除了蚊蝇叮咬，它会甩动尾巴和抖动双耳。生了病更安静，没有口味，懒得吃草，细心的主人一旦发现，便会请来兽医，打针吃药，冬天会喂热水或盐水调理。它也会享受人偶尔给予的快活——当你用一根树枝给它挠痒痒时，尤其挠到尾巴根部，那尾巴便会徐徐地翘起来，露出红润的尾窝，犹如人慵懒地抬起胳膊露出胳肢窝似的。人因此也获得了无聊之余的乐趣。

牛有温驯的一面，也有脾气犟的一面，这点和人差不多。人们常形容某人脾气不好，动辄暴跳如雷，不听人劝告，固执倔犟，便说他（她）是个“牛脾气”。这样的人并不少见，历史人物如寇准、海瑞，文学形象如张飞、李逵，传说人物如柳月娥（“河东狮吼”始作俑者）等，不胜枚举。

有句俗话，叫“牛不饮水（吃草）强摁头”，比喻用强迫手段违背他人意志迫使就范。《红楼梦》第四十六回里，好色的贾赦看上了老太太的贴身丫头鸳鸯，邢夫人一味顺承，叫来凤姐让她为贾赦当说客。凤姐假贾母之口拒绝，遭邢夫人威逼，凤姐只好派人去探鸳鸯的口风。鸳鸯向闺蜜平儿表示即使让她做大老婆也不干。鸳鸯道：“家生女儿怎么样？‘牛不吃水强按头’？我不愿意，难道杀我的老子娘不成？”可见，鸳鸯也是个犟牛脾气。实践证明，摁住牛的头，非让它吃草、喝水不可，这招不灵，甚至愚笨。

我见过一头犟牛，赶不走拉不走，鼻子撕开了口子还是不听话，这叫

"蛮牛"。遇到蛮牛怎么办？没有好的办法，只有打。人们相信"棍棒之下出孝子"，也笃信"蛮牛蛮牛不打不走"，鞭子抽、棍棒扫、竹条打，能打得牛皮绽开，道道血痕，打牛的人累得气喘吁吁，牛只会打转转、瞪眼睛、喘粗气。当然，它最终会被暂时驯服。蛮牛不懂好汉不吃眼前亏的道理。

早年读史铁生的《我的遥远的清平湾》，倍感过瘾。该小说主要讲述"我"在陕北插队期间和破老汉为队里养牛的故事，读来亲切自然，感觉真实鲜活，不仅刻画了破老汉这个人物的艺术形象，还成功刻画了红犍牛、老黑牛等动物形象，不愧经典。"牛顶架"那段是全篇故事高潮，也是我非常熟悉非常喜欢的场面。西班牙斗牛是人与牛斗，血腥、残酷，你死我活；这里的牛顶架不过是老少间、兄弟间为争霸而战，逞一时之勇，一般不会有生命之虞。

早年农闲之际，几个生产队的牛都会放到风光旖旎的龙窝湖畔的草滩上自由吃草，几个放牛人混熟了，便会聚在一起吹牛皮或赌博。放牛滩上没有不能说的脏话，没有不能干的坏事。一个人若要满嘴脏话，别人会说你是从放牛滩上来的。牛随处啃草、喝水，走着走着会不经意间碰到别人家的牛。牯牛之间许是为了争夺沙牛，或为了争夺地盘，相互间看不顺眼了，脾气便腾地上来，立马头对头顶在一起，用牛角攻击对方，我们那里称为"牛策角（土语读guó）"。放牛人即使看到两头牛打在一起，也不急于拉架，倒希望分个胜负。在乡村文化娱乐极其贫乏的年代，没有比观看"牛策角"更刺激更精彩的了。一般情况下，不用一根烟的工夫，吃不消的一方会淌孬逃跑，强势的一方并不会追赶多远，似乎它也懂得穷寇莫追的道理。放牛人的情绪也会随己方牛的胜负或兴高采烈或垂头丧气，一如当今观看世界杯足球赛。有时候，两头蛮牛遇到一起，会鏖战不休，往死里顶，哪怕双方顶得血肉模糊、折了牛角甚至瞎了牛眼也不罢休。这时候，双方放牛人急了，便会干预，却不敢靠近，恐有危险。怎么办？好办，只需自制一根长把火把，点燃后伸过去，很快就能把两头打红了眼的蛮牛分开。"牛策角"顶死牛的现象并非罕见，一旦死了牛，损失就大了，放牛人承担不起那个责任。

六、老牛喜欢吃嫩草

老牛喜欢吃嫩草，是本能，也符合身体条件的需要。牛老了，加之没有漱口的习惯，牙口自然不好，嫩草容易吃些。人也一样，老人要吃些容易消化的软东西，对牙对胃都有好处。至于隐喻男女关系，就不知道牛类情何以堪了。

那时，我们生产队有几个会相牛的人，一如伯乐相马，经常替队里买牛卖牛。据说，他们相牛，首先要看牛的牙口，牙口好是先决条件。小牛犊也好，成年牛也好，老牛也好，必须要能吃肯吃，吃得进，屙得出。这样，小牛犊长得快，成年牛精力充沛，老牛老当益壮。俗话说，泰山不是堆的，火车不是推的，牛皮不是吹的。牛皮那么大，靠什么？靠能吃能喝撑起来的。

牛吃草时，先用舌头将草裹进嘴里咀嚼吞咽，一口接一口，不慌不忙。但有一点非常讲究，它绝不吃牛屎堆周边的草，哪怕那里的草再嫩再丰盛。

牛会偷嘴，也会玩心计。为防止牛在犁地时顺便偷吃两边的庄稼，有人用铁丝罩将牛嘴套住，让它伸不出舌头张不开嘴，乖乖干活。一次轮到我去放牛，我迎着薄雾将牛牵至地埂上散放，牛自吃草，我自看书。牛会趁我不注意扭头吃几口旁边地里的棉花秧苗。被我发现，我立即呵斥，它马上收回嘴，继续吃草。过了一会儿，它故伎重演，我连喊带喝，它充耳不闻，我火了，折了根枝条上去抽打，挨了打它才退了回来。我赶紧合了书本，专心致志看着它。它贼心不死，一边吃，一边拿眼睛瞄着我，稍不留神，它会见机行事，抢一口也是好的。后来流传着一个与此有关的段子。说一位老农放牛，吃草的牛也是趁人不备偷吃了庄稼，老农随手给牛一鞭子，大声喝道：畜生！你当自己是干部？想怎么吃就怎么吃，想在哪吃就在哪吃吗？有本事下辈子投胎当个干部，就没人管你了！

我那时积累了一些和牛相关的宝贵经验，至今沉淀在记忆深处难以磨灭。譬如，牛的身上胃的部位比较明显，饥饿时瘪下去像个凼窝，进食过程中变化明显，凼窝会渐渐地平复，一旦饱满，说明牛吃饱喝足了。吃饱喝足的牛就不必再让它进食，以防伤食胀坏牛胃。放牛的人还有一项很大的责任，就是防止牛吃了不该吃的东西，比如误吞无法消化的物品、食物中毒、饮水中毒等。牛不小心吃进青蛙或蛤蟆的卵，会得“牛鼓胀”的疾病，肚子越胀越大，不及时处理，会被活活胀死。农村人对付这种疾病有套土办法，拿根树枝撵着牛不停地跑，让牛出汗，鼓胀的肚子便会逐渐消肿。

牛虽孔武高大强壮有力，毕竟也有脆弱的一面。受生存环境等方方面面的影响，牛和人一样会生病，气温太高时也会中暑。只要发现牛忽然张口伸舌，呼吸急促，流泡沫鼻涕，十之八九是起痧了。遇到这种情况，要赶紧把牛牵到阴凉通风处，再往牛的身上泼洒冷水，为牛降温，最好让它饮用盐水，补充体能。所以，高温季节，有必要经常让牛汪在水里，我们称之为“牛打汪”，那是水牛的最爱。这和驴打滚有异曲同工之妙。

其实，在所有的家畜中，牛太需要人类的关爱了。老牛尤其需要关爱。臧克家有诗云：“块块荒田水和泥，深耕细作走东西。老牛亦解韶光贵，不待扬鞭自奋蹄。”生命不息，劳累不止，是耕牛的真实写照。冥冥之中，我仿佛听见无奈的牛魔王在喁喁絮叨：牛老了，离见本王的日子不远了，不必让它们再拖破车了吧，不论功劳苦劳，姑且养起来，喂点草吃给点水喝就行，不敢奢望吃嫩草，人们大可不必为难，况且要杀要剐悉听尊便……

老吾老以及人之老，幼吾幼以及人之幼。孟子之言适用于人类，同样适用于牛类。

七、当耕牛成为濒危动物的时候

牛全身是宝，这点没人怀疑。就连牛的胆囊、胆管结石也是“清热解毒，主治咽喉肿痛，口舌生疮，痈疽疔毒”的“丑宝”。人类利用牛最多的一是它的力量，二是它的肉身。牛的力量被人类玩于股掌之中，这一玩就是几千年之久。这既是人类的幸运——没有牛，人类社会如何发展恐怕难以想象；也是人类的悲哀——充分反映了人类占有农业生产资料的落后状况。

牛的肉身对人类的味觉始终具有冲击作用。牛肉既非山珍海味，也非珍稀菜肴，谈不上是上乘的美食，但营养丰富是不容置疑的。我们从《三国演义》、《水浒传》、“三言二拍”等文学作品中提到的“杀牛宰马”等描述，不难想象，自古以来，牛肉已是人们的盘中餐。尤其是《水浒传》里，涉及“杀牛”或“吃牛肉”的地方不下四十余处。好汉们进了酒店，多是“来二斤熟牛肉”下酒；母大虫顾大嫂开的黑店门口挂着牛肉；九纹龙史进的史家庄、没遮拦穆弘的穆家庄常在自家院内宰牛待客。有人研究，好汉们之所以爱吃牛肉，其一，可能与他们尚武有关，猪、羊被认为是无能之物，而牛则以力大著称；其二，体现了好汉们的造反精神，施耐庵所生活的明代是禁止私自屠宰牛、马的，估计林冲、武松他们生活的宋代可能同样禁屠牛、马。越是禁止，梁山好汉们越是要冲破禁区。由此不难看出，好汉们“大碗喝酒，大块吃肉，大称分银”时，大块的肉当是牛、马肉无疑。

我小时候是难得吃上一回牛肉的。大呼隆时期，牛归生产队集体所有，只有当牛病不可治或老迈之时，队领导才会决定宰杀，然后按人头分而食之。当然，还须上报批准，请公社领导在报告上写下“同意杀×××（牛的名字）”，然后签名。后来，我在奶牛场工作时，因遭淘汰的老牛较多，生下来的小牛只要是带把的，一律成为我们碗中菜盘中餐，直至倒了胃口。至今，我对牛肉食欲不大，正是那时留下的“后遗症”。

随着农业现代化的进程逐步加快，耕牛逐渐退出了农业舞台，让位于耕作机械。其功能正由耕牛转化为菜牛。在我的家乡皖江一带，已很少看到耕牛耕地的场景了。村里不见了往日常见的耕牛，不见了路上、墙上的牛粪，不见了低矮、臭烘烘的牛笼屋，虽然改善了环境，却总有一点失落感。欠发达地区尚且如此，发达地区更不必说。只有在相对落后地区，耕牛或许仍是农民家中的活宝。

如今，在现实生活中，牧童早已销声匿迹，谁家还会让宝贝孩子去放牛？

在朋友家做客，看到墙壁上悬挂的工艺牛头，不禁浮想联翩，牛有在天之灵吗？

那天打开电视，忽见成龙在做一则公益性广告，主题是“没有买卖就没有杀害”，画面上出现了一头犀牛及相关产品。

牛类好像只有野牦牛、野牛等是国家级保护动物。那么，其他的牛是否需要保护？

前些年，我在单位分管卫生防疫工作，接到上级文件，说要在血吸虫病防御区百分百宰杀耕牛，每宰杀一头耕牛财政补贴一千元。我心头就咯噔一下——耕牛真的不需要了吗？真要对它赶尽杀绝了吗？当我将此消息告诉一帮文友时，他们无不惊异，唏嘘不已。

终有一天，当耕牛成为保护动物或濒危动物的时候，后人只能在李可染的国画里欣赏它们，只能在许泽夫的《牧人吟》里阅读它们，只能在网络、影像资料里搜寻它们；读到“横眉冷对千夫指，俯首甘为孺子牛”时，老师需解释“牛”究竟是什么宝贵动物，值得一代文豪俯首甘为……到那时，我们的子孙会怎么评论我们？这个问题一直萦绕在我的脑际，有时让我寝食难安。

习惯上，我们常在某件事情达到已经不可收拾的地步才开始反思，到那时或许连亡羊补牢的机会也已错失。且呐喊一声，趁早反思！亡“牛”补牢未为晚也。

写了这些，似乎是放马后炮，抑或是杞人忧天，但自信绝非危言耸听。

我那并不遥远的财神湾

◇程万平

作者简介：程万平，作家，现居繁昌。

我在我城望我乡。我城日日新，我乡垂垂老。

一条古旧老街，与长江肩并着肩，有一段一弯就弯成一个小“S”形。小时候以为财神湾的名字是因了这个弯弯的弯。可我家门牌上写的又是这个“湾”。

小镇的江沿墩，叫人喊成了酱油墩，牛歇岭喊成了牛屎岭，老埠头喊成了老虎头。这些喊白了的地名，朝着我们乐意的方向，一路白下去。财神湾也被人喊作了财沉湾。走过一片麦田再过一条小河，再往前，就到了长江的边上。我那时疑惑，是不是古人装了一船的宝贝在长江里沉了一直弯在这里动弹不得呢？

财神湾里有财神庙。财神庙早就拆掉了。但财神湾一带的古意还在。酒坊油坊糕饼坊，木匠篾匠白铁匠。弹棉花的一天到晚嘭嘭嘭。打铁的整日价咚咚咚。做爆竹的人家当街操作爆竹的每一道工序。爆竹店对门住着精格啷瘦的入殓师，不管大人小孩一走到入殓师家门前，都因为怕鬼而脚步就飘移到了街的对面。财神湾的张家奶奶端坐堂前，小丫头们不知情地一脚踏进去惊得直伸舌头。屋子里窗明几净一尘不染，这和那个年代是不相称的。青砖缝里生出绿茵茵的苔藓，木楼梯上摆一双绣花鞋，张奶奶的头发拢在耳后纹丝不乱。张奶奶的眼眸黑白分明，看得见羞涩，好似日日上演的民国戏。

小镇安静，夜里一有突突突的声响就晓得是机帆船过来了。头枕长江听呜呜汽笛，不管在什么季节里那种惬意是不好形容的。到了县城突突突的是手扶拖拉机在爬坡，夜半一闻此声，竟不知是梦是醒了。

四十年间的来来回回，财神湾的那些人和物，远了又近近了又远，又时不时袭击造访，梦境悠长。

昨晚散步遇见两个家乡人，她们说荻港现在干净多了，江边上整得就像上海外滩。第二天早上天气晴好，好到叫人不知所措，约时辰不如撞时辰。就今天，就现在，我要回一趟小镇。

一个人慢慢地从财神湾走到德远街。凤凰弄，一个神神秘秘的名字没有了。土土的大弄子还在，一走到大弄子里小朋友就喜欢整整齐齐跺脚，一跺脚整条弄堂就应出金属般的回音。所谓近乡情怯，那是因为处处皆有情。

上海佬家、金二师娘家、小饶子家的老槽门，都歪到快要站不住了。站不住的槽门也是上了锁的。有年头的门环，现代的锁。财神湾叫谁丢弃在原地？一只老猫独卧窗台，我看它它不看我。一家一家看过来，凋敝到心痛。

小作坊里，大白天也亮着灯。苍老昏暗的屋里摆满了精致小木器，粗糙与细腻，明亮与阴暗，正好强烈对比。这些东西要是正儿八经摆在民俗博物馆，是个什么效果？一对上海夫妇在此流连，听话音是以前711船厂的。木匠师傅我认得，年长我十多岁，我居然脱口就喊了他小豹子，不像话，赶快加了声“哥哥”。小豹子说做这个赚不了钱，就是喜欢做一做就做了一辈子。豹子哥哥说记得我，要留饭。

饭未吃，心已暖。往前几步遇见江家妈妈，我一恍惚“你是江萍还是江萍妈妈呢？”正好江萍出得门来。如果是时尚女人电影明星，可能岁月拿她没有办法。江家妈妈就一家庭妇女，时间怎么也没有了力量？

江妈妈手拉得紧，说好些年没见了：我打鸡蛋给你吃，今天是十五哎！

财神湾再怎么凋敝，人心还在那里！越是人心还在那里，越是要人命。

微信上又看了一回印度电影《流浪者》，那音乐与画面，又忧伤又幽默。其实哪片乡土没有流浪者影子?

小镇有乞丐，不呆不傻，只是没有父母，愿意流浪不用干活，妇孺皆称孔大孬子。孔大孬子搞怪搞笑日日可上小镇头条。那时我已经到县城来工作了，下班途中狭路相逢。孔大孬子怎么跑到繁昌来了？我心里想他不要看到我，不要看到我。他偏偏看到了我，我的余光感觉到孔大孬子热切切的还想跟我说话来着。内心也有不忍，还是佯装了没看见。

一生那么长，即便我本善良，我也还是不能保证，我时时刻刻都是地地道道的啊。

小镇的夏天年年发大水，一发水就要搬家，船漂在水里，风斜雨大，我弟弟长得麻荄杆子一样，孤儿寡母比一般人家更要艰难。我记得，一身脏兮兮的孔大孬子黑眼珠子黑衣裳喊我妈妈周医生，不知愁苦还在雨幕里扮着鬼脸，自告奋勇帮我们把我家船上的东西一件件往荻港医院的宿舍里搬。

又过了些年头，我回到小镇。孔大孬子一以贯之的捆破棉袄扎稻草绳子，换成了崭新的蓝布棉袄扎皮带，斜歪在一家剃头铺子大门口，看到我和一个男同学一起走过，他竟然笑得会心笑得很坏很坏，满脸的皱纹笑成一朵老菊花。

听说孔大孬子已经死了不少年了。莫非是，一个流浪者的离去也能够勾起乡愁一种?

相比那些残垣断壁和满是蒿草的黑瓦沟，我家的老宅真的算得上风姿绰约了。哪怕她空空如也哪怕她岌岌可危，大红门对子却是贴得周周正正。门对子这个东西就是奇，任你再怎么老旧沧桑的屋子，一遇上中国红，就看得人心里热烘烘的。

财神湾96号的木楼梯，我曾经闭着眼睛都能够连蹦带跳地上上下下。是什么时候开始变得如此陡峭的？必须小心翼翼手扶栏杆才能够上得楼来。两把老式的盘子秤插在老墙的砖头缝里，秤是我二妈的遗物。二妈一家“文革”时突遭变故，生计艰难，靠摊大饼卖板鸭养活我的堂哥堂姐。二妈和大妈隔了一层楼板，抄家的人在楼上一阵乒乒乓乓扬长而去，万玲说抄走了三块九毛钱，全是一分、两分和五分的。铜锁也拿走了。

在网上我找到了记忆中的那把锁，是明清时候的。有人在博客上贴了图片和文字，说古人用最简单的原理制作的生活器具，用了一百年都像新的一样。看木心的“从前的锁真好看，钥匙精美有样子”。我就觉得木心来过财神湾的，木心看见过那把锁，木心是专为那把锁而写的。锁乃程家祖传。钥匙实在精美，足足有五寸长呢。锁是长长的枕头的形状，黄铜古旧，紫光莹莹。

一眼瞅见二妈门上那把“千锁一面”的丑陋东西，我知道悲伤是要藏在心底的是要努力节制的。泪水它自己要从心里淌出来，我有什么办法？只听得楼下小姐（对面邻居的名字）在跟街坊说：“不得了了，平子一个人在楼上哭得好伤心啰。”

从来没有理想，唯有小小愿望，就是以后最好能够住在一个周周正正的屋子里（我的方同学家里已经有三间平房了，是粉白的墙）。墙拐屋角一定要是直角的哦。我讨厌这黑黢黢的冬瓜梁。我妈妈一到除夕夜就要往冬瓜梁上、往古壁门上糊报纸。她站在梯子上糊，要我在下面帮着递糨糊递报纸，还得用扫把托住以免刚糊上去的报纸又耷拉下来。如果不是一气呵成就是失败，我妈妈就说“纸无二性，重来”。那就得重新换一张了。糨糊滴到眼睛里滴到嘴巴里是酸甜古怪的味道，累到深更半夜腰都伸不直，只为求得大年初一的早上，一睁开眼睛就焕然一新。我问过我妈妈，照这样一年一年糊下去，我们的房间不会变小吗？以这种方法求美观，一直到我十九岁做了知青才算是个头。我妈妈是个有点神经质又有点小文艺的人，她能够在艰难的岁月里用蜡烛油捏梅花给我瞧。

如果说品质生活与钱权无关与心性有关，如果说品质生活就是在有限的条件下追求最好的事物，那我妈妈曾经带领我和弟弟在这个屋子里，已经过上了品质生活？掐死我也不信。

日月长长。颠来又覆去。哪能预料到这讨厌的黑黢黢的冬瓜梁装着我的童年一路奔跑并且蛇一样盘亘在我的心里呢？

电视上有一档节目叫《客从何处来》，说的都是家族故事。开篇就是陈冲的家族，接下来是马未都家族、易中天家族，名人的家族有故事，其实天下百姓，哪一个家族没有故事？家的故事就是国的故事。

谁都知道“我从何处来”是一个哲学范畴的问题。我一个小老太太难道要烦哲学的神？当然不是的。但是我越来越真真切切地想要知道，我来自何方。这么一绕，还是绕到哲学上来了。

我妈妈出生在巢湖烔炀河一个叫老坝周的村庄。每次填表糊里糊涂祖籍都写巢湖。父亲呢？父亲的老家在哪里呢？他年轻时候考入黄埔军校，给自己和家庭带来灾难。他早早离去，我不提也罢。我妈不在了，接下来我二妈也不在了。妯娌俩尽开科学的玩笑，什么臭的烂的甚至黄曲霉素都一概通吃，又个顶个地统统活到了八九十岁。她俩一走，我开始恐慌了。我站在财神湾96号的堂屋中间，看楼上小回廊。看堂前一人巷。又有厢房又有天井又有四水归名堂。我怎么感觉像是前不着村后不着店呢？我一点也不知道这屋子的来历，隐约只记得一句“从前的房子是一拖八进的，一路拖到后门外的荷花塘，都给鬼子撂炸弹炸光了”。等我来到世上，祖父母因为吃了鬼子的炸弹，也已经在地下长眠了很久了。

本来八进的老宅只有三进了，我都觉得这屋子深得像火车皮子一样。想象一下八进，该是个什么排场？万玲说一到下大雨就要去倒掉接漏的水，听了真不是滋味。每当雨下得紧了我揪心，台风起了我揪心，雪落得重了我揪心。我怕这老房子有一天像雷峰塔一样轰然倒塌。一直想下一扇雕花的小木窗挂到我的房里也没有得逞。那一溜排的雕花小木窗，不知搞到哪里去了。有消息说美利坚的老太太买了徽州人家快要废弃的老宅子，连砖带瓦地运了去。这些老宅子又获得了重生。我真心希望有谁把我们家的老房子也连砖带瓦买了去。鬼子炸剩下的这一点点，显然不够级别。

前几年我在颤巍巍的楼上找到过我妈妈年轻时用过的木柄手袋（老电影里见过），还找到我弟弟小时候吹过的一支竹笛。以为真的再也没有可找的东西了。我弟弟又找到了我从十四岁到十九岁的全部成绩单，那保管得真叫一个好。老房子里再也找不出什么了吗？那上下两册泛黄的线装家谱，是我懵懵懂懂又兴兴头头地亲自送到张家爆竹店的，那家手工作坊离我家来回都不足百步，途中我以现在点钞机数钱的速度翻过还匆匆一瞥，记得某一页上有个穿了黑衣戴着官帽的半身肖像画。我的老祖宗给人家做了爆竹，还不魂飞魄散？

也是近两年才知道的，知道我的先人是从古徽州走来。我的祖父正是导游词上说的生在徽州，前世不修，十三四岁，往外一丢。这一丢就丢到了小镇的财神湾，创下了一点基业。再问，具体是徽州的什么地方，三姑母直摇头“那就不晓得啰。兄弟三人其中一人看烧火，火星子炸到棉袍子上，长长的布纽扣来不及解开，烧死。还有一个从小吃了死人的奶，中毒，夭折（徽州女人独自在家，人已经死了孩子不知道还在吃奶）。剩下我父亲一个人在小镇上生了根。”

九十好几的三姑母乃程家硕果仅存。她幼年入教会学校，嫁得不远，就在长江对岸。郎君毕业于震旦大学，一直有书香浸染。落雨天三姑母在老屋窄窄的一人巷里踱着小方步，口中念念有词：“唐宋元明清，唐宋元明清。”叫我误会了很多年，以为中国的历史就是从唐朝开始的。直到某一天看见《新华字典》后面的历史朝代公元对照表，才深吸一口气轻轻地啊了一声，原来还有这么多呵！

每一次看望三姑母，都有新发现，或是财神湾的事情，或是家族的事情。这回我把“新发现”做了微信的头像，朋友说“你的头像图案真漂亮哎。”我回话：好眼力啊，是湘绣呢。

正月里，一群小字辈围在三姑母膝下。

三姑母腰疼，不能站立，整个人就崴在火桶里。我刚出去一小会，三姑母的膝盖上什么时候已经铺上了两块红彤彤的锦绣。以手抚之，竟心下不忍。丝的光滑，似乎在拒绝我毛刺刺的一双手。红彤彤的绢子上，芦苇迎风，距今已经八十多年了，鸳鸯还在两两相望。我以为是三姑母的刺绣留存。“不是的，这是湘绣。是用真丝丝线在真丝上绣出来的，光针法就有几十种呐。是一个湖南女人绣的。”我问还有没有了？三姑母说还有一幅吊屏，落在亲戚家下次来再找回来给你们看。

把三姑母的原话稍做整理，大约是这样的。

民国二十年的荻港小镇，旗幡飘摇，商户遍布。某天，一个外乡女人领着一个瘦弱弱的小男孩走进了财神湾程裕兴酒坊的大门。女主人（我的祖母）见过这一对母子，当即从自己浓密的发髻上解下一段红头绳，挽个结，系在小男孩的脖子上。小男孩磕个头，算是成事了。

外乡女人来自湖南，祖上在前清做过大官，家道中落，带着不大的孩子流落到了荻港。偏偏这个孩子多病难养，一次一次病得不轻，街坊看着实在可怜，就给女人支个招，说财神湾有户人家生了四男三女人丁兴旺，开个酒坊，你不如把这孩子过继给他家做儿子，保不准病就会好了呢。

外乡女人就这样走进了财神湾程氏酒坊。程家的男孩分别叫道权、道植、道楷、道春。外乡女人也让她的孩子改名为道堃。程家前店后坊楼上楼下，屋有八进家有粮仓，伙计数十人，专营酿酒。屋后头是荷塘一片。静好的日月，外乡女人和他的孩子也融入了这个家庭，用我三姑母的话说她常常一手牵着她的道堃一手牵着她，走到屋后的荷花塘，看见青蛙绣青蛙，看见燕子绣燕子。她是全能的，人物、山水、花鸟、走兽样样精通，连眼睛里的血丝她都能够绣得出来。是当时湖南国立湘绣馆排名第三的绣女。人家绣花还要先画个蓝本。她不要，她直接就能绣。以针代笔。以线晕色。

我已经听得呆掉了，眼睛里的血丝是个什么东西呢？不就是那种晶莹闪烁的透明感吗？这是个什么样的女人啊？

渐渐地，她的多病的儿子也长结实了，参了军，是国民党的军队。鬼子来了，财神湾的酒坊也开不下去了，我父亲把粮仓打开，已经酿好的酒整整八大缸，全部送给了驻扎在杨湾的一支川军。这些人后来全部战死，血水在河里淌了一个礼拜才下去。道堃成了国民党部队上的一名军医。在一次上前线正给伤员做手术的时候，一个炸弹炸死了道堃连同那个伤员。军饷，还是按月寄来，但是不见儿子的亲笔信，她已经猜出了八九。

那后来呢？

后来她不声不响地离开了荻港，去了巢湖的朱家巷带发修行。

再后来有没有看见过她呢？

再没有见过面了。

她叫什么名字呢？

不晓得，我们都喊她周太太。周太太有情有义，送给我们的湘绣整整有一箱子。有鸳鸯戏水，有燕子穿莲，有鹤鹭蟠松，有貂蝉拜月。还有一件霞帔，绣的是童子拜观音，饿饭的年景还换了口粮救了命。“破四旧”的时候交出了一些，只剩下这两块，还是我偷偷藏起来的。

为了周太太，为了周太太留下的湘绣，我多次在网上搜索，我搜索民国时期的绣女，当然搜不到。现代绣女倒是有的。百度上是这样说的，湘绣是以湖南长沙为中心的带有鲜明湘楚文化特色的湖南刺绣总称，是汉族优秀的民族传统工艺，与苏绣蜀绣粤绣齐名。

周太太的湘绣照片在我的手机里，我入了迷地看了又看总也看不够。她打动我的仅仅是手艺吗？穿越回民国吧。我想周太太是一段沉香木，前半生华枝丽叶金枝玉叶，受伤后又分泌出琥珀。将故乡留在遥远的豆蔻里，把心事沦陷在一幅幅湘绣里。我想周太太的模样。我想不出来，能想一个背影也是好的。一想想到陈逸飞的油画《浔阳遗韵》。深深的黑色里，几个深衣女子吹箫拨琴，衣饰华丽却无艳色。周太太大约像《浔阳遗韵》里的女人一样，是端庄的古典的秀外慧中的。不料三姑母又撂下一句，“湖南人会武功哎，有一回帮我们家看门，夜晚发现有小偷进了门，她轻轻巧巧就上了屋梁，抽出两块小黑瓦丢到小偷的头上，小偷捂着血淋淋的头再不敢上门了。”

无须任何的添枝加叶，这就已经搭足了小说的架势。再看看眼前的两幅湘绣，周太太应该是文艺作品里的人吧。更像是黑白电影里的女一号。

周太太已仿佛是家族的一员。巢湖有多少个朱家港？周太太最后的日子是怎么过的？说是三湘大地绣女传奇，也不为过。这一对孤儿寡母，在财神湾过着幸福的日子。长壮硕了的周道堃，在战场上又化成了一缕硝烟。独卧青灯古佛的周太太，可是残阳照孤影倚门望儿踏归程？周太太还绣她的湘绣吗？要绣，也是夏雨秋风为你等，翠竹泣墨痕了，锦书画不成了。

端阳那天，我再去看望三姑母。有幸见到另一幅称之为“吊屏”的湘绣，又略微有些失望。我以为三姑母说的“吊屏”是正正规规镶嵌在玻璃镜框里的，或者类似卷轴一样的挂在堂屋里的那种。眼前却是皱皱巴巴的一块，白底绢子已经泛黄。

我问，能不能洗一洗呢？

三姑母轻叹一声，挨都不能挨，碰都不要碰，陈丝如烂草了，这一块怕有一百年都不止了，是周太太从家乡带过来的。

白绢上绣有一段短篱，篱旁有牡丹。枝头有喜鹊，歇在竹篱笆上的大公鸡，花姿鸟态不消说，连公鸡爪子上的纹路都秋毫毕现。

三姑母说，这一块是最先送的，不知是不是出于感恩报答的意思。我父亲看构图上留白显多，就让家人写几个字在上头，当时我的姑父就拿起毛笔随手题了款识：独立疏篱报好音。准备让周太太日后再补绣上，一直就没有补上了。

没有补上也好，是本来的样子。凡是本来的样子就更真实，更灵动的样子。

我把这方湘绣铺在荷甸小区的草地上看了又看，准备拍张照。刚刚下了小雨，草尖子上有露珠，遇上真丝立马晕染开来一片，旧迹又添新痕。正是午饭档口，三姑母已经在楼上唤我吃饭了。楼是崭新的，荷甸小区是崭崭的，我手里的这方湘绣老到不能碰，弱到碰不得，我双手轻轻地牵起它的两个角，有清风一阵，吹得端端正正，正好紧贴胸口，小区里的人望我的眼神有些奇怪。

一次次回乡，也只是神伤。唯有这回，哭得彻底。我的小镇我的财神湾，你到底还埋藏了多少故事呢?

澳洲来客

◇程万平

老知青贺伟良坐了十一个小时飞机，从悉尼到上海。又从上海坐了六小时火车到芜湖。抵达繁昌，正是大年初三。

父子俩开车去接，我不在家搞搞卫生，居然神使鬼差找样报。千家文已泛黄，翻起来没个完，阳光好得就像是春三月，翻着翻着太阳偏西了，总结一条，要找的东西永远找不着。那一篇《隔着太平洋》，写的就是贺伟良，我想找出来，好致我们的青春。

贺伟良我现在直呼其名。那个时候可不，不管男生女生会毕恭毕敬地喊他一声贺师傅。贺师傅不苟言笑，又长得人高马大。人是上海人，开的也是“小上海”。“小上海”是一部小卡车。贺伟良明天去哪里哪里，一般都会说成“小上海”明天去哪里哪里。几百号人的干校就这一部车，如果谁能够蹭到坐“小上海”回繁昌、回芜湖，哪怕只蹭一小段路程，也是不小的幸福。想一想，贺伟良那时候多么吃香。

一过十月，“小上海”天天装棉花去三山轧花场卖。棉花是我们在春天里摆播，然后间苗、除草、治虫，还要给它脱裤子（打老叶）、摸耳朵（去小杈），我们就是这样伺候着一粒粒棉籽变成朵朵棉花的。和白乎乎的棉花一起崴在“小上海”的车斗里，耳边是呜呜的风，地里是弯腰撅屁股的人。崴在车斗里的人，简直就高人几等。

“我1971年从上海下放到繁昌，整整八年都是在繁昌度过的，来的时候是十七岁。我对繁昌真有感情。”他说那时候繁昌街上的人真少，在十字街还看见一头猪晃悠悠走上了迎春楼的二楼。听贺伟良说这些，我把时间也往回拽了几十年。饭桌上当年老知青大块吃肉大口喝酒大声说话，我担心这个“老外”已经不习惯了。他说“习惯习惯太习惯了”。但是他说他的妻子每次回国总是搞到快要生病的样子，一回到家就好啦。他这样说，我心中就不是滋味了，搞没搞错，上海和悉尼，哪里才是家啊？澳洲把一个土生土长的上海女人生生地俘虏了去。悉尼的电话来了，贺伟良妻子叶姐姐也是干校知青，电话在桌上接力一圈后，又接力了一圈，这一回是看图片，叶姐姐穿着吊带裙正和当地华人也在共度新春呢，末了特地交代让我给她准备朗诵稿子。听叶姐姐这样说着话，又隔着一个大大的太平洋。我想起一个段子，说在树下，不幸被熟透了的梨子砸了头，乐观的人一抬头会说一句：哦，大梨呀。澳大利亚是这么来的啊？不会吧？

春节是回乡，回乡是怀旧，怀旧是感恩。贺伟良回国重头戏之一，是重走一遍当年的螃蟹矶。

螃蟹矶的螃蟹真多啊！秋天里男生拿电筒顺着龙窝湖大堤一路照，清汪汪的螃蟹沙沙地爬，收获大大的有。当地人四五毛钱一斤拎到我们宿舍门口都嫌贵。不过现在，螃蟹矶这个地名也在不知不觉中抹去了。一茬一茬的人，心里装的都是自己的事儿或是与自己有关的事儿。属于历史的又原封不动还给了历史。现在，螃蟹矶那里叫碧桂园。昨天还是好天气，今天又是雨又是雾又是风，一干老知青，在一片高楼大厦中指指点点估摸着辨认，哪里是宿舍？哪里是食堂？哪里是小河？哪里是芦滩？哪里是干校大楼？问一个岗亭里的小伙子大门怎么走，指给的方向恰恰相反，叫我们在里面转了几个圈，“二爷”不高兴了：“切，你还有我们清楚？”也不怪人家指错了，我们所说的大门和人家的根本不在一个概念里头。人家小青年哪里知道你们一伙人是专门怀旧来的，不是看房子的。

绕到大堤上，干校大门的痕迹一眼就认出来了，通往大门的斜坡路，藏在荒草里，我们走了那么多年，当然认得。大堤上那风大的呀，呼啦啦又回到了从前，从前我和一个同学一起从荻港回螃蟹矶，也是这个时节也是这段路上也是这么大的风，人家把他的蓝布棉大衣披在我身上，一进了这个大门，我立马拉开距离，物归原主并且坚决不说谢谢，好像我们不是一起回来的，是半道上碰见的。这会儿头发又给风吹得竖起来了，这里的冻人程度和繁昌根本不在一个季节里。我就奇怪，整整四十年了，什么都改变了，风难道一直在吹？脚下是龙窝湖，龙窝湖的左边是繁昌右边是芜湖，我们来的时候繁昌没有风。风是从芜湖吹来的吗？显然也不是，风是从哪里吹来的呢？戴了手套都握不住相机。贺伟良冻得不行还一个劲地拍拍拍，他说：“干校大门一定要拍一拍的，干校大门总归要拍一拍的。”有人说，太荒凉了。“我要的就是这个荒凉。”听话音好像以后的日子就指望这些照片回忆了。

谁谁谁锁一个苹果在抽屉里，从地里干活回来，锁是好好的，抽屉也没有被撬，苹果怎么没有了呢？是谁谁谁用小刀子从缝隙里一片片削了吃了。漂亮女生请某男生看了一场《卖花姑娘》，票价一毛。男生说我也请了她一碗光面，九分。还是不要回忆的好，否则止不住，况且还是站在这么大的风里头，脑壳子都吹得生疼。百般的风景印在脑子里，即便那些都能一一回放，也要配上那日的日光或月色啊！

塞纳河之畔

◇徐世宝

作者简介：徐世宝，安徽繁昌人，作家。

这次欧洲之行，仅在法国就逗留了4天，其中多半时间是在巴黎度过的。而巴黎的美丽、经典和深刻，几乎全部是围绕塞纳河展开的。这条绿色的河流，仿佛沉淀着巴黎乃至整个法国的精粹。

塞纳河由德国经卢森堡进入法国境内后，沿途的自然风光，犹如莫奈笔下的风景画，一直铺展到巴黎郊外。起伏平缓的大平原上，构成基调的黄色和绿色，呈方块状交错相间，与蓝色的苍穹诗意地对应着。黄色的部分是大麦和牧草，收割后的牧草卷成硕大的圆形草垛，散落在裸露的黄土地上，成为冬季北欧奶牛的上等饲料。绿色的大多是葡萄树，到了秋天，晶莹剔透的果实被酿成葡萄酒，与波尔多、勃艮第一齐名闻天下。原野上的树林，随着地势高高低低地变化着，白墙红顶的古堡，掩映在树丛之中。草地上奶牛和马的悠闲，与溪流和风车的舒缓，尽显着法兰西夏日午后的温和与柔软。大自然对这片土地的恩宠，使我想起法国伟大的启蒙思想家孟德斯鸠在《论法的精神》中，论述的自然、历史环境对人性的影响和对国家品格的塑造，而眼前这般浓郁、优美的自然景色，究竟对巴黎、对法国产生着怎样的影响呢？

在塞纳河上泛舟，一边品味着下午茶，一边饱览两岸的秀色，这样的体验，与塞纳河一样浪漫优雅。游轮在绿色的丝带上缓缓移动，两岸的画卷，从古色古香的桥孔下，从蓊蓊郁郁的树梢上，渐次舒展开来。参差隐约的各类建筑群，有哥特式的，也有巴洛克式的，或庄严巍峨，或华美壮观。左岸的奥赛美术馆、圣母院、埃菲尔铁塔、拉丁区，右岸的卢浮宫、凯旋门、香榭丽舍大道、协和广场。它们以极具个性特色的建筑风格，既展示着精致高超的艺术之美，也凝固着波澜壮阔的历史。而这一切，又无不融浸在蜿蜒、平缓的塞纳河水中。

站在气势恢宏的凯旋门下，面向香榭丽舍大道眺望，平缓而下的大道尽头，是闻名遐迩的协和广场。这两处彪炳史册的建筑，通过香榭丽舍大道，遥遥对视着。它们浓缩了从大革命到拿破仑征服欧洲的风云历史，是法国近代史上最为辉煌的时刻，这短短几公里的大道，因而具有了非凡的历史深意。而香榭丽舍大道本身，也极富历史文化色彩。始建于1616年的丽舍大道，曾是当时的皇后玛丽·梅德西斯休憩散步的皇宫后花园，它的浪漫与温馨，为大仲马的《基度山伯爵》、小仲马的《茶花女》作品，增添了无限的风情。徐志摩留学法国时，将这条美丽的大道翻译赐名为香榭丽舍。

在协和广场正中央，有一坐高耸云天的方尖碑，它是协和广场的标志。方尖碑见证了这座广场曾经上演的一出出腥风血雨的历史悲剧。1789年法国大革命时期，路易十六和皇后等上千人，被雅各宾派革命党人送上了协和广场的断头台。历史的吊诡在于，仅仅5年后的1794年，亲手埋葬了王权统治的革命首领罗伯斯庇尔，又因自身政权的恐怖专制，同样被送上了协和广场的断头台。后来我在先贤祠的卢梭墓前，再次想起协和广场发生的一切。这位激进的启蒙思想家，以他的“人民主权”思想直接点燃了法国大革命之火，并对欧美以至世界的历史产生了深刻影响，这是卢梭身后无上的荣光。卢梭始料未及的，是法国大革命本身带来的人道主义危机，在他的思想上投下抹不去的阴影。卢梭若地下有知，一定为此深感受辱的。同样供奉在先贤祠内的维克多·雨果，针对大革命暴行，在他的巨著《九三年》中发出了“在绝对正确的革命之上，还有绝对正确的人道主义”的呼喊。遗憾的是，他的声音在当时及后来的各国革命中，并没有引起相应的回响。不过，雨果倡扬的“博爱”精神，现在已深深融化于飘扬在协和广场上空的三色旗中了。

横贯市中心的塞纳河，将巴黎自然分隔成左岸与右岸，而耐人寻味的是，这两片区域的差异，不仅仅是地域概念上的，更多的是理念和文化意义上的截然不同。在塞纳河右岸，沿岸是各大银行、金融集团、保险公司、股票交易所等典型的商业机构，出入其中的人衣着考究，表情严肃，举止干练。冷酷的外表下，崇奉的是规则与实效。再往后延伸，便是繁华的奥斯曼大街，百年老店“老佛爷”和“巴黎春天”内，充斥了香水、时装等高档商品，吸引着来自世界各地的游客。弥漫在奥斯曼大街上的，是永无休止的物欲与浮华。然而，在塞纳河对岸，这一切却被一种浪漫不羁的情调完全颠覆了。

塞纳河左岸集中了巴黎大学、法兰西大学、法兰西文学院等知名学府，由于当时学院的师生必须用拉丁语写作、交谈，所以拉丁区也成了左岸的代名词。学院的云集，当然为左岸确立了无可替代的风范，但左岸的主流更是文人、艺术家的天堂，它的灵魂是流浪于此的波希米亚人。傍晚时分，沿着左岸的圣日耳曼大街漫步，是当时聚集于此的文人艺术家时尚。这是巴黎一天中最美的时光，身旁的塞纳河静静流淌着落霞的绚烂，晚风每隔15分钟带来一次圣母院的钟声，咖啡馆门口的烛光，摇曳在影影绰绰的暮色中。这样的情致，可曾触动过毕加索玄妙的艺术灵感？离圣母院不远，是莎士比亚书店，海明威曾是这家不起眼的书店常客。登上“咯吱”作响的狭窄楼梯，满眼尽是二手的旧书。二楼的光线有些昏暗，沙发大多残旧，墙上贴着发黄的文艺海报和照片。杂乱之中散发的怀旧气息，使人一下体验到海明威笔下的《流动的盛宴》中意境的亲切。正是这家书店，让这位硬汉的内心变得柔软。

“一个温暖、愉快的地方，冬天有个火炉，满桌满墙的书，墙上挂满了不同时代伟大作家的照片。”有书店的地方，自然需要咖啡馆。黄昏的时候，花神咖啡馆门外的椅子上，早已落满了慕名而来的身影。花神咖啡馆的不可复制的魅力，不仅在于它点燃了毕加索和阿尔贝·加缪的光芒四射的才情，更在于它成为萨特和波伏娃的爱情见证。当然，作为存在主义的代表作，它同样还是萨特的《存在与虚无》的灵感源地。我坐在咖啡馆门外的椅子上，慢慢品享着咖啡中的古典与温馨，细细体察着周遭的光景里那份往昔的情致。门前的梧桐树，阳台上的鲜花，曲折幽深的小巷，依旧在还原着当年萨特和波伏娃在此消磨浪漫时光、苦思存在主义的原汁原味。

在巴黎的几天中，几乎都与塞纳河或远或近地相守着，而最牵动人思绪的，是左岸与右岸之间颇具哲理的存在。显然，右岸是以理性、务实和效率，为法兰西创造着财富和尊严；左岸则以它的激情、丰富和深刻，为自己的民族提供着思想和真理。右岸让世人为法国的香奈儿、波尔多、雪铁龙而倾倒，领略到什么是高贵、什么是品位；左岸使世界认识到司汤达、巴尔扎克、雨果、莫泊桑、罗曼·罗兰的伟大与崇高，并为人类至今无法超越的经典而折服。右岸关注于大地，左岸仰望着星空。离了左岸，右岸的方向何在？缺了右岸，左岸的意义何存？美丽的塞纳河，使巴黎两岸在对峙与依存中达至完美的平衡，这是法兰西的经典所在、深刻所在！

往事并不如烟

◇徐世宝

父母金婚之际，我和爱人送上一幅李商隐的《无题·锦瑟》书法作品，以示纪念。熟谙古典诗词的父亲，每每为自己的人生与诗中的真意不期相遇，而感慨系之。五十年来的历历往事，恰似沧海之上的明月之光，轻抚着他和母亲心中的“锦瑟”，五十琴弦，如怨如诉地追忆着父母的沧桑岁月中，那绵长、隽永的爱意深情。

在父母携手走过的漫漫岁月里，有许多惘然之事，已经遥不可追了。唯有那穿越时光的十载苦恋，还有那次具有神意的相遇，时时像风一样牵动着他们记忆的衣角。我们现在很难想象，父母他们是怎样度越那音信阻隔、前景茫然的十年时光。我们只知道，父母相识不久，父亲就被卷入那场政治运动中，同样遭到这场寒流侵袭的，还有他们正在萌芽的爱情。一朵最富人性之美的花，还未来得及绽放，就在风雨中无声闭合了。犹如一出尚未展开的剧幕，就这样匆匆拉上了，而且是父亲亲手拉上的。当然，他是被一只无形之手左右着，包括他自身的命运，还有他倍加珍视的爱情。这种带有讽刺意味的悲剧性结局，受到伤害的，是我们的父亲、母亲，而被它嘲弄的，却不只是某一个体，甚至不只是一代人，是那个荒诞不经的时代，对整个生存其中的群体所共同怀有的人性之光的肆意涂抹！

当在政府工作的父亲从城市被贬到农村劳动，一夜之间，沦落为时人所恶的“右派”分子。在一个漏断人静、缺月斜天的夜晚，父亲寂寞的身影，像是一只无枝可栖的孤鸿，徘徊于黯淡的月光之下。此刻，让他纠缠于心的，并不是他有恨难诉的满腹冤屈，他最担忧的，莫过于个人的遭际牵累到自己的恋人，他在思考着如何使自己的恋人不被伤害。断绝恋爱关系，让自己的心爱之人远离这场风暴。

这是父亲当时唯一能做的了。或许就在这个夜晚，父亲给母亲写下了一封“绝交”信，从此之后，他便销声匿迹于无尽的改造之途了。大致如同当年嵇康写给山涛“绝交”信时的心情，我们可约略推测到，父亲在写这封信时，是怀着怎样一种纠结不堪、无以名状的心情：他一面被初恋的魔力在诱引，一面又被人性普遍的良善和男人特有的责任感所把持，他无力抵御其中的任何一方，却又必须做出不二的选择，那个夜晚，一定是父亲一生中度过的最揪心的时光。不过，在发出那封带有一丝悲壮裹挟着些许崇高的信之后，这一切，在父亲心中似乎都“释怀”了。

恰似山涛对于嵇康的“绝交”，怀有世人独到的理解一样，母亲正是从父亲那封“绝交”信里，窥见到了一个男人在危难之际，所闪现的比金子更可贵的品格。当然，“绝交”信里的字里行间，应该还有那欲罢不忍、欲说还休的绵绵情思。母亲和当时所有的人一样，看不到个人命运在那场政治风雨中的出路，但作为知识女性，她能洞知一个人身上只要具备了某种品格，就会决定他们的爱情人生，将有着怎样的走向和将来。从此，母亲将自己的情感，连同自己一生的命运，毅然锁定在那封“绝交”信上。母亲当年做出的选择，最令人肃然起敬的，是那些看得见或看不见的而且只能独自承受的重负：母亲自收到那封“绝交”信起，父亲就从她视线里彻底“消失”了，直到十年后那场柔肠寸断的相遇。而还原到当时的情境，那种音信杳无、佳期如梦的守望和等待，对一个花样年华的女性来说，那是怎样一种难为人知的大凄苦啊！

母亲为爱苦苦守护的虔诚，终有一天得到了上苍的垂顾。至少，我们一直深信不疑的，是父母的那次“不期而遇”，绝对不是一次偶然巧合。而对父母来说，那无疑是他们一生中，最为铭心刻骨的。那天，父亲出差之地恰好是母亲学校的所在地，当时父亲并不知道，母亲已经调到此地任教多年了。更富戏剧意味的，父亲下车时，恰恰又与上车的母亲迎面相遇。那时的政治的气候虽有些回暖，但父亲的“右派”帽子还未摘掉，他与母亲相视的一刹那，心中的余悸，使他本能地压低了头上的草帽。但这个破帽遮颜、张皇惊恐之人，没有逃过母亲女性的敏感。“金风玉露一相逢，便胜却人间无数”，那饱经离苦的回肠荡气之情，一别十年的恍若隔世之感，即便在几十年后的母亲忆叙中，我一样能从她依然不平静的语气里，复见到当时那种感人至深的情景。尤其是那次经过父母当年相遇之地，那一如旧时的风物，恍若依然在还原着与彼时彼地相对称的意境。那是一个深秋的傍晚，久别重逢的父母执手于古道两旁的梧桐树下，片片落叶在他们周身飞舞盘旋，夕阳落在江面上，把江水染成一片血红的苍凉，晚风推涌着江岸边雪白的蒹葭，苍茫无际的意象，泛起雁群匆匆归意。

有次我散步经过父母住处的公园，远远看见他们相互搀扶着，缓缓走向对面的一片桦树林。当这对年迈的身影，融入小道两旁的蒹葭丛中，我仿佛又看到了他们当年相遇时的那一幕情景。只是那时秀颀的身影，现在迟暮一如苍茫的蒹葭了。这让我想起林清玄的那篇《飞入芒花》散文中凄美的情境，不过，我并没有他看到自己母亲的白发融入蒹葭时的那种伤感。对我而言，这样的情致远不足以寓意父母经历十年苦恋之后，一路携手走过的风雨旅程、漫漫时光！我只平静地注视着他们渐渐消失在树林深处的身影，还有他们身后留下的绵延小道，和小道两旁白茫茫的蒹葭。他们走过的爱旅，是由他们共同经历的往事所连成，有些往事，会随着如烟的时光一路遗失，但有些往事，他们会永远珍藏在心的，譬如他们的十年苦恋，譬如那场神奇的相遇……

荻花飞处是故乡

——古镇荻港的别样风情

◇程红旗

作者简介：程红旗，安徽繁昌人，作家。

风雅江南，有两个荻港，古村古镇，水墨洇染，一在浙江南浔，一在安徽繁昌。

繁昌首镇荻港，建于汉代，距今已有两千一百多年，明代以前，就“两倍城邑，商船几与芜湖埒”。它出落在江边，上望铜陵，下接芜湖，过江就到无为。

江水长，荻花扬，无论走到哪里，古镇荻港的别样风情，都是“喝江水长大的”故乡人梦中怀想。

荻港依山，山是石头山。九华余脉，蜿蜒而来，把荻港揽入怀中。鹊起矶（板子矶）、凤凰山、古竹岭，落花井，不说风景和传说，听听名字，也会心动。清明时节，遍山的映山红从岩缝里探出头来，像醉酒的花妖，扫墓回来，就倚在荻港人家案上的青花瓶里。还记得上个世纪50年代汤晓丹导演的《渡江侦察记》吧，那部经典的黑白片，还有1974年重拍的彩色片子，都是在我们荻港拍的，说的是“大军过江”的荻港往事。

万里长江，到了荻港西北，“江狭水深，风急浪高”，恰好有了板子矶的砥柱中流，又有凤凰矶的临江而立，山水相拥，荻芦摇曳，港湾天然，凌波的舟楫，也有了遮风避雨的好去处。还有一条德胜河，连着铜陵南陵流水汇聚的黄浒河，直通长江。有了这方水土，居民就起高楼，小姐就抛绣球，皖南的竹木茶叶，铜陵的丹皮白姜，南陵的稻米香油，到荻港集散，避风荻浦的舟行客，也乐不思蜀，天天把歌唱：“长年莫道秋江冷，杨柳堤南是酒楼。”（明·朱芾煌《北行荻港阻风》）

秋江不冷，因为有柳，有堤，还有酒楼。酒楼何处？就在荻港老街。

荻港老街，不知哪年哪月，就那样沿德胜河南岸一路铺开。它起于麻石条子的南门桥，先是上街头，过财湾街（财神湾），接中街（中心街），垂直于德胜桥、荻浦饭店，然后是下街头，也叫德远街，经过锅坊，最后抵达江边凤凰矶大王庙。宋末元初造的大王庙虽已不存，但凤凰矶头曾经起起落落的那张大罾，却一直在我眼前晃动。“傍堤多酒肆，临水半柴门。”透过明代繁昌县令宋棠《初入荻港》的诗句，也可约略遥想荻港老街的前世风情。

老街铺的是青石板，严丝合缝，青光可鉴。那些青石板，比许多古镇老街，要厚实规整多了，谁叫荻港天生就石头多呢。两旁商铺鳞次，过去多为徽商经营，如裕兴等老店字号，石灰墙上至今隐约可见。商铺中间，有大小弄子交通，毛家弄、何家弄、凤凰弄等等。毛家弄通德胜河，以中医药世家毛氏命名；何家弄又叫大弄子，通青山冲、荷花塘，青山冲有桃有杏有桑葚，有独立山头老粗老粗的古银杏树，还有粉墙黛瓦的四合院小学，荷花塘用青山冲做布景，驳岸齐整，柳丝披拂，凉亭翼然，夏日里荷叶密不透风，荷花高举，游鱼可数，青蛙叫得一片响；凤凰弄通山后，顺斜坡上去，是红星剧场，再往前，就望见荻港最出名的地标——板子矶。那些幽深的弄子，也是青石板铺的，踏上去嗒嗒响，要是再飘点毛毛雨撑一把油纸伞什么的，味道可以想象。

好长一条街，除了财神湾，都是直直的，老房子肩并肩，头对头，针插不进，水泼不进。临河人家，还有一排古旧的吊脚楼相连。从山头上往下看，远处一条江，江边一道河，河畔一条街，街后一条路，路又靠着山，白的江，蓝的河，黑的屋顶，灰的路，还有青青的山，那线状的层次和颜色真的一目了然，不像有些老镇子，眉毛连着胡子，一锅粥。老街的房子，几乎都是两层楼，马头墙，冬瓜梁，临街是厚重高大的槽门，二楼有花窗。每所房子，又有好多进，楼上楼下，前店后坊，庭院深深。我家老姑妈常说，那时候的老房子，一边要伸到德胜河沿，一边要拖到荷花塘驳岸边，深得很呢。可惜鬼子撂炸弹，毁了好多。

德胜桥横跨德胜河，原叫德远桥，始建于汉代，虽代修代废，依然古朴端雅，也是繁昌唯一的沿江大型古石桥，约50米长，12米宽，三孔弧形，青石桥体，麻石桥面，桥栏有浮雕，柱头有刻花。它就在街边上，相当于城市客厅，也是荻港最热闹的场子，桥南上花轿，桥北说古书，桥上跑车马，桥下撒渔网，桥栏上，还有一排小家伙（荻港人昵称“小豆子”）玩高台跳水，显本事，裸泳，扑通扑通，像下汤圆子一样。傍晚立于桥头，又见不远处的长江夕照，洇染了迤逦而归的点点白帆，那就是古繁昌著名风景“荻浦归帆”，文人雅士题咏无数，与“鹊屿江光”相媲美。

“鹊屿江光”，也是对名胜板子矶的文艺表达。板子矶在荻港东约一公里的江边，又名鹊起矶，上海辞书出版社1981年版的《中国名胜词典》，沿用前人之说，称它“为大江上下之要害，古来兵家必争之地”，凤凰卫视《中国江河水》摄制组来拍摄，也赞美它是“长江二十四矶之首”。兀立在澎湃江涛中的板子矶，巨石嵯峨，又有银杏翠竹，掩映着古塔、碑碣、炮台和土垒，是山水的绝配，兵家的沙场，古建的秀台，诗人的红颜，更是荻港父老的心头肉。恋爱，去那里谈；过年，去那里玩；来客，到那里炫；清明去芦南祭扫渡江烈士墓，回来也必定要爬上始建于明代的镇风残塔，游目骋怀，“啊啊”地抒情。

荻港因江而盛，是个川流不息的水码头。以板子矶为起点，沿着江岸线，直到老埠头（老虎头）吊桥的河边，分布着大小许多码头，景致也各不相同。

板子矶旁边的修船厂码头，虽然体量巨大，却是个“70后”的小后生，不属老荻港风景。江边矿场（马钢集团）码头，运的是铁矿，有冒白烟的蒸汽小火车，从桃冲到荻港来回跑，久远的历史，说来五味杂陈。省水利厅码头，在老虎头吊桥的边上，也有轨道交通，却无冒烟的火车头，只见一长串“歪歪车”（车厢左右一歪货就卸下的铁皮车），满载石灰石或石子，全凭重力和惯性，从山头上，沿着窄窄的铁轨，就那样呼呼地一路滑行，越过圩埂和河滩，一直滑向码头，工人戴一顶柳条安全帽，在车后头，悬空而立，也一并呼啸而下，全像冬奥会的高山滑雪。小轮码头，趸船有楼，栈桥又宽又长，也是荻港人夏天的江滨浴场，水性好的（荻港人叫“水猴子”）游着游着，就游出了芜湖地区，游到江北巢湖的沙土地上去了。客轮靠岸的汽笛声，也是镇子居民共享的报时钟声，安庆的下水轮一叫，就1点，芜湖的上水轮一叫，就8点，荻港人不用看钟，准得很，也不会混淆了客轮和货轮的叫声。“渔梁渡头争渡喧”，最热闹的，还是凤凰矶边的过江码头，“摆江子”（渡江）的小船从早忙到晚，因为那时对江的无为人，上街就上繁华的荻港街。有个细节我一直记得，大约上世纪70年代末一个夏天傍晚，有个身材高大的老人，应该是从上街头的汽车站刚下车，他穿了件当时只有女人才穿的大红衬衫，拖着一个同样大红的大旅行箱子，走过我家门口，一步一步，朝老街下街头江边走去，街上好多人都好奇地说：华侨，华侨！想象一下那个日落时分，千山万水，千难万难，“老华侨”怎样上了荻浦渡口“摆江子”的小船，终于回到江北故乡的情景吧。

悠悠岁月久，难忘故园人。荻港人起得早，人勤快，又厚道，开山放炮拉板车，做手艺，做买卖，捕鱼捉蟹，日子也过得有滋味。

大清早，老街就有卖元宵的、卖五香豆的沿街吆喝。元宵数唐家的最有名；五香豆是早上现烀的，装在小木桶里，用从荷花塘摘来的新鲜荷叶兜着，冒热气，飘清香。山里人家也从赭冲、桃冲、古家冲、落花井把柴火挑到街上，摆在老街人家门口，等候着早起的居民。夏天的午后，渔民一手牵着头戴银项圈、身背葫芦的小毛毛，一手拎着竹篮子或者筲箕，沿街叫卖刚从江里起水的虾子。卖江虾是不用带秤的，用蓝边碗一舀，一毛钱或者一毛五一碗，满满的，活蹦乱跳。来老街做买卖的，还有固定的小贩。比如每天早上，都有个梳粑粑髻的老奶奶从新港坐上水船到荻港老街，拎两个大篾篮，卖新港干子，有香干子、臭干子、蒲包干子。正月里，大雪直飘，老街屋檐下挂着长长的冰溜子。早上起来，老人们用新港臭干子拌自家做的香菜，加上去了衣子的花生米，再浇上小磨麻油，那独特的美味，真把小镇人嘴都吃歪掉了啊。还有几个芜湖大妈，夏日里每天从芜湖坐船到荻港来卖冰棒。她们背着高大的冰棒箱子，一手拎着木支架，一手拎着保温桶，腰背弯成一张弓，用标准的芜湖话沿街吆喝："香蕉冰棒——五分钱一根啊！"有一回大妈突然升级了新版广告词："橘子冰棒——五分钱一根啊！"于是我们小孩子就赶紧找大人要钱，急吼吼地买来尝鲜，结果味道却和香蕉的一模一样，乐得大家哈哈大笑。

谁家娶媳妇，更是热闹一条街。大花轿，红盖头，子孙桶，张家爆竹店的爆竹一直放，电管所胡师傅、文化站尹站长鼓起腮帮子吹唢呐，呜哩啦呜哩啦。天黑了，喜糖就从楼上雕花窗子哗哗地洒到老街青石板上，一阵一阵，像落雨一样，大人孩子都在地上抢得直滚。新郎家正在办喜酒，贴了大红对子，也会造势，不开门。我们小家伙挤在大门口起哄，出力推门，推不开，就兴奋地齐声高喊："新娘子，银娘子，屁股后面挂个铃铛子……"更催泪的："算小，算小，生个儿子不长鸟！"以此换来更多的喜糖和快乐。

还有一位老少都得喜的"三根筋"。"三根筋"之名取其形似，瘦瘦身，驼驼背，是个很喜欢孩子的木匠手艺人，年纪一大把，就住荷花塘边上。他的最大看点，是每当晚上喝多了，就喜欢在老街核心地段百货公司台阶上唱大戏，义演。手拿一根长木棍子，武松打虎，也打"丑字当五字写"的潘金莲，唱念做打，一人一台戏。那围观的"粉丝"里三层外三层，颈子伸得多长。三根筋打完了老虎潘金莲，就开始追打"粉丝"。不是真打，也不是假打，是那种阵发性的半真半假的打，相当于刘德华和观众玩互动，玩过了头，于是"粉丝"们就跑、就笑、就闹，一直要哄到小半夜。

冬天的夜晚，还有邻里互助的轮流打更，防火防盗。打更人三两个一道，裹着厚棉袄，戴着只露出眼睛嘴巴的马虎帽，踏着老街厚厚的积雪，手拿毛竹梆子，一路走来，"嗒嗒——打更——打更啊——嗒嗒——火烛小心啊——嗒嗒——老头老奶奶不要呱古经啊——嗒嗒……"声音由远及近，又由近而远，直到把荻港人送进温柔的梦乡……

老荻港的渐行渐远，始于上世纪60年代。串联队伍，沿着老街一边歌唱一边张望，看见老房子上龙凤之类的装饰木雕，就爬上梯子，用斧子砰砰地砍去。修下水道，垫高街道，又把老街的青石板撬起或填埋，上面全部用水泥混凝土覆盖。老街人家大多拆旧建新，钢筋水泥取代了祖辈留下的砖木小瓦。为了防洪和建设，德胜河被人为改道，举全镇之力挖山填河，昔日河道变脸为水泥新街道。1979年11月13日，乙未年九月廿四，开始拆毁德胜桥，历时一个月，据说还是有人于心不忍，或者出于对历史文物的敬畏，就将桥额、封顶石和石碑埋到了当时文化馆院子的土里，算是永久的纪念。当时，“板车诗人”、剧作家郭珍仁老师送我一张珍贵的德胜桥黑白照，那是他为家乡古桥拍摄的最后背影。

乡愁是一种病，美丽而忧伤。在那荻花翻飞的江边上，有我可爱的故乡……

端午序曲

◇程红旗

“清明插柳，端午插艾。”前几天去菜场，蒙蒙细雨中，看见几个农民在卖艾草，一捆捆的比人还要高，根上带着泥土，衬着几片菖蒲叶子，湿漉漉、碧绿绿的。又看见一个瘦小面善的农村老奶奶，手里攥着几束青白色的用来裹粽子的麻丝，说一块钱一束，引得人们纷纷感叹：麻丝真是好东西，好久没见过呢。

记忆中江南小镇的端午节，好像正是从“送节”、裹粽子和门前摆放艾草开始的，这些源远流长的端午民俗，属于故乡端午节前的规定动作，如同华彩乐章的温情前奏。

小时候母亲在医院工作，经常值夜班，孤身的老保姆孟妈就一直带我，她每餐都要做两份饭，一份给我和她自己，一份给我母亲和姐姐，还要帮粮站的几个职工洗衣浆衫贴补生活。老保姆的娘家在离小镇八里远的天保圩，一个大姓几乎就是一个生产队，她的兄妹和侄男侄女一年三节都要来送节。

每年端午前几天，他们会陆续送来糯米粽子、咸鸭蛋、桃子等节日礼品，而老保姆也会早早准备好“回情”的礼物，有从老街合作商店买来的绿豆糕、蜜饯糕、竹节糖等应时糕点，还有手帕、毛巾和用布票从百货分销处扯来的几段花布，根据不同亲戚家人口结构特点，搭配起来，老少兼顾，而招待午饭更是重头戏。一般程序是亲戚早上从乡下上街，有时候我还没有起床，客人就到了，他们先把竹篮或者麻布口袋里的礼品送到楼上保姆的房间，吃了早餐，就去街上买过节的东西或者卖点土产品，中午回来吃饭。那时虽然穷，但老保姆总是倾其所有，款待她娘家人，如果来的是兄弟、侄子，还让他们自斟自饮一点山芋干子酒。饭后再把回情的礼品一一送上，双方激动地你推我让好一番，最后亲戚才勉强收下，临别照例还会说：真不好意思，又吃了又带了。

最喜欢老保姆家的一个哑巴侄子来送端午节。年轻的哑巴身材健壮，五官端正，总是一脸的憨笑。他一来，我就缠着比画着要他说话，他也心领神会，乐于作秀，照旧一字一顿大声地说：“毛——主——席——万——岁！”由于要用力地尽量发出标准音，两只眼睛就直往上倒，面部肌肉棱角突显，而脸上洋溢的却是一派得意的快乐和天真，于是我们都竖起大拇指，表扬他确实会说话了。那时候他上街接受了统一安排的免费治疗，针灸疗法。当时还有一首广为传唱、非常好听的歌曲，《千年的铁树开了花》，花腔女高音，“千年的铁树开了花，开了花，万年的枯藤发了芽，发了芽，如今咱聋哑人，说呀说了话啊，啊——啊——啊——啊……”比兴手法加直接抒情，再加上激越高亢的旋律，一下子就唱出了小小银针让聋哑人开口说了话的无比喜悦亢奋之情，令人无不动容。

我父亲去世早，而母亲娘家又远，只有她在工作中结下的几个农村朋友（过去的病人）来登门送节。那时没有什么医患矛盾、医闹这些古怪说法，有的是治病救人和涌泉相报。母亲的朋友们主要来自一个叫古家冲的生产队。由于是山里人家，他们端午送来的礼物除了粽子相同，其他的都是山里的土特产，和天保圩特色迥异。知道我母亲喜欢吃红豆粽子，他们每年都要特意裹上一些，再一一说清楚麻丝系的是豆子粽子，麻线系的是糯米粽子等，而现在流行的肉粽子那时候是没有的，因为猪肉实在是个稀罕物，几个月才能吃一回。虽然我家没有老保姆家那样楼上楼下人气爆棚，而我母亲也总是尽力以礼相待，从不亏了朋友。

端午节，一个百姓敬重的传统节日，一个承载着辟邪、追远、健康、竞技、娱乐和美食等百般滋味的农历日子，就这样在城乡交集、长幼有序、亲朋互敬、礼尚往来的不变仪式中，用浓浓的亲情和纯洁的友情，渐渐掀起了美丽的盖头。

旧时端午的前一两天，家家户户还要开始在大门边上放一束青青的艾草。沿着老街的青石板走过去，一束束艾草就像穿绿装的仪仗兵一字儿排开，还有那刺鼻的清香味挥之不去，仿佛一条街家家都开起了中药铺子。张扬的艾草也是端午街头的生动意象，如同清明在门上插的柳，春节在门上贴的春联一样，只不过艾草干了，还要整理收藏起来，留着泡脚祛湿或者给产妇熏澡。而用麻丝裹粽子，更是天然、卫生，又有情调，可以让人们的思绪沿江而上，慢慢抵达云水苍茫的汨罗江。

最近和一学生说起这两样东西，也勾起了她的端午旧梦。她说你老外不是，小时候过端午节，我家都会晒很多艾叶，母亲把晒干的艾叶分成一小捆一小捆扎好，架起来收藏好。我家女孩多而且皮肤都容易过敏，身上痒了，母亲就拿一扎下来泡水洗澡，很管用。艾叶的清香味怎么会刺鼻呢？我就非常迷恋。还有麻丝，你晓得是怎么剥下来的吗？嘿嘿，保密。

端午的前一天下午，骤雨初歇，山色空蒙。我骑车到郊外漫游，看水田秧苗青青，荷塘玉润珠圆。行至柯家村古窑遗址，沿着湿漉漉的砂石小路往山里走，只见涧沟里流水叮咚，村民正忙着洗过节必备的黄鳝和咸鸭蛋等，热热闹闹的。又看见三个年轻妇女正坐在不远处楼房院子里裹粽子，端午前这样裹粽子的场景正是我儿时的最爱。我一冲动，就准备过去拍照，想想也太冒失，便打算等下山时再委婉行事。

柯家村，即过去的柯冲，是繁昌青白瓷古窑址所在地，央视也有揭秘的专题片。我推着自行车想找到曾经探访过的窑址，不料却被山里人家两条大黑狗挡住了去路。更奇怪的是下山途中，我左顾右盼，呆呆痴痴，却怎么也找不到先前那三个裹粽子的妇女，而且连门也摸不着了，是忘记了在哪座楼的院子里，还是她们已经裹好粽子去烀了？如果是用土灶大锅烀粽子，干柴烈火，那热气腾腾的节日气氛，也值得我拍照纪念呀。

这真印证了那句令人伤怀的叹息：失去了，也就永远失去了。哪怕是端午前山里人家三个妇女一起裹粽子的热闹场景啊！

俗话说：午端午，晚中秋。这话本没有错，因为它道出了两个不同节日的“节点”，甚至是“泪点”，不过我细细一想，还是觉得有点粗枝大叶的。难道端午节前那些卖艾叶麻丝的农民和老人，那些裹粽子的妇女，那些拎着粽子、绿豆糕给长辈送节的人，更有我的老保姆、母亲以及那个哑巴大哥，就可以忽略不计了吗？高潮固然令人激动，序曲不也情味绵长？

艾草青青麻丝长，端午渐近梦故乡。

老人与狗

◇施明荣

作者简介：施明荣，安徽繁昌人，安徽省作家协会会员。

在那个叫寺冲的冲口，正与一徐姓老汉说着照相之事，一老妇从近旁的菜园出来。臂弯里挎一篮青菜，看了我给老汉拍的照片，说也想拍张。问她住哪，她朝东面一指，我便随她去了。

三间青砖瓦房落在半山腰上，没有一般人家应有的院墙、稻床，门前屋后遍布毛竹，绿荫笼罩，环境清幽。人未到，就有许多狗窜出来冲我乱叫。“别叫。”老妇一声断喝，狗们便止了声，仍有两只喉间低唔着，表示戒意。我从未见过如此阵势的狗群，在老妇的热情招待下，壮着胆进了屋。

屋内陈设简陋，杂放着锄锹之类农具，我还看见磨好的弯刀和柴斧搁在条台的一端，墙拐堆满山芋，一口缸里放着稻谷。家里有些乱，看来老妇比较忙碌。

洗脸梳头换衣服，拍完照已近中午。老妇留吃饭，说也巧了，昨天村里车了塘分了鱼哩！我也不推辞，常年在外奔波，在人家吃住早就习惯了。酒是现成的，就在桌上摆着，散装的那种，盛在塑料桶内，老妇给我倒了半茶杯，给自己满上一碗。言谈间老妇知我是范冲人，十分高兴，说是遇到娘家人了。说起来，她与我母亲竟是同学，读过两年私塾。一碗酒见了底，老妇话语畅快起来，从话语里知她姓鲁，人称鲁四娘，丈夫早逝，儿、媳均在外打工，孙子在部队服役，就她一人守在这屋，还有山下的八分地。观她言谈举止，分明有着男人的开朗豁达，不似一般的乡间农妇。

许是闻到鱼腥，一只花猫蹿上桌来，伏在桌边向主人咪咪直唤，四娘用手轻拂了它两下，那猫却不肯下去，再用筷脑拍它，花猫身子一缩，一副任凭挨打之模样，还是不肯下去。“小花妹，你个馋老鬼!”四娘笑骂了几句，用筷夹了一块鱼尾扔到桌下，花猫即跳下桌，叼到一边享用去了。

饭后，四娘把剩下的半锅饭和锅巴一同铲了喂狗，另加上一大盆山芋，狗们开始吃食，先是几只，后是几只，然后再是几只。不曾想这狗吃食并不起哄，竟也有轮次之分，不是亲眼所见，还真不敢相信。不知是四娘训教得法，还是因了狗的温顺与可爱，总之让我感到惊奇。

见我对狗很有兴趣，四娘红着一张老脸，便过来指点说，这条叫黑虎，是这群狗的王，经常将兔活捉回来孝敬我哩！那条叫母狮，旁边瘦些的叫花豹，最老的那条叫赖皮，短尾巴的叫秃尾，还有小亲、小贝、小跟、小捡。小亲小贝喜欢跟脚，我到哪，它们喜欢跟到哪，小跟是从乡农贸市场跟回家的，当时这条狗饿得慌，我给它扔个包子，它就跟着来了，小捡是因为在路上被人撞伤，流了血，半死不活的被捡了回来的。这十几条狗都有名，多半也有来历。四娘数说它们的优劣、特征，像是讲述自己儿女那般。

稍远的那条半大的黑狗最瘦，它缩在那里，呆呆地看着这边，一动不动，眼里充满哀伤。问是怎么回事，四娘热烈的表情变得沉痛。“作孽哦！是我害了它哟!”四娘这样说，她又说了事情的前后：对面看山的姚老头问她要了这条狗去养，哪知这狗性烈，被拴在山棚门口又跳又叫，三天不进食，后来嗓子叫哑了，也蹦跳不动了，就发了狠将套在脖上的铁丝环咬坏跑了回家，由于用力过久过猛，造成整个牙槽松动脱落，歪斜在嘴里。四娘看着不忍，只好把它牙槽拿了。没有牙如何进食。只好给它喂些汤汤水水的保命。四娘说，要知道是这么个结果，怎么也不会答应将它给人。“唉，说什么都晚了，心里难过呀，一生没做过坏事，年老却摊上这么一件事!”

养了这么多狗，既不杀也不卖，不知是为什么，四娘说，不为什么，本来是养条狗看门，下了一窝崽后没人要，又不愿扔，干脆就养着呗，加上外来的野狗，还有跟回来的捡回来的，狗们就越来越多。于是问题也随之而来。

养这么多条狗，不是件容易的事。哪有那么多粮食喂它们呀，我有些不解。老人叹了口气，神情变得凝重。儿子一年只给五百斤稻子只够糊住人的嘴，哪还有粮食喂狗。没办法，只好在山地里种小麦种山芋，好在多少地都荒了，没人种，地有的是，只要肯花力气。家里本来喂猪的，现在不喂了，全喂了狗，就算是这样，粮食还是不够。只是到了秋冬，四娘就把刀斧磨得锋快，上山砍柴，驮下山来卖给柴贩子，得了钱就买米，掺些山芋，煮粥给狗们吃，每天一大锅，天天如此，从未间断。有时不凑巧，吃得少了，老人宁可自己饿着，也要让狗吃饱。“既然养着它们，就不能让它们受饿。”四娘这样说。平静的话语里透着诚恳与善良。

老人的做法让村里人难以理解。有人说她傻，有人说她怪，也有人说她脑子有毛病。儿子有了怨言：再这样下去，那五百斤稻子就不给了，还不如留着喂鸡养鸭哩！媳妇虽不说，但脸上明显挂着不高兴。四娘说，不管人家怎么讲，反正自己活一天，就得照顾它们一天，怕就怕她哪天不在了，这些狗就没人管了。老人忽然有了几分伤感。

望着四娘那张饱经沧桑而又面呈慈祥的脸，我一时不知说什么好。处在这样的条件与环境下，该忍受着怎样的艰难与孤独！然而老人却说她不孤独，难是难了点，但有这么多兄弟姐妹陪伴，有什么好孤独呢？这话是她随口说的，但我听了却不无感动，一个偏僻山间的普通老妇能说出这么一番至情至性的话语，能把狗们称作兄弟姐妹，这让我感动之余又有了点惊奇。我想四娘的所作所为可能是信了佛教的因果报应之类，然而四娘却摇头说她不信佛。我心中一动，相信了这世界上有的人天生就有着诗性与佛性的心灵，有着悲天悯人的情怀。它们所做的一切与知识教养无关，与宗教信仰无关，所有善良之举，完全是出于下意识或潜意识里的人性之美。那一刻，这个叫鲁四娘的老妇在我眼中的形象变得高大起来。

四娘给我茶杯续上水，自己点上一支烟，那种两元一包的劣质烟。茶味地道，是她在寺冲周边的山坳里采摘的。我们继续着关于狗的话题。有人用心听她聊狗事，她似乎很满意，说着说着，她会做出一些动作和手势，我觉得老人有时显得好笑又天真。

每年的冬天，总有一些不务正业的人专事毒狗，拿到城里的集市或饭店换钱。有天深夜，狗叫声大作，被惊醒的四娘起床瞧时，已经迟了，几条狗已被毒死，尚有两条未来得及拖走。第二天，村上的大龙听说了此事，要把狗剥皮取肉烧锅子。四娘只是不允，郑重其事地用条半旧的毯将两条狗裹了。埋在门前的柿子树下。这事让她难过了好长一段时间，此后便留了心，夜晚一有动静，就起来查看，让毒狗之人无从下手。有时，四娘觉得情况不对，即披件旧棉袄坐在火桶内，将大门开着，点着灯，手里捏根棍。有时还故意骂咧几句，看谁还敢偷她的狗。

我走的时候，那些狗正躺在门前路边的草滩上晒太阳，它们很温暖，也很惬意。它们朝我望了望，不再狂吠，它们知道我已在主人家吃了饭而且聊天到现在，不会伤害它们。有只狗跟过来，朝我裤腿上嗅了嗅，又摇尾跑开了。

走在路上，不知为什么，总是想着这位平凡而又奇异的老人，想着她的那些狗，心里有着隐隐的痛与沉重。

漂泊或漂流

◇施明荣

堂屋里挂着三张地图：本省的中国的世界的。常常自觉或不自觉地立在图前一站半天。图上标志的那些江海河湖高山峡谷森林湿地，那些神秘的地名域名，对我来说，是一个魅力与诱惑所在，那里似乎有着更多的诗意与美感。我虽不能至却无妨令我心想神往。每每当我回过神来知道自己仍站在原地时，便不由得发出一声深深叹息。

作为普通人，相信大多数如我者，为了老人为了孩子，只能常年窝在故乡的土地上未能远行或不曾远游，直至终其一生，让远方永远留在梦中。这多么残酷多么无奈呵！我为此感到伤感和悲哀！作为地球人，本应在这个球体上的家园四处走上几遭游荡一番才是啊！即便看来如此简单之事，真实行起来何止是难！虽然众人心中都有着对漂泊的原始渴望，然而能够做到的没有几个。

多年前，就想着出门远游。一只行囊一架相机一壶浊酒一册地图，去远足他乡行走四方，去访山看水寻景探幽。当然，鉴于各种原因未能成行，至今倍感遗憾。现如今，随着年岁的增长人已见老，体质也不如从前。按说此种不切实际的念头应该打消了，奇怪的是这种想法不见消减，反而愈来愈烈，几回梦里在他乡，醒来还是在家乡。耽于此种奢想，我干什么事都静不下心来，整日里心神不宁有魂无魄的样子。有事没事看地图，时不时想着去漫游去漂泊。我不是说去旅游或旅行——没那条件。我知道漂泊与旅行是两码事，旅行是轻松的休闲的，是客人走马观花游山玩水，或者说是花钱坐车坐飞机住宾馆上酒店买门票往人挤的地方看那些人为装饰的景点。漂流是落魄人失恋人潦倒者失意者乃至道士僧侣诗人艺术家为了忘觉伤痛抚慰心灵逃避世俗挣脱牵挂的从容之举，是行吟的诗人一路苦吟，是一个人在路上的孤独冷清，是以远足浪迹天涯体验本真放逐生命追求梦想的一种方式，或者说是为了追求一种情趣，为了换一种生活方式。把车呀房呀名呀利呀抛到一边，把温柔之乡温柔之情抛到一边。告别妻儿怀揣梦想毅然决然淡出故乡走向异乡。伴随的是风风雨雨冷冷暖暖坎坎坷坷；面临的是饥餐渴饮蚊叮虫咬忍受漠视，甚至以生命为代价死在旅途倒在路上。但尽管如此，古往今来愿意吃这番苦遭这茬罪的人从未间断且大有人在，虽苦犹甜。这是因为漂泊的意境是美好的，诱惑是无穷的，其精神高度是深邃的。

自春秋战国始，游侠策士幽灵般在大地游荡。壮士仗剑远游，说客各国穿梭，凭借神勇与三寸不烂之舌建功立业。孔子率弟子周游列国14年，说服诸侯恢复周公礼仪。一路屡遭困顿四处碰壁，可谓凄凄然惶惶然。然最终修成正果，所著《春秋》成为传世之作。唐诗人李白一生好入名山游，任侠使气书剑两行，漂荡于江湖，长期过着流浪生活，他的一腔豪情幻化出雄奇浪漫惊天泣地的杰出诗篇，为世人所景仰。漂泊一生忧民一世的杜甫对李白的推崇不独在才情，更在于对李白放荡不羁天马行空四海为家的生活方式的向往及至对人身自由解放的称羡。他曾与李白携手同游，纵酒射猎，结下千古传颂的友谊，成为诗坛盛事幸事。另一诗人孟浩然和山水鸟虫结下缘分，足迹遍布林海湖泊，大半生都在漫游中度过的。他的寻道访寺之作，多山水游赏之趣。连什么人都不放在眼里的诗仙李白也对孟浩然另眼相看佩服有加。除了物以类聚性情相投，主要是对其生存境界的高远及人格气象的称颂。实际上，盛唐的文人隐居或漂泊已成为风气，或以隐居、漫游取仕，或对现实不满寄情山水。像高适等人都有过或长或短的游历生涯，有着非同寻常的人生经历。苏东坡自35岁即颠沛流离，一地居住从未满过三年。他携家带口，不断迁徙，无休止地向新的谪居地进发。虽屡遭困厄却意气旷达，童心不泯，诗心不灭。可以说，漂泊的艰辛，人生的苦难，流浪的不凡经历，暗合了诗人心路情感，激发出画意诗情，从而勃发出不朽的诗篇！所谓读万卷书，行万里路，纸上得来终觉浅，绝知此事要躬行。就是这个意思。所谓知行合一，也是这个意思。

到了近代，为了逐梦为了夙愿抑或为了信仰，走出书斋，用脚步亲吻大地，用心灵感应自然追求艺术的文人学者不乏其人。着破衣，穿草鞋，胸前挂着墨水瓶，信仰“劳工神圣”的艾芜孑身游荡在西南边境的深山老林里。饥肠辘辘身无分文，曾遭遇小偷，几为乞丐，一度沦为土匪师爷——历时六年的漂泊生涯丰富了他的人生阅历，其传奇经历成就了一部《南行记》而享誉文坛。书中所描述的鲜为人知的西南边境及异域风情让人为之叫绝耳目一新。同时期作家沈从文上世纪三十年代在湘西那条叫沅水的河上来来回回漂来漂去，在漂与泊之间谙熟了那里的风情韵事，这才能写出了《湘西》《湘行散记》，顺带写出一批情书，美其名曰《湘行书简》。我想从文先生若一味坐在书案前，不经湘西的山水洗礼山风熏陶，是断然写不出那些含山带水富有灵性的文字的。可见漂泊之功大焉！已故台湾作家三毛喜欢孤身独闯。她远离都市自我放逐置身茫茫沙漠，实质上是为郁结的心灵流浪为悲伤的爱情漂泊。她一生走过48个国家，亲身感受人生百态世物风情，竟从容写下26本书，为苦难者与平民百姓唱赞歌，为漂泊的亡者叹挽歌——显示了心地诚善的气质与悲天悯人的情怀。三毛一生流浪其灵魂一直在漂荡，三毛的心灵没有故乡没有家，因了灵魂无法安顿，只有不断地走啊走，怎么走也抵达不了心中的家园。不要问我从哪里来，我的故乡在远方。为什么流浪，流浪远方——一曲《橄榄树》，就是她内心的真实写照，一曲《橄榄树》唤醒了多少人的天涯流浪梦。现如今，京城的北漂，地铁中的歌手，蓄发养须四处突围的未出名的艺术家，他们神情忧郁却又坚毅执着，竭力想闯荡出一条知与行的成功之路，等待他们的除了成功的喜悦，更多的是无尽的苍凉与身心的疲惫。

据说波希米亚人也就是吉卜赛人流浪了不止一千年。他们自我流放四海为家，他们几乎走遍了世界的每个角落。这是他们注定的生存方式，一种进入到血液或为骨子里的文化基因，一种不变的生活态度，从而造就了吉卜赛人的野性粗犷唯美凄艳仇恨决绝铁血英勇之民族气质。现今的吉卜赛人的生存态度成了世界潮流，成为先锋和时尚，古老的流浪漂泊成新潮而备受推崇！这种高傲的生存方式被模仿，不知是幸还是不幸？吉卜赛人没有家，犹太人曾经也是，但四海无家处处家，他们一直在路上——漂泊或漂流。由古至今，从无尽头。

身在家乡，心在远方。

读　山

◇程自桥

作者简介：程自桥，安徽繁昌人，芜湖市作家协会会员。

茶余饭后稍得一些空闲，我就驻足于几个知己送的山水画前，读着一幅幅浑厚华滋、意境深邃、雄伟峻峭、苍莽烟云的山水画；或者就伫立在“丛山数百里，尽在小盘中”沙积石盆景旁，读着一峰则太华千寻，一勺则江湖万里的意境，读着这沙积石的形、势、姿、态的浑然天成，也读着它的皱、瘦、透、漏的神韵。平日里一获得多些空闲，我就会走出喧嚣的城市，去郊外读一座座真实的山。

在一个灰蒙蒙的早晨，我站在阳台上极目眺望，城外逶迤而去的高山峻岭如一条巨龙在薄薄的云雾里游弋，变幻无常的云雾一会儿浓如重墨一会儿淡似轻纱，大大小小的峰峦在茫茫的云雾里时隐时现。似乎有一支神奇的大笔，在这浩渺的天地间，或清墨重泼，或重墨轻泼，或清墨轻泼，或重墨重泼，成就了这一幅幅前所未有变幻无穷的泼墨山水。

面对这一幅幅云雾弥漫峰峦隐现的水墨山水，

整日疲于奔命已很累的心，也对山眷念已久的心，倏地爆发出一种无法抑制的冲动，渴望着走进山亲近山看山读山，天地与我并生，天地与我合一……

很快，就驻足在城郊一座极其寻常的山脚下，这山不大不高更不是一座闻名遐迩的山。抬起头仰望着这座山的峰峦，山也是那么高峻那么悠远。沿着一条蜿蜒的山道向上缓缓攀缘，树绿竹翠烟云缭绕，草青花红流水潺潺，安逸宁静恍若世外桃源……

一路走着，一路读着山上的一草一木一石，也在祭祀瞻仰隐匿着神灵之母的山。穿行在蕴涵了天体宇宙无限奥妙的山里，沉溺于具有内在的生命运动和精神力量的山里，浸淫在精神高于物质思维高于存在天地人合一的山里，尘世的浮躁、烦劳、忧郁渐渐远离，仿佛自己也随之羽化而登仙了。

站在一块突兀的巨大岩石上，望着脚下一条小路蜿蜒到山下。岁月总是逶迤而来蜿蜒而去，如今的我们是无法回望到山脚上，始建五代南唐兴盛整个宋代“繁昌窑”的瓷窑群，在这一片寂静的山地里，只留下一些俯拾即是的残瓷片碎匣钵，只留下世代口口相传的“柯大柯二”碗名和“龙亭街”地名。只有一块伫立在山脚下“柯冲古瓷窑遗址”石碑，不时地提醒着人们，这座山上几百年前曾经的辉煌。

静静地坐在山林里草坪上，身旁是一条清冽的山泉，读着一溪一林的禅意，无欲无望的水声水韵、林声林韵，尘世的喧嚣渐渐地隐退，心灵的浮躁也渐渐地消逝。

仁者乐山，智者乐水。只不过是古代那些士大夫的感慨，是把自己标榜为仁者与智者，事实上山才是真正仁者智者老人圣人，他经历了人世沧桑世事无常，但他坦然着微笑着安详着，接纳着一代代芸芸众生行走在他怀里，承载着秦时每一阵风掠过汉时每一场雨飘落，遥望着唐时每一轮太阳升起宋时每一个明月沉下……

常常在身心被生活划得伤痕累累，痛着，也疲惫不堪，在挥之不去，也没法驱遣，整日里就浸润在这些伤感的空气中时，我就选择从林立的钢筋混凝土高楼大厦中逃出，投入山的怀抱看山读山。在巍峨的山的抚爱下，流血的伤口渐渐地愈合，胸襟倏地就是一种天高地远，状态就是一种心静如水。

我每每心累时就去读山。

根　雕

◇程自桥

有人说，根雕是融合园林、国画、雕刻为一体的艺术，被称为无声的画，立体的诗。我总认为言过其实，不过是有人偏爱而已。直到一天，我被一位友人领进他父亲家，有机会走进老人的客厅、卧室。真正地接触到这些充满无穷魅力的根雕艺术后，我才被这绝美的艺术征服了。

那天，我一跨入客厅，仿佛进入了一个充满神奇的童话般世界。我从来没想到，这些被人遗弃在荒山秃岭里，充当燃料的自生形态及畸变形态的树根、树身、树瘤、竹根，竟能向人们神奇般地奉献出永恒的艺术美。

客厅里、卧室里，墙壁上、地面上、天花板上，挂着摆着吊着许许多多的根雕。所表现的飞禽走兽、人物山水惟妙惟肖栩栩如生，给人一种来自自然而巧夺天工之感。有的像虎似狮，有的像豕似猴，有的像奔跑的小鹿，有的像飞向身边的大雁，有的像窈窕的采茶姑娘，有的像历经沧桑的放牧老人。细细琢磨，又似像非像。更有甚者，当你确定一个形象后，再换上一个角度，换上一种思维，就会惊奇地发现，面前出现的则是另一种形象。如腾龙飞舞，像凤凰婉转，似仙鹤振翅，恰蝙蝠翻飞……

一旁的老人瞅着我目瞪口呆的样儿，笑了：这就是根雕与其他姊妹艺术所产生的不同艺术魅力所在，它能给人一种广袤辽阔的想象空间，让人有无穷无尽的回味、思索。

根的妙在于似与不似之间，欣赏它们，只有心平气静，只有善于观察、善于发现才能从形里找出它的神韵，充分发挥自己的想象力，找出它们的奇、特、怪、妙之处，方能觉知、领悟这些丑陋腐朽的竹根、树根是在锯锯凿凿雕雕刻刻创造中，获取了永恒的生命力、永恒的美。

朋友说他父亲选择、取舍根雕的原材料，是从山坡上、道路旁、梯田边拣，从农家的柴火堆和园林丢弃的桩头、废根中挑选。从不去野地里挖掘。

老人瞅着一脸迷惑的我，神态凝重语气缓慢地说，我想你一定读过龚自珍的《病梅馆记》，“斫其正，养其旁条，删其密，夭其稚枝，锄其直，遏其生气。”这就是说：砍掉端正的枝干，培养倾斜的侧枝，除去繁密的枝干，伤害它的嫩枝，锄掉笔直的枝干，摧残这些梅，阻碍它的生机，活生生地把它们弄出病态来。如果将一个个鲜活的根体从它生存的土地里挖出，再进行艺术加工及工艺处理，那就是对自然的践踏，对生命的摧残，对艺术的亵渎。

老人对自然的尊重对生命的敬畏，让我不禁地肃然生起敬意！

老人又领着我来到后院，那里堆满了奇形怪状的树根、树身、树瘤、竹根。他顺手拿起一个树根，比画着得如何根据原材料的自然形态，因势造型、因才施艺。七分天成，三分人工。巧用心计，合理而慎重地取舍。利用根的自然形态上的枝、须、洞、节、疤、纹理、色泽、态势等，让这些天然特点和神韵，在已确定的艺术形象中得到合理的利用和充分的体现。让自然美的“奇”与人工美的“巧”，达到统一……

这几天，我每每面对老人送给我一件名为《牧童》的根雕，反复咀嚼老人的话：通过构思立意、艺术加工及工艺处理，创作出人物、动物、器物等艺术形象，是雕刻者自己面对生活的一种态度、一种意愿、一种祝福，或者说是一种期盼。

我也悟出：与其说创造者如此，每一个欣赏者，每每面对这化腐朽为神奇，化丑陋为俊美的根雕，也一定会面对生活产生一种美好的愿景一种向上的力量。

讲台上的父亲

◇安艳莹

作者简介:安艳莹,安徽省作家协会会员,现居繁昌。

都说女儿和父亲关系好，好像女儿都比较喜欢黏着父亲，只是年纪越大会越加的羞涩，我与父亲正是这样的关系，我常会吃母亲的醋，也许真的是女儿与父亲是前世的恋人，找老公就该找和父亲一个类型的人。

女孩子在未出嫁之前是生存在父母编织的保护网里，父亲在其中扮演的是一位“人生导师”的角色，母亲则主要负责后勤保障，等女儿到了婚嫁的年龄，“人生导师”会牵着女儿的手把她引渡进另一个更加年轻的男人编织的网里。然后拍拍那个年轻男人肩膀依依不舍地说：“好好待她，我把她交给你了。”

作为家中长女的我，几乎是父亲的“小尾巴”，父亲是一名高中历史教师，从小对我的影响非常深。在海伦上小学时，我在他的学校上学，他调到新曙光公社东升小学当语文教师，我进了东升小学读书。恢复高考后，一向勤奋好学的父亲如愿考上了师范，这会的我又感觉到形单影只了。父亲师范毕业后分配到离家较远的林业局一中教书，这时的我也上了初中，每天坐在父亲自行车后座上，又找回了从前的感觉，好幸福啊！这期间我也亲眼见证了父亲作为一名光荣的人民教师无怨无悔的付出。从1980年开始，一直到2005年退休，从林业一中到县一中，近25年的时间都担任高三把关教师。父亲，一直都是我最敬佩的人。

记得那是1983年深秋的一个晚上，任高中班主任的父亲给我买了两根麻花，让我在他办公室自习，然后就走了。当晚我们回到家时，已经九点多了。住在乡下已经退休的爷爷（退休教师）上午来时还好好的，吃过午饭和妹妹们玩了一阵子，下午突然发病，母亲就赶快找医生，医生看过说爷爷是中风，那时交通和通讯都不便，等我和父亲回到乡下的家的时候，爷爷已经说不出话了……父亲的脸贴着爷爷的脸，泪水浸湿了枕巾。三天后，爷爷去了……后来我才知道爷爷是特意来看望我们的，而那晚我的父亲为了他一个参加高考的学生被人挤掉了名额，给她想办法，写材料。爷爷走了，留给父亲的是深深的愧疚和终生的遗憾，可是父亲从未后悔过。1985年第一个教师节，父亲就被学校评为优秀教师。他的严谨教学和无私奉献，使他得到了几乎全体学生的尊敬和爱戴。父亲，一直都是他可爱学生们的偶像。

1985年父亲的学校分了新房子，我们终于要搬到街上住了，我和父亲上班也不用那么辛苦了。父亲的学生们不知怎么知道了，那天我家竟然来了三四十位学生帮忙搬家，邻居们羡慕不已，记得当时场面很是壮观，把我家的小屋都快挤炸了，他们搬东西、装车、做饭……父亲的学生孙姐特别会做饭，中午父亲为了犒劳他的学生们买了好多好菜，孙姐姐妙厨生花，吃得大家连连称赞。

父亲是位热心人，家里来了客人，父亲都要倾尽全力要客人吃好喝好。他平时忙得没有时间做家务，可是在他学生苏哥得伤寒病时，他居然亲自下厨做红烧肉，我们可是没有享受过这样的待遇，但是我们都能体谅父亲的苦心。

不过父亲也有被学生误会的时候，父亲的得意弟子高哥学习成绩不错，各方面能力都很强，就是有点骄傲，第一年高考失利，父亲很痛心，所以父亲就因材施教——对他用了激将法，父亲对另外一个学生说他不行，结果高哥哥考上后和我说了这件事，后来我问父亲为什么说那样刺激人的话，我不相信一向温和的父亲会说这么伤人的话，父亲沉默了一会说：不那样说，杀杀他的傲气，他能考好吗?！父亲也不解释，这么多年分别，我一直想和高哥说这件事，可是一直没有机会。这么多年教书育人，父亲一直为他的学生自豪着，丝毫不把这些误解放在心上。

父亲同时也是我们几个孩子的历史老师，讲台上的父亲喜欢仰着脸讲课，他从来不看教案，就把那些枯燥的历史娓娓道来，学生听得津津有味，根本不用维持课堂纪律。他上课时从来不提问我，回家去问我听懂没有；考试时即使我的卷子能判成第一，也是第二。他的严格体现在这些细节中。父亲写得一手好字好文章，他所教的班级学生竞相模仿他的字体，我也不例外，没人督促，一笔一画地抄笔记，等我参加工作以后，同事都说我的字体像男生，可见父亲对我的影响之深，连我的字体也打上了父亲的烙印。我的作文老师就是父亲，但是课堂不是在家中，而在菜园的篱笆边，我做父亲的小帮手，父亲边夹篱笆边教我作文。

父亲是一位正直的人，我家的亲戚朋友，谁要是被人欺负了，拿起法律武器无偿帮助别人打官司的一定是父亲，从写诉状到官司胜诉，父亲事必躬亲。要是农村的朋友打官司，还吃住在我家那仅有40平方米七口之家的狭小房子里，母亲毫无怨言，父亲把朋友待为上宾。不是有句话说得好：看一个人不要看与他地位相等的朋友有几个，而是看他平民朋友有多少。父亲正直的品格影响了很多届的学生，也教会了我们怎样做人。

父亲既是严师，也是慈父。我家虽然有五个孩子，但是父亲尽量做到公平，一个香瓜也要大家分享。吃饭时也是我家最热闹的时候，我们在饭桌上成语接龙、唐诗背诵、讲笑话等，虽然家庭条件不是很好，但是家庭气氛总是其乐融融。这是我结婚以后一直都很怀念的。

父亲还是一个热爱生活的人，他爱好颇多，自学的二胡、手风琴、口琴，小时候我们经常在父亲悠扬的二胡声中歌唱。父亲只有一米七出头的个儿，可他却是篮球队的中锋，常常在篮球场上冲锋陷阵。

父亲也是一个很细心的人，记得当初出嫁的前夜，父亲嘱咐母亲搂着我睡，第二天他把我送到车站，拜托列车员沿途照顾我，然后头也不回地下了车，我想着我从此要远离亲爱的父亲和家乡的一切，泪水止不住地流下来，后来听母亲说父亲回来后好多天都闷闷不乐……一直被父亲引以为豪的长女，突然远嫁他乡，他的心情可想而知的。

这么多年，父亲一直惦念着他的学生，他和他的学生们多数都来往着，像朋友一样地相处着；而父亲的学生依然想念着父亲，每次回家乡都不忘看望他们的老师。2007暑假我回乡时，正巧碰到回家度假的学生来看望父亲，二十年过去了，父亲和学生亲切地交谈着，谈工作，谈家庭，谈生活；忆母校，忆老师，忆同学。

母亲得空把父亲和学生相聚的照片拿了出来，其中一张是父亲和高哥的合影，照片上的父亲神采奕奕，因为他和他的得意门生在一起……

父亲是我们做人的楷模，他就像一根红烛，燃烧自己，照亮他人。

走好，老校长

◇安艳莹

这几天周围的朋友出点事，我一直心绪不宁。昨晚打好的草稿，却无法静心写完。与朋友聊会儿天，说起上大学时喝酒的往事，那时的我年轻气盛，没有喝过酒，第一次，却喝醉了。事后同学告诉我，喝多了，我就哭，很丢人的，以后再不敢多喝，生怕喝多了哭鼻子难堪。

今晚的我没有喝酒，却是泪雨滂沱。如果老校长您还在，看到了一定会关切地问我怎么了，可是您永远都不会知道我的泪是为您而流，敲击键盘的不是我的手，而是我的心，我的泪珠。敬爱的汤校长，您走得太突然了，连一句话都没有留下，就撒手人寰了。

今早来上班，走到学校，迎候我的不再是您每天阳光般的笑脸，而是二哥三弟肃穆的脸庞，我搜寻的目光想找到您，看不到您，我心里不踏实。二哥告诉我昨晚您出了车祸，已经走了。唉唉唉，怎么会???

昨天中午下班的时候看到笑呵呵的您买点花生米，说是来了一位老教师，您要请他喝酒，陪同的还有舅舅和另外一个老校长，四人喝了一斤酒，席间您说心里有点不安，总像有什么事要发生。如果我在，我会安慰您。老伴汤妈妈也不在，每次出门都是一道，可是这次您非劝她自己去看望您的侄女，没想到竟是诀别，汤妈妈怎么能够接受这一噩耗呢？整个上午我都陪伴着汤妈妈，我要为您安慰她老人家；如果您在，你会抚慰她，可是您走了，就让我来吧！

就在前几天，我把朋友寄来的北大荒真空黏玉米带给您，您二老像欣赏宝贝似的，看着您二位孩子般好奇的笑脸，我比自己吃了还高兴呢！

暑假时，父母亲从老家来，您特地让汤妈妈来邀请他们到您家做客，然后您二位又到我家看望他们。因为是同行，性格相似的您和我父亲一见如故，身为贤妻良母的两位母亲也有共同语言，我真高兴，可惜当时只顾高兴，忘记了合影留念。你们还约定下次见面再聚。可是约定还在，您却走得如此匆忙……

记得我初到婆家，就听爱人多次提起您，爱戴之情溢于言表。五月份当您听说我们的婚事，高兴异常，不亚于自己的儿子找到了女友。到第二年的元月我们结婚那天，我是第一次见到您，您很瘦，但是精力充沛。因为招待客人，也没有和您多说，后来一点点地熟悉了，了解您是我们这里教育界的元老，我们的学校是您一手建成的，您培养了很多学生，也精心栽培了一批批老师。我的爱人就是在您的精心培养下，走进全国优秀教师行列的。

您挂在嘴边的一句话："外乡人来到我们这里不容易，要多关心他们，我汤圣模就是要保护外乡人。"您的襟怀可见一斑，被您关照的外乡老师不只我一个。从工作到生活，从生活到家庭，事无巨细，无微不至。每当外乡教师遭遇不平，是您挺身而出，仗义执言。虽然您已不在其位，无法挽回什么。但是与那些明哲保身、阿谀奉承的人相比，您的正义之声多么难得。

因为您耳朵背，每次说话前，您习惯性地把手放在耳边，对我说："小安，今年不要买秋菜了，过几天我给你，你自己腌菜吧，两个女儿要一碗水端平，同等待遇啊！"您就是这样，一直把我当作您的亲生女儿一样看待，不是亲人胜似亲人！如果有来生，就让我们再续父女情缘，好吗？

对于五个子女，您更是谆谆教导他们要做正直的人。他们都很优秀，是各单位的骨干，在事业上兢兢业业，大家庭和和美美。令人羡慕。

虽然您退休了，可是您依然发挥余热，经常给学校提些合理的建议，每天义务为学校送报纸，就在昨天早晨，您来送报，看到窗子紧闭，您还帮我们打开窗子，送来了新鲜空气。可是今后再也不能看到您温暖的笑脸了。今天的报纸是我放到报夹去的，冰冷的报夹没有留下您的体温，却留下您的指纹，我的泪水不由自主地流淌下来……

认识您的人，都说您脾气坏，但是心眼好。为了工作，您不怕得罪人，但是过后您会解释、安抚。这就是您领导的艺术，也是您做人的高明。因为您的赤诚，对于您的安排，同事都很理解。退休后，您的家成了“老年之家”，虽然您个人生活很节俭，但是老同学同事来了，您是慷慨的，老友们聚在一起，开心啊，您会多喝几杯，开怀尽兴。

今天中午吃饭时，我看到您常坐的座位上坐的不是您，我跑到厨房忍不住哭出声来。问苍天，为何专把好人妒？为什么好人不长寿，坏人却活千年？老天爷，为什么这么不开眼呢？您老人家可是一个地地道道的好人，一生都悲天悯人，处处为人着想，硬朗的身体再活十年二十年没有问题，可是老天爷他不但不眷顾您老人家，还让您去得这么凄惨，面目全非呢！

值得告慰的是，撞您的那个可恶的肇事逃逸司机，一个年轻的小伙子已经在凌晨三点钟被抓住了。您最讨厌这种不负责任的人，不幸的是您却碰到了他。您生前为教育事业呕心沥血，走后却血染马路！他撞了您之后，还把您残忍地拖出了40米进行二次碾压，他的女友下车看了一眼，便开车逃逸了，幸亏目击证人报警，交警赶到。

今早说起这司机，我恨不得把他撕成碎片，如果撞的是他的亲人，他会袖手旁观吗？他会逃之夭夭吗？就在十月之前他还违章驾驶撞了我的一个同事，他竟然说我的同事没有什么事，后来同事拨打了110，他才同意去医院检查，没有什么大碍，我的同事就回家了，可是害得同事七天假期浑身痛。这样的司机早晚要出事，没想到这么快，却撞到了您，真是您的劫难，对于家里人来说，更是雪上加霜。因为去年的秋天您的长子意外离世，您说心里很不安，好像要出什么事，一定是因为长子的故去。这一年当中，您偷偷伤心好多回。以前我不相信迷信，这次是不是冥冥之中有双手在摆弄着人的生老病死呢?

因为您的离去，我禁不住莫名地慨叹，我要劝慰朋友们，无论压力有多大，都要坚强地生活。生命是如此令人敬畏，有时又是那么脆弱，所以请一定要珍惜。上天只给我们一把牌，没有重新发牌的机会。无论好牌孬牌，我们都得学会承受，要更多地想办法如何打好这把牌，而不是抱怨。同样面对惨淡的人生，有人坚强乐观积极地生活，有人脆弱悲观消极地熬过；同样的日子，开心是活，忧愁是过，何不开心而活呢?!

我想告诫那些司机朋友，开车一定要小心啊！这既是对自己负责，也是对他人负责。因为司机的不小心，可能会导致几个家庭悲剧的发生。当然要是逃逸，也不会逃脱法律的制裁。那个司机如果及时救助，老校长也许不会死；如果他及时报警，保险公司会理赔。所以出于人道请不要在车祸发生后逃逸。

敬爱的老校长，通往天堂的路上难走吗？可我知道，无论如何您都会微笑着面对。只要您在，天堂里还会有笑声。依您的爱心，您还会把四川灾区死去的孩子们集中在一起办所学校，告慰他们活着的父母。这就是您一个优秀的教育工作者永不停息的脚步：

雄才大略居仙台，
两袖清风乘鹤来。
三尺方寸乾坤定，
一无所有拥四海。

我的母亲

◇汪佳木

作者简介：汪佳木，安徽繁昌人，作家。

清明节，家乡盛开的映山红，漫山遍野，一片生机盎然。母亲坟头上那丛映山红，格外鲜艳灿烂。扫墓结束后，我久久不愿离去。

母亲是1995年农历五月份去世的，享年七十八岁，今年正好去世二十周年。再过两年，就是母亲一百周年诞辰了。

母亲姓张，娘家就住在临近的东山村。家庭贫苦，兄弟姐妹七个，五男二女。母亲排行老三，七岁时来我家做童养媳。

我家同样贫穷，同贫相怜。祖母很善良，对新来的童养媳，像对待自己亲生女儿一样。那年代作兴裹小脚，祖母一番好意，自作主张，把母亲一双小脚裹了起来，折腾得痛苦不堪。刚能下地，就硬撑着一跛一瘸地去池塘洗衣服，不慎一跤跌倒在池塘里，差点淹死。幸好及时救起，不然就一命呜呼。父亲一气之下，把母亲的裹脚布全部解放了，母亲打心里感激。有幸留下一双伤残的小脚，为日后挑起家庭重担，闯出一条活路来。

母亲十七岁那年和父亲成亲了。那就是祖母一句话的事。说是拍拍灰，好成对。没有新衣服，没有新床被，没有办酒席，没有任何形式。两个一起长大的苦孩子，从此相亲相爱，挑起家庭生活的重担。随后祖父母生养死葬，全由他俩共同承担。

父亲会做会累，是农活一把好手。1949年之前就是地下党员，经常参加革命活动。母亲默默地大力支持，里里外外一手操劳着。因家庭困难，我大姐九岁就送给人家做童养媳了。

我是1947年出生的。上面有三个姐姐，所以我出生后，父母十分疼爱。母亲因生活苦，常年劳累，身体差，经常生病。我出生时，瘦小体弱，又无奶水，全靠粥糊喂养，几个月后，睡在摇篮里却望不到人。邻居一位姓谢的湖南籍老太太，特意来看这个宝贝小男孩。凭她的经验说，伢子，倒是个好伢子，就是要好生地带啊。言下之意，孩子要想养大，可不容易。母亲日夜呵护，精心喂养终于闯过三岁难关。随后我下面又带来一个弟弟，父母对我更是关爱有加。

1949年，中华人民共和国成立，家里分到田地和房屋，日子一天天好起来。天有不测风云，1953年父亲不幸病逝，年仅三十九岁，说是伤寒。天塌了，母亲只有三十五岁，家有两个姐姐，一个弟弟，一家五口，这日子怎么过啊！母亲悲痛欲绝，哭得死去活来。屋漏偏逢连夜雨，不久我小姐因脑膜炎也夭折了。

父亲去世后，母亲一直沉浸在极度悲痛中.每逢过年过节，别人家热热闹闹，我家却冷冷清清，母亲总要到父亲的坟上一边烧纸悼念，一边痛苦诉说：你怎么忍心撒手丢下我，什么不管就走了，我和小儿小女何时才能出头啊……哭得天昏地暗，眼睛哭肿了，两只手把坟头上刨了个大坑，鲜血直流。

三年后，好心人都劝母亲，招个男人把门框子顶起来。凭母亲为人品德，愿上门的大有人在。可母亲考虑再三，若招人，对孩子不好，走错这一步，那就后悔莫及。为了儿女，为了对死去的丈夫负责，决定再苦再累都认了。这是老天爷安排的命运。好在离娘家近，有个靠山。农忙时，五个娘舅一起来，一切搞定。经常去打扰他们，有时也遇特殊，无功而返。外婆很有威望，一顿数落，娘舅们各自放下手中的农活，还是如期来了。

母亲勤劳俭朴，很会持家过日子。她说，富人不离书，穷人不离猪。母亲是养猪能手，每年总要养一两头猪，一瓢菜一瓢糠，辛辛苦苦把猪养大，卖钱为了交付全家的口粮款。有时钱不够还要求人家代垫，来年再想办法归还。平时鸡蛋舍不得吃，油盐用费就指望着卖鸡蛋的钱。

母亲一生爱清洁讲卫生。她说人穷水不穷，家里衣被都洗得干干净净，几件破旧家具都抹得净光彻亮。我家是村子里最干净的一户。凡有上面派下的工作组，都安排在我家吃住。母亲厨艺精湛，虽然家里无鱼无肉，但经她的手做出的家常菜，色香味样样齐全。

母亲善良，通情达理，乐于助人，人缘很好。虽然家庭困难，但从不叫苦叫穷。来客人总是留茶留饭。有时无米下锅，立刻系上围腰悄悄地去人家借米，把借来的米藏在围腰里，回家照常烧锅做饭，从不亏待客人。我家虽穷，但母亲上人家借东西从不挡手。母亲常给人家帮忙，做鞋子，裹粽子，给妇女绞脸，有求必应。邻里有什么争吵不和，都愿意找母亲评理。经母亲调解，结果都是息事宁人，皆大欢喜。

我六岁时因营养不良，得了疳积病。有个老叫花子路过我家，母亲热情地给他盛碗饭夹上菜。他感动地说，你家孩子有病，如果信我，保证治好。据说从前老叫花子都有本事。他用刀子把我两只手心各割一刀，挤出像鱼子一样的东西来，然后敷上药包扎好。后来病果真好了。母亲说，黄篾筷子能撑住门，而石头磉子却不行，好心有好报。

我二姐十八岁那年出嫁了，都是母亲一手操办的。

母亲最喜欢映山红。她说，映山红像我们穷人一样，不管生长在什么地方都能开出美丽的花朵来。春天上山砍柴，总要采上一束回家，插在瓶里用水养起来。映山红，吉祥喜庆，洋溢着灿烂的笑容，彰显着顽强的生命，从容淡定，贫寒不惊，笑傲人生。

母亲相信命运。老家不远处有个姓齐的瞎子，算命很灵。她经常请齐瞎子算命，看看哪年哪月能时来运转。命中说，中年走的是“南方运”，老来还要连续走几个“南方运”。先生解释说，中年“南方赛火坑”，很糟糕。老来“南方赛黄金”，命很好。先生还说，你德行好，善有善报，老来幸福快乐。母亲真的信了，她那苦难的心得到了安慰。俗话说，姑娘穷有一嫁，嫂子穷等儿大。她迫切地期待着那迟来的好运。

我童年最喜欢夏夜乘凉。我和弟弟依偎在母亲身旁，特别开心。在明媚的月光下数着天上的星星。母亲告诉我们，那是北斗星，那是天河，天河两岸一颗是牛郎星，一颗是织女星。每年农历七月初七，喜鹊搭桥，他们才能相会一次。那月亮上住着美丽的姑娘叫嫦娥，会唱歌会跳舞。弟弟听说唱歌，吵着闹着要母亲唱首歌。母亲记性好，会唱很多歌，如《十月怀胎》《孟姜女送寒衣》，大都是悲情歌曲。“月亮渐渐高，照见柳树梢，受苦人在房中越想越苦恼……”这首歌到现在也不知道它的名字，但我们幼小的心灵感受到歌声的凄苦。

母亲深知不识字的苦处。每逢过年，总要写几副对联，起码要准备几个鸡蛋请有文化的先生帮忙。届时还要讲好话，赔笑脸，侍候着，等人家有空才行。母亲说，再苦也要让孩子读书。我和弟弟先后都上了小学。母亲说，惯子不惯学。母亲既是慈母又是严父，早上必须早起读书，晚上写完作业才准睡觉。犯错时，打骂罚跪那是常有的事。为了两个孩子读书，她起五更睡半夜，长年操劳不息。夜里常常一觉醒来，母亲仍在油灯下缝补衣服。我们很少添制新衣，总是新三年，旧三年，缝缝补补又三年。母亲更是这样，我们没见过她有一件像样的好衣服。家境所迫，弟弟上完小学四年级就辍学回家做工了。

我小学毕业考取县中。母亲说，贷款也要读。初中三年正好赶上三年自然灾害，粮食紧缺，忍饥挨饿。母亲鼓励我，男孩子要有志向，要坚强。夏天无蚊帐，无垫子，就睡在光床板上。冬天只有一床很薄的旧棉被，垫半边盖半边，人只能直挺挺地睡着，一夜到天亮不能翻身，脚也不回热。母亲问我，学校生活怎样。我说，夏天蚊子不咬我，我是木性人，冬天直挺着睡，可以长个子，好得很。母亲听后心酸了，长叹一声，擦着眼泪说，要是有你父亲在，哪会这样。

初中毕业考取师范，母亲十分高兴。师范不用交伙食费，学校还可以提供蚊帐、棉衣被等生活用品，母亲的负担大大地减轻了。老天开恩，赐给她难得的喘息机会。

毕业参加工作，每月工资二十九元五角，全部上交母亲掌管。虽然钱不多，但对于我家来讲，那是天大的喜事。先后还清所有的贷款和利息，家庭生活明显好转。

母亲呕心沥血，百般操劳，为我和弟弟娶亲成家了。她那饱经风霜的脸，终于露出了笑容。仿佛农民看到自己的庄稼，日渐成熟，心里充满幸福和喜悦。

我牢记母亲的教诲，踏踏实实工作，堂堂正正做人，一步一个脚印，走出母亲的期待，走出人生的精彩。随后调到乡政府从事行政工作，母亲感到无比欣慰。我想，这是对母亲最好的感恩和报答。

我常回家看望母亲。买些老人家喜欢的食品，陪着老人聊天。母亲一个人单过，但和弟弟住在一起，生活有弟弟照顾十分周到。两个姐姐也经常回家，送些好吃的，帮她洗洗衣被，干些重活。空闲时母亲也常回娘家走动，都受到热情款待，并小住几日。母亲非常满足，她说，常常梦见父亲，他还像以前那样壮实精神，说他在天堂里一切都好，就是挂念着家，说着说着老人家流下伤心的眼泪。儿女们临走时都要留下零花钱，让她老人家自己买些需要的东西。母亲总是把我送到院门外，再三叮嘱，工作忙，要注意身体。当我走远，回头再望时，母亲仍然站在那里。

我也常把母亲接到政府宿舍住上一段日子。家属和孩子们都十分孝顺，为老人改善生活，添置新衣。老人爱听老戏，我特地租来好多磁带。老戏大都是描写民间的苦难和不幸，很是煽情。每唱到悲惨处，老人都会产生强烈的共鸣，总要赔上同情的眼泪。母亲说，书文戏理，能从中学到很多道理。星期天孩子们陪着奶奶到县城里逛逛，买些老人喜欢适用的东西。我吩咐特意在县城一家最好的照相馆为奶奶照了一张老人十分满意的照片。清秀端庄，慈祥的笑脸洋溢着灿烂的阳光。

母亲在外总是不习惯。老是惦记着自己家里的那两间老屋。她闲不住，要回家种菜，养鸡，拾柴，和那些老邻居们聊天，热爱着她所熟悉的生活。

在我童年的记忆里，听到的是母亲悲惨的哭声，看到的是母亲忙碌的身影。现在终于看到母亲喜悦的笑容。

母亲年轻时生病，那是常有的事。年老后身体反而硬朗起来。1995年5月，母亲先是发热几天，后来不能吃喝，村里医生看过多次，不见好转，随后病危。当时我在一线防汛，接电话急忙赶回，可母亲奇迹般地好转起来，这可能是回光返照。她说，你们不要动我，我哪里都不去。在这个家族里我寿命算长的了，我很知足。我心里清楚，一下子走不了。你防汛要紧，赶紧回去。我早就想好了，若是死了，就按照政府的号召火葬吧，不给你们为难。我只有一个愿望，死后和你父亲合葬在一起，生不能长相守，死后一定要和他永不分离。在场的亲人全都哭了。

在我第二次赶回家时，母亲已经不行了，但她坚持着不走，当她见到我后，才闭上双眼。我不禁潸然泪下。

母亲逝后在我家乡行政村第一个实行火葬。出殡那天，娘婆二家的亲友，一百多人为她送葬。沿途的众乡亲，不约而同地也来为她送行。鞭炮声响彻云霄，无不夸赞这位贤德的好母亲。为儿女，不离不弃；坚守寡，含辛茹苦；终有日，苦尽甘来。在场人无不为之动容。人们常说，不看姑娘上轿，要看老来风光。母亲如愿以偿，风光地走了。老人们都说，要是从前，可以为她竖个牌坊。

如今每当看到那些幸福的老太太，都会想起我那苦难的母亲。

母亲是位平凡而又伟大的人；母亲是本读不完的教科书；母亲是座看不尽的远山；母亲是一艘超载的轮船，任凭风吹浪打，历尽千辛万苦，总是心甘情愿，无怨无悔。

母亲真的太累了，太苦了。

但愿母亲在天国里，和父亲相依相伴幸福安康。

隐静禅林意幽远

◇刘　敬

作者简介：刘敬，安徽省作家协会会员，现居繁昌。

“我闻隐静寺，山水多奇踪。岩种朗公橘，门深杯渡松。道人制猛虎，振锡还孤峰。他日南陵下，相期谷口逢。”此诗名曰《送通禅师还南陵隐静寺》，是诗仙李太白在游览五华山隐静寺后发出的由衷赞叹。此寺位于繁昌境内，是“南朝四百八十寺”之一。相传地藏王菩萨在寻找修炼佛法的住处时，见此山脉形似五龙戏珠，故起名为“五华山”。其与我国四大佛教名山之安徽九华山素有“姊妹山”之誉。

那个周日，尚是晨光曦微时分，两辆满载文学采风笔会成员的小车已经出了城。正值江南的初夏时光，四野里绿色绵延。清风拂面，有微微的凉，亦和着淡淡的沁人心脾的草味花香。车行平稳，不疾不徐，一路东南。经峨山，过寒塘，笑谈之间，五华山已举目在望——是的，这就是我们此番行程的最终目的地——五华山“隐静禅林”风景区。

仿若远离故土的游子经年之后重返家园，“近乡情更怯”似的，原本有些喧闹的车内，竟渐渐安静了下来。大家的目光，早已被窗外的秀美景色所吸引。记得《小窗幽记》中有言：“苦恼世上，度不尽许多痴迷汉，人对之肠热，我对之心冷；嗜欲场中，唤不醒许多伶俐人，人对之心冷，我对之肠热。”我们这些素爱舞文弄墨的人，却也是红尘俗客，日日忙碌于柴米油盐的琐碎凡庸，每每陷溺于七情六欲的繁复无常，恰如宋朝的大诗人梅尧臣在《游隐静山》一诗中所感慨的“心在名山久，积岁未及游”，终是冷落了眼前的景，忽略了身边的美——其实，五华山一直就在这儿，在距我们“咫尺”之地默然地屹立；隐静寺也一直就在这儿，还有杯渡松、朗公橘、佛塔寺……这一片素有“江东第二禅林”美誉的奇景，不言，不语，美名却穿越了千百年的岁月风雨，传颂至今。

我和文友们似“久在樊笼里，复得返自然”的鸟儿，扑啦啦从车门争先恐后地跃下。当山腰那一片“雨洗娟娟净，风吹细细香”的青青修竹蓦然映入眼帘，我终是惊得半晌无语——天蓝，竹碧，风烟净，林若海，直觉可浣尽十年尘胃！那一瞬间，我多想如竹林七贤般，从此箕踞散发，逍遥其间，月下弹琴复长啸，隐逸林中忘荣辱！然而，我辈尘缘难断，世虑难消，终是行动不如心动的蓬蒿人！念及此，不由一声长叹。

林海之畔，即是闻名遐迩的隐静寺了。山寺虽无想象中的高大，却也飞阁流丹，巍峨壮观，殿宇森森，古意隐隐。据说，其为南朝神僧杯渡禅师所建，已历经1800多年的沧桑，虽多次被毁，但也多次重建，如今依然气势不凡，香客盈门。难怪青莲居士亦曾留恋于此，并题诗盛赞了。谁道身边无美景？罗丹说：生活中从不缺少美，而是缺少发现美的眼睛！是的，一切只因了我们是贪恋红尘却又常常自视清高的凡夫俗子罢了。我们的双眸，早已被浇离的世风吹散了澄澈，不再晶亮如炬。

步出隐静寺的大门，左拐，便踏上了一条千年古道。古道幽深，苍松引客。刚开始，坡度稍小。曲径两侧，满目的绿意中，竟蔓生着大片大片的野草莓，千星万点，红艳诱人。我与文友们迫不及待地采而尝之，直觉甜中带酸，酸里裹甜，超乎想象的美味！抬望眼，碧峰崔嵬，浮岚滴翠。不远处，是依山而起的徽派建筑群，青瓦白墙，飞檐翘角，丽日蓝天下，静美若画图。那是芜湖五华山旅游实业有限公司为恢复、传承景区魅力而进行的前期开发性建设的成果。

古道回还，渐行渐陡。其时，在五华山下长大的文友方明，热忱地做起了“免费”导游。她的职业本是教师，人美嘴甜，诗文功底深厚，又素以家乡山水为荣，所以，她是有问必答，不问自言，史料有依据，传说牵心肺，比职业导游还胜出三分。文朋诗友们时而会心笑，时而细思量，一路叹服。原来，我们脚下的路非比寻常，除杯渡禅师、地藏王菩萨、朗公、名尼等佛教高僧外，还曾留下过李白、苏轼、张孝祥、范成大以及吴芾、张佑等一代代名士雅客的巡游足迹！虽说历史的烟尘风流云散，但各朝各代的灿烂文化还是在此留下了浓墨重彩的一笔又一笔。我们不由心潮起伏，感叹连连。

或因景区的开发与宣传尚处初始阶段，那天早晨的游客并不太多，不似六一居士在《醉翁亭记》里所写的琅琊山那般有着“前者呼，后者应，伛偻提携，往来而不绝”的探山访水之人。然而，“神牛奋蹄、灵龟翘首”于路，怪石奇洞隐于林，泉流淙淙唱于涧，山水有情待知音，走马观花的我们反成了不请自来的狂客，扰乱了那一份独有的静谧和谐，念此赧然深愧。不多久，“观音庵”便矗立于眼前。此景最绝处，是庵堂后墙为碧霄峰的悬崖，神龛嵌崖壁，危处留圣迹。庵前古木荫日，树下石凳凉滑，想必即使在炎炎酷夏，品茗对弈于此，也不会觉出丝毫的暑意吧。而庵堂左侧，便是盛名远播的“金鬣鱼泉”——潭水清冽，鱼乐无极。尤其值得一提的是，这种鱼虽长约二寸，仅小拇指粗细，其背上却隐约可见马鬣似的花纹，且仅存活于此泉中，移而亡命，岂不怪哉！先贤悟道，有所谓“流水相忘游鱼，游鱼相忘流水，即此便是天机；太空不碍浮云，浮云不碍太空，何处别有佛性？”斯言大妙。

从观音岩拾级而上时，古路多险要，须躬身拄杖，缓慢攀行。我等虽年轻力壮，却也汗沁脊背，气息难匀。一路好鸟相鸣，嘤嘤成韵。待穿过一段竹影婆娑的小径，便到了地藏王正殿。因部分景观正在修葺，重建，我们只做了短暂逗留，但窥斑见豹，它的宏伟肃穆，它的气势浩然，以及地藏王“上穷碧落下黄泉”“先主五华，后主九华”的佛法威名，还是给了我们以深刻而强有力的震撼。大家敛笑，正衣，言语轻轻不敢多，甚至于忘了拍照留念。

终于到了峰顶。放眼远眺，但见万木苍翠低如芥，群峰俏立簇似花。其时其地，其情其景，使人忧烦尽去伧俗弭，胸襟开阔心悠远。据文友方老师介绍，五华山，顾名思义，共有“碧霄”“桂月”“鸣磬”“紫气”及“行道”五峰，曾被大画家萧云从绘为《五峰图》，传流日本，享誉异邦。刘禹锡诗云：晴空一鹤排云上，便引诗情到碧霄。而我们的脚下，正是素有“览江坨”之称的碧霄峰。虽此“碧霄”非彼“碧霄”，然“迁客骚人，多会于此，览物之情，得无异乎?”遗憾的是，纵然那一日天气晴好，可目力所极处，却是烟霞氤氲，尘蔼迷离，我们未能饱览20公里外江流宛转凝如白练的胜景，只能寄望于下一次了。

时值晌午，我们一行人恋恋地转身，沿着来时路，缓步下山。同行的一位文化局的领导告诉我们：五华景区共有三条旅游线路，除我们今天所走的佛教历史文化古道，尚有森林旅游和生态探险两条线路。之于先贤圣哲，名士神僧，我们算是后来者，但就目前景区正在按着规划开发兴建而言，我们亦算是先行者了。行至山脚，采风团的成员们终于忍不住再回首：“隐龙桥”“五龙塔”“仙人靠背”“永乐太子墓”“地藏王足印”……那一片片“身负盛名常守节，胸怀虚谷暗浮烟”的雄劲之竹，那一处处还没有来得及探访的独特景观，那一个个或美丽或凄凉悠远动人的传说……都在眼前呵，不，都在心间!

教师的幸福

◇查君书

作者简介：查君书，安徽繁昌人，芜湖市作家协会会员。

好多年前，在南方的一个小山村，住着一个养蜂的人。他家屋后有一座小山，石头小屋，屋侧边是蜂房，小屋和蜂房之间有一口古老的水井。井水特甜，全村的人都喝这口井里的水。养蜂人总觉得这不是他的命运，他觉得他的幸福不在这个小山村里。

有一天，他受不了养蜂这平凡的生活，去找城里的张大仙算了一卦。张大仙说："是的，的确有一个大富贵在等着你。"养蜂人兴奋地问："在哪儿?"

张大仙说："在万里长城，长城脚下一棵很大很大的松树下，你一定会找到你的大富贵。"

养蜂人生气了。"那么远？骗人！"他悻悻地回家了。

过了好长一段时间，他深思熟虑，还是听了张大仙的说法，出发了。他在去长城的路上遇到很多很难的险阻，差点送了自己的小命……最后终于到达了长城。在看到长城的那一刻，他哭了，不是因为快死了，而是因为他从来没有看见过这样雄伟、高大的城墙，太壮观、太伟大了。长城边上真的有一棵高大的松树，他在松树下休息了片刻，正准备寻找他的富贵，这时，一个山匪从后面推了他一下："你在这里找什么？这是我的地盘！"

"我来自很远很远的山村，我们那里的张大仙说这里有一个大富贵。"

山匪听了哈哈大笑："你真傻！这里的王大仙跟我说，在很远的南方，有一个绿色的小山村，有一间石屋和蜂房，石屋和蜂房中间有一口古井，井水特甜，古井边有一个大富贵等我去拿。你觉得我会那么傻，去找吗？"

山匪怜悯养蜂人，给了他一块大洋，并放他回家了。回到家后，他按照山匪说的，在自家的井旁找到了一大批珠宝，然后他去城里找张大仙。

养蜂人跟张大仙说："当时你知不知道富贵就在我家井旁？"

"知道。"他说。

养蜂人生气了："那你为什么不直接告诉我？害得我跑了那么远的路，还差点丢了小命。"

张大仙说："如果我那么说，你一辈子也不会见到万里长城。"他看着养蜂人的眼睛又说："告诉我，长城是不是高大雄伟？"

养蜂人恍悟。

十七岁那年的雨季，我初中毕业，本来有上高中考大学的机会，可由于家里穷，只能选择在村小学当民办教师。一边务农，一边当"孩子王"，整天不是泥土味，就是孩子的争吵声，除了辛苦劳动，就是唉声叹气，觉得这辈子就这样了，幸福离我太远了。

二十多年过去了，我一直勤勤恳恳地耕耘在小学校园里，从民办教师到有正式编制，从结婚到女儿出世，从家到村小学，再从村小学回家……总觉得自己是碌碌无为，徘徊在人生的原点，哪还有幸福可言？

一次，县里举办文学笔会，从省里请来了一位年轻的作家给我们做专题讲座。讲座开始前，年轻的作家说自己是本县人，之所以有今天的成就，是因为他的小学语文老师的引导。现在，他的这位老师就坐在人群中，他要给大家介绍介绍。说着，他走下讲台，来到我的面前："查老师，在这里见到您真高兴，感谢你当年的教诲！”然后献上一束鲜花，还深深地鞠了一个躬。顿时，全场响起了热烈的掌声。这个意外的惊喜来得太突然了，幸福的成就感终于来了。

从此之后，在校园里、上下班的路上、公交车上……只要听到有人喊“老师好”，那种幸福感、自豪感就油然而生。原来，幸福就在身边，就在自己出发的原点，但是，必须经过一段距离，走一段曲曲折折的长路才能获得。

花朵里流淌出来的财富

◇陈道泽

作者简介：陈道泽，安徽繁昌人，作家。

小鸟的家是鸟巢，那蜜蜂的安乐窝就是巢脾，一张张可活动的巢脾又安放在用上等的杉木打制的蜂箱里。

蜂场是由几十甚至上百只蜂群箱组成的。

蜜蜂的生活就是采花酿蜜，哪里有花，蜜蜂就运到哪，养蜂人也跟随到哪。

居者有其屋，整日和那一箱箱蜜蜂朝夕相处的养蜂人“家”是个什么样？

养蜂人家，上无片瓦，下无块砖，是可以搬来运去的小布屋。

这小布屋的“布”是用能够遮阳挡雨的帆布搭建的。

现代人在小区买了套住宅房，可谓一劳永逸，位置永久固定，甚至连里面的砖墙都不能随意改动，可养蜂人的小布屋是车轮子上的“活动屋”。

今天这里的芸薹花儿盛开，那布屋装上卡车被运抵这里；明天这里花谢了，这布屋又要装上卡车，运往下一个新蜜源场地，因此居无定所，经常移动。

这样的屋要反复地搭建拆散。

拆，将固定帆布屋的绳索从铁桩上解开拔去，再拆开钢架，卷起帆布，轻装上阵；搭，也快捷，定桩，系绳，撑架，摊布，铺布，顷刻之间，这看不见砖瓦，也见不到水泥的屋就端端正正地立在蜂场旁边，蜜蜂往返于花儿和蜂箱之间，而养蜂人就在这黑灰色的简易房子里过日子。

家，是生活的港湾，养蜂人的布屋就是进行甜蜜事业的工作平台。

屋搭了，那车上的其他生活用品，诸如折床叠桌，蚊帐被褥，锅碗瓢盆以及米袋子菜篮子之类的东西都得全挪进这搭起的小屋里；屋拆了，蜂场的所有都可装上卡车，养蜂人的全部生活用具也一同搬到车厢里待运。

当甲地的芸薹蜜源就要结束了，蜂场即将迁往乙处的刺槐场地，那装载着整个蜂场和全部家当的卡车的车轮终于运动了……

车轮滚滚，卡车终于抵达了新的蜜源场地，蜂场安顿好了，养蜂人家也紧锣密鼓地跟着搭建好了，养蜂人的一日三餐就要在这搭成的小布屋里进行，而蜂群管理的所有工作也离不开这只能算临时的小布屋。

小布屋就建在蜂群一侧，而蜂群和花又近在咫尺，这样就人不离蜂，蜂儿的巢房更贴近色彩鲜艳的花儿。

蜂场常常搬运放牧（转地饲养），这犹如非洲动物的大迁徙，那成千上万的角马经过艰难险阻，越过危险的马拉河，穿越层层埋伏的肉食者陷阱，当登上一片碧绿的塞伦盖蒂大草原时，角马啃食嫩草，头都不抬，那些小蜜蜂也是这样，新的花儿就在箱前，那主人只要将巢门口一开，真是蜂拥而出，当然养蜂人也跟着小蜜蜂忙忙碌碌，加础添脾，摇蜜刮浆，查蜂育王，饲喂打药等等。

蜂忙，人更忙。

花开花谢，人和蜂非常紧张地忙活一阵子，蜂房里装满了蜂儿的食粮，而养蜂人的蜜桶里也装满了丰收的喜悦，说明这个花期又进入了尾声，先前鲜艳金黄色的芸薹花蕾，凋谢后就结成了深绿色的嫩果子，新一轮的转地又拉开了序幕，也就在这时的蜂场卡车也由联通的信号给叫来了，站立的小布屋也很快会消失得无影无踪，木桩被拔去，松掉系绳索，帆布收卷，顷刻间小屋的影子也没有了，那布一旦卷起，霎时间“屋”就被圈成了一小捆的“帆布”，卷布的养蜂人简直就成了神奇的魔术师似的，刚刚还是像模像样的“房子”，那手一动，房子就变成了一卷小烟囱似的，将这一卷小烟囱轻巧巧地架上了卡车的车厢里，再踏上新蜜源场地的征程，这未来新的小布屋也许还会在金黄色的芸薹旁，因为行车路线如果是沿着低纬度向高纬度的话，南方的芸薹谢花时正好是进入北方芸薹大流蜜期，我国幅员辽阔，就芸薹一蜜是沿着低纬度向高纬度次第开放的，当然养蜂人也许会选择更具有商品价值的刺槐蜜源地，车轮停在哪，那布屋就搭建在哪，可岸边，或地头，田埂树旁，也可山腰路旁，养蜂人是蜂和花为伴，长年累月地追赶着鲜花，哪里有花源，就在哪里搭建小布屋，养蜂人把这样的放牧方式叫“赶花”。

我有位就这样终年赶花的养蜂朋友，姓孙，人称老孙，和我同乡，我常常到他的“布屋”里做客。

有一次，老孙来电话约我上午去他布屋里喝蜜酒，说是蜜蜂酿造的一种新蜜，用这新蜜兑陈年的醇酒，还特别强调这一定是我第一次品尝新蜜。

赶到蜂场，我老远就看见立在花丛中那幢独特的布墙布瓦的房子，远远地看上去，房屋的轮廓清晰，前沿比后沿略高，三角尖的屋脊把屋顶分成两个矩形，看上去就是一栋普通农舍的缩小版，占地面积目测，顶多15平方米；我走近一看，坐北朝南，门开在两侧，只一米高的门上还贴了小字对联：“辛勤蜜蜂采百花，酿造蜂蜜甜万家。”

还没进屋，一股沁人心脾的浓郁蜜香就飘然而至，我心里就嘀咕起来：这是来自原野，还是小布屋?

我低着头走进布屋，空间之狭，只抵大厦一角，里面的家当大多是折叠品，钢丝床折成一铁丝网片靠在南侧，这折叠后誊出来的空间放了也可折叠的小桌椅凳，简易的家具两头还各放着两只蜂箱，一只没有大盖子的空箱上有蜂刷、割蜜刀、喷烟器、巢础和王浆框，这生活用具和蜂具堆得和帆布屋顶的绿灰油布相吻了；我再转过身朝过道的北面一瞥，西北一角则是一微型小液化气罐，这里是做炊的地方，可今天这里没有动静，那水桶似的白塑料蜜桶的台子上没有一样食材，灶台上的铁锅空空如也，只见桶上写着“一级承德刺槐蜜，每公斤四十元”，我心里想今天饭在哪吃？要喝这桶里的蜜酒，可不是我的第一次啊！

就在我纳闷的时候，老孙搬着一大沓沉甸甸的蜜框往小屋这里奔。

老孙将蜜脾放下，从东门的屋角拎摇蜜机到屋外，一会儿，一张张都相继插进这机桶里的不锈钢的铁架上，只见摇把一旋，桶里就“哗啦啦”地响彻起来，这时闻到的味道和刚来时所闻的蜜味迥然不同，起初是淡淡的槐花香气，我这才知道那香味来自那屋里的蜜桶，而眼前的味儿有点药味，老孙摇的是什么花蜜？我还没有来得及问，老孙说：“老友来得正好，今天正需要人帮忙，现在找像你这样熟悉养蜂的人难啊！”

我知道老孙的话的言外之意，现在的养蜂人确实是越来越少，为什么？要说原因，很简单，谁不知道养蜂人的辛劳？

养蜂，需要养蜂人整月整年地寻花闻香，四处游牧，就和蒙古人各处寻找鲜肥嫩草放养牛羊一样，那蒙古包是拉来驮去的，放蜂人的小布屋也是拆拆搭搭，这样异地转场还往往是跨省的长时间远距离运输，运蜂车一旦停下来，养蜂人就要赶紧搬蜂搭屋。

每次运蜂，就是一次折腾，拆搭还好，就是一年下来拆搭的频率太高，反复无常地搬来移去，不仅如此，那小布屋内的环境也是让人担忧，因是帆布搭建，帆布的厚度无法和楼房的钢筋混凝土相比，再说空间又狭小，不免冬冷夏热。冬天，那帆布就显得太薄，寒流来了，那屋就像是透明的，隔不住寒气；到了夏天，帆布的颜色有利于吸热，小布屋里如火炉，放蜂的场地往往又是荒郊野外，有的根本谈不上使用电器升温或降温，数九寒天，也只好在铁丝床上多垫盖一床被褥来御寒，炎热酷暑，只好用力扇扇来降温。养蜂人要有抵御严寒，经得起酷暑的耐力，这长期的野外生活，许多养蜂人都和大漠深处那些野外作业的测量队或探矿队的队员一般无异，肤色也非洲黑人似的。

每个养蜂人除了都得要适应这样的自然环境外，还有一个难以克服的顾虑，那就是照顾了蜜蜂，却照顾不到家里的亲人，尤其是自己的父母和小孩。

养蜂人常年奔波于蜜源的场地与场地之间，远离自己那固定的老家，家里的老人和小孩就自然成了留守，老人得不到照应，孩子的教育也跟着受影响，就因这个实际又难以解决的问题，许多养蜂人都弃蜂经商，卖蜂打工，或者卖蜂务农，这样就脱离了浮萍似的流浪生活，从而选择安定舒适的定居生活，这样，养蜂人逐年减少已成不争的事实，我国养蜂面临后继乏人的局面。

想到这里，我再看看满头大汗的老孙脸上已爬满深深的皱纹，我说："养蜂，风里来雨里去的翻山越岭而四海为家，这样的辛劳，加上其收入还不十分稳定，许许多多的绿色开花植物的流蜜还受气候因素的制约，如东北的椴树就有大小年之分，碰上小年歉收，花了大本钱运入场地，结果一季椴花采下来，有时竟连运费都收不到，这样的情景很正常，所以说养蜂的收入极其不稳定，既然这样，那你为什么不选择弃蜂改行呢？"

老孙说："养蜂这行我已经干了三十多年了，既然选择了这个职业，那就义无反顾地走下去，也许你要问我明知山有虎偏向虎山行，这不是睁着眼睛去找罪受，何苦呢？其实，我爱上这如'到处流浪'似的拉滋式游牧生活，俗话说'近朱者赤近墨者黑'，我的选择这行主要受父亲的家教而形成的。从我懂事时起，我眼前看到最美的东西就是鲜花，闻到最香的气味就是五颜六色的花香，听到最多的声音就是蜜蜂的'嗡嗡'的叫声，喝到最甜的东西就是蜂蜜，我生长在养蜂人的家庭，父亲是1961年从企业下放到乡村当农民的，父亲是读书人，他从一本讲养蜂知识的小册子里了解到饲养蜜蜂是一项和农民不争土地的好副业，蜜蜂的采集还能为农作物增产增收，特别是父亲曾告诉我，蜂产品真是花朵里流出来的财富，这样的财富，唯有蜜蜂才能创造出了！要是不饲养大量的蜜蜂，那土地上开放的各种各样的植物鲜花所分泌的甜蜜就白白地浪费掉了，养蜂是很有前途的事业，我从小就受父亲这样的熏陶，从骨子里就立下养蜂的志愿，初中一毕业就跟老爸一道走南闯北地放蜂。每当看见眼前繁花似锦，满眼的浪漫，扑鼻的香味，我就想运来成百上千只的蜂群，让无数只飞舞的小精灵采来甜美的蜂蜜，当我摇动摇蜜机的旋转摇把时，'哗啦啦'的流淌蜂蜜的美妙声音一传递到耳朵，那搬运蜜蜂的活即使再苦再累，我都觉得一下子就烟消云散了；有时我静静地蹬在蜂箱前去观察巢门口那些飞舞的小蜜蜂不知疲倦地采集情景，再联想到蜜蜂这样辛苦，有的采集蜂只活五六十天的时间就活活地累死了，我干的活，流点汗水算得什么？我连和蜜蜂都不能比，就更比不上有许多英雄，为了正义的事业，甚至连自己的生命都不顾，我吃点苦不值得一提。刚开始的时候，我在父亲跟前学，现在，父亲老了，在老家定养几群玩玩，为儿女照应孩子，我和妻子一道，跨省放养，还能周游全国。”

还真的很巧，说曹操曹操就到，也就在这时，女主人突然神奇地出现在我们面前。

我知道这女主人是个特别喜欢喝刚从浆杯里挖出的新鲜蜂王浆的人，眼前的她已经发福了，是内蒙古赤峰的姑娘，刚结婚我吃喜酒时，是一位比豆腐西施还美的草原美女。那还是三十年前的事，那时老孙还是个小伙子，随父亲一道来赤峰放牧向日葵，而蜂场的小布屋就在姑娘家的后门口，他边摇蜜边哼《我们的生活比蜜甜》，是欢快歌声和优美歌词感动了姑娘，还是香味扑鼻的蜂蜜是挡不住的诱惑，这南方放蜂小伙对草原姑娘具有深深的吸引力，姑娘一听到那甜蜜的歌词就打开后门来蜂场看小伙摇蜜。看蜂场的事多如牛毛，姑娘就主动前来帮忙，几次相处，姑娘发现小伙比蜜蜂还要勤快，就很大方直白地要和小伙相好，小伙对姑娘可谓一见钟情，姑娘的表白，小伙是喜出望外。说也巧，天公也作美，那个花期因花前草原下透了足雨，向日葵花的流蜜期一再延长，比历年还多打了两次蜜，而且蜜蜂也是群群强壮，真是蜂蜜和爱情双丰收！那年的向日葵花期一结束，姑娘就跟着小伙的蜜蜂走南闯北，吃这养蜂的饭，经营这甜蜜的事业，喝着自己挑的王浆。昔日的美女，今天虽胖了许多，但她手上拎着从镇上的土菜馆里带来的一篮饭菜就像仙女从云彩里飘落下来一样，脚步非常轻盈，直走到小屋门口才被发现，还不减当年淑女的风韵，身材还是那么窈窕。

女主人拎来满篮子的美味佳肴，我看是到了“酿”酒的时候了，今天倒要看看老孙究竟怎样个“酿”法。

整个场的蜂蜜虽没有摇取完，但已经该吃中饭了。

女主人很快就将热菜热饭准备妥帖，老孙每一个动作的细节都能引起我的密切关注，只见老孙先在桌上的三只空碗中倒入二分之一新摇的蜜，紧接着女主人递来一瓶“醉三秋”，老孙将酒三一三十一地倒入碗中，（这碗不大，已盛有半碗蜜，添加的这酒估计只有二两左右）再拿来一双竹筷在三口碗中迅速地搅和着这酒和蜜的混合液体，边搅还边对我说："酒兑了蜜以后，这蜜酒是不醉人的，还滋补养颜，常饮，能使人的皮肤变得柔嫩润泽，尤其是当教师的，饮这草药蜜酒，还可治喉痛，声沙，这种草就是妇科最常用的药，叫'益母草'，这河埂地头随处可见不起眼的野草花里却流出这样液体补品！"说完，老孙起身站起，双手捧碗，三人像"桃园三结义"一样，纷纷举起手中的蜜酒碗，轻轻一"碰"，尝在嘴上，鲜甜，似乎没了酒味，更多的是那益母草花蜜味，当然要比饮纯的"醉三秋"是更"绵柔"，满口的甜美，香味有余。

午饭结束，我起身再环顾这养蜂人家，只三个大人就把小布屋挤得满满的，已经没有多余的空间了，这布屋确实没有小区的高楼宽敞明亮，这里可谓狭小拥挤，但在这里生活的人却如同这益母草花蜜甜蜜。

父亲的蒸笼

◇陈道泽

那天回老家看母亲，见哥哥正挑着半新的蒸笼出门，我问："哥哥，挑蒸笼去哪?"

哥哥马上将蒸笼担子歇下来说："去山河里清洗啊。"

我说："离冬至日还有将近一个月，这么急干吗?"

哥哥说："现在城乡亲如一家，在城市挣钱的年轻人每次回城里总要带点自家土特产什么的送给城里的亲戚朋友，像现在这个季节能带的就数糯米粉蒸熟的团子了。蒸团子就得用蒸笼，可这东西不是每家每户都有的，我们这样的大村子就我家才有这么一副，父亲在世时曾说过要保管好这副蒸笼，过些日子就要开蒸了，这清洗后还要晾干，我是提前做好准备工作。"

老家是鱼米之乡，物产丰富，盛产糯米，冬至过后，我家的那副蒸笼便开始忙活了。

蒸团子是用糯米掺和一定比例的籼米，然后将其淘净，浸泡，水磨，再用稻草灰吸干水磨粉中那多余的水分，呈湿湿的雪白米粉，这粉可揉捏搓旋，形成各式各样的造型，和饭店白案板上做馒头相差无几。只是老家人做的团子仅一个形态，是将不干不湿的水磨粉从粉缸中掰到案板上，用手取一小团粉放到左手手心，然后用右手的手心按住粉，左手不动，右手旋转，一会儿，左手上的粉团底部成了圆圆的，顶上却像小山峰似的，将其放在平摊在案板上的粽叶上，却酷似一顶白色的斗笠，这是团子的生坯子，等待蒸熟。

做成的团子不像饭店里那面粉馒头，那蒸笼更和蒸馒头用的不同，蒸馒头用的蒸笼是圆柱体的组合，而我家那副蒸笼则是有一屉屉端端正正的抽屉一样的正方体的组合，每一屉高约两寸左右，其底部是和边框或垂直或平行穿成的毛竹片，毛竹片之间有间隔距离，笼底形成可透气的镂空，一般一副蒸笼由七八屉组成，还有一正方体的底座和如乡村人家结婚花轿上的盖顶。

蒸笼平时闲置，使用起来就整天和高温以及水蒸气打交道，那制作蒸笼是很讲究材料的，我家那副蒸笼的材料是来自赣南的优质红杉木，木质纤维细密，结实轻巧，适合搬运，一副蒸笼要是保养得好能蒸用几十年的。

开蒸前，先要将大口锅要放大半锅的清水（太满了，那翻滚的水会溢出来，燃烧后，锅里的水不断被消耗，在锅洞口烧火的人要随时检查，发现水浅了，要沿锅边添加清水，保持锅里一定的水位），再在锅的水面线上放一稻草项圈，蒸笼的正方体底座就放在这草圈上，这样的准备工作做完了，底座上面就可堆码蒸笼了。

蒸笼全码上了，顶已盖严，这时就可以在锅洞里燃着干柴烈火。

不一会儿，大口锅里的清水便在里面剧烈地翻滚，人站在大灶边这如一座正方体小宝塔的蒸笼旁听听，只听见锅里的水在龙腾虎跃，发出“汩汩”的翻泡声，要是这时端去蒸笼，那锅里的水一定像济南的趵突泉一样在翻腾，水变成高温的热气，顺着蒸笼往上冒，团子被这热气反复地熏蒸着。

经过约一个小时的蒸熏，大锅里的水已补加了多次，这时笼屉里的团子熟了，就可以搬蒸了。

从灶台上搬下一屉屉的蒸笼，这是我最开心的时刻。

蒸笼从锅口搬开，从厨房到堂前，立刻就雾满全屋。锅中的水经过几十分钟的熊熊烈火燃烧之后，水变成了高温的蒸汽，那蒸笼里的团子就如西游记中描述的太上老君的天兵天将捉来孙大圣将其放到八卦炉里蒸熏，此时只不过没有蹦跳出来一个火眼金睛的悟空，当笼盖一打开，那笼内的高温热汽就一下涌现出来，顷刻间，屋内云雾缭绕，身在其中就仿佛如置身黄山的云海浓雾之中，在屋内走动如穿行在云上雾中。

这热气腾腾的屋内是一番风景，那些放进去的团子没有像悟空“跳出来”，经过了高温热汽的锻炼，原来一个个小斗笠似的白米粉团子现在变成什么样？

现在，那些小家伙躺在粽叶上一动也不动，看上去，一个个锻炼变成如冰天雪地里的蒙古包似的，整个笼底似如白雪皑皑，呈现在眼前的是一派北国风光银色世界，那凹凸起伏的蒙古包是一座紧挨着另一座。

每当搬蒸前，我总喜欢到灶膛前看父亲是怎样烧团子锅的。

记得有一次，看父亲在灶膛的锅洞前烧团子火，我伸着脖子观看烈火，我家灶膛大，那一两尺长的干透的松柴在灶膛的锅底下摆成“人”形，我问父亲：“为什么要这样摆着烧？”父亲说：“俗话说，‘人要忠心，火要空心。’空心了，不断地由锅洞口吸入的空气，这样，火烧得更旺。”我说：“那什么是人的‘忠心’呢？”父亲说：“‘忠’是‘诚信’，与人交往，以诚相待，这诚信与人的关系，好比烧火少不了空气一样，这锅里还要常常用火叉将燃着的火下掏空，这样就越烧越旺。”

又过了一会儿，父亲还站起身，拿来一双竹筷，到了热气直冒的蒸笼旁，揭开蒸笼的一角，用筷子戳上一个笼屉粽叶上的团子，然后将竹筷上的团子举到灯光下照照，就像母亲检查正在孵化的鸡蛋一样，我问：“这样照有什么用？”父亲说：“这样照，是检查笼里的团子是否熟了的方法，灯光下，如果光线能透过团子，那说明团子已经熟了；若光线不能穿透，那证明团子还要继续添柴，还要加把火！”听到这里，我赶忙凑过来，看看，那戳起的小小一个“蒙古包”在灯火的照射下，团子好像成了透明体，那光线竟能真的穿透团子！我当时真的很惊讶，为什么会出现这样的现象？父亲解释说，这生团子经高温蒸熏，团子熟透了，就涨大了，就是发了，即平时说的“泡”了，这样，光线就透过来。

团子蒸熟了，就可以搬蒸。

刚从灶台上搬下，那笼里的热团子叫毛团子。

我特别喜欢吃第一笼的毛团子，刚开始上蒸，原来是冷灶冷锅的，连锅里的水也是凉的，所以第一笼蒸的时间要更长些，这样蒸的团子就更透些，再说和上一年吃这样的热团子已经过去了几百天，也觉得新鲜，同时，通常家里在蒸团子的几十个小时内是不烧饭的，大家都留了肚子吃热团子的，这样，吃起来就别有一番风味。

我吃这团子还有一个更特殊的讲究，即沾着蜂蜜吃，是这样的：事先舀上一勺蜂蜜，用筷子戳着那粽叶上还冒着热气的团子，沾着蜂蜜，咬着嫩嫩滑滑的还热乎乎软绵绵的这“毛团子”，那真是特别的爽口，甜在心里，热在身上，满口的甜美，我常常在第一笼就连吃三四个，到了后面搬蒸，即使嘴里还想吃，可肚子还是饱着，硬塞，也塞不下了。

按说一年之中仅能尝到这一次，可我不同，蒸笼在我家蒸，我借干活——搓团子粉揉捏为由，就敞开肚子吃个大饱；要是蒸笼传到隔壁邻居家的大灶上，我也借口去“帮忙”，照样能吃到毛团子，这样就一年能吃多餐了。

平时吃的团子就不是这毛团子了，那是水缸中泡养的水养团子。

一家有十几口人吃饭的大户人家，每年一次蒸团子要用几百斤的籼糯米，蒸了六七百斤重的团子怎么存放？

方法很简单，团子浸入水中。

将蒸熟透的团子泡养在大水缸里，能长时间地存放。

那刚搬蒸的热团子先是倒在大晒箕或竹篾大扁子里凉着，过了一两天，撕去粽叶，将这白花花的冷熟团子放入大水缸里，然后将水缸灌满水，使每个团子都浸在水下，要想这一缸的团子放的时间更久，还要勤换缸里的水，那样，水新鲜，水中捞起的团子也亮泽，柔润。

从缸水中捞起的团子，水淋淋的，如白居易的《琵琶行》所描写的“大珠小珠落玉盘”一句中的“白玉盘”，其颜色是白的。

水缸养的团子，吃起来也十分方便，随捞随吃。

团子捞起后，和嫩嫩的白菜一起下锅，白菜熟了，团子也热了，盛上这绿白相间的一碗，再在碗头上撒些四川的白辣椒粉，滴上几滴小磨芝麻油或者本猪板油，还没有沾嘴，扑鼻的香味就悄然而至，这是农家非常普通的饭食，城里人见了，肯定称这样吃，是在“食疗”，或者是从《养生堂》里学来的养生套餐，既美味，又健康！

团子吃法还有很多种。如果团子和洗净的青菜一同下锅，那端上桌的就叫“青菜煮团子”，这是百姓家庭最简易的吃法。

如从缸中捞起的团子，用清水冲一下，再放到砧板上将团子切成小条，将锅里倒点底油，将其烧热，倒入打好的生鸡蛋（放点盐、葱花、老抽），加入条状的团子一起炒，这样出锅的就换个名称“鸡蛋炒团子”，同样，添加的不是鸡蛋而是腊肉，那就是“腊肉炒团子”，谁喜欢吃什么样的口味，谁就可以挑选，这样的小吃，只要你有独到的创意，那么，一个新的小吃就诞生了。

我除了喜欢吃那毛团子，平时也喜欢吃母亲烧的腊菜炒团子。

母亲曾说过，这不是她的发明创造，而是从我的祖母那儿学来的。其操作也十分简单，选择坛里腌渍的咸腊菜，那菜金黄味鲜，从坛里抓出，切碎，团子也切小条，这样炒成的团子，因团子吸收了一些咸味，腊菜是不咸不淡，菜裹着白团子，炒的时候还可滴点香油，这白团子裹成了菜团子，油滴多了，还泛些金黄色，吃在嘴上，喷香，鲜美，软软的团子沾着腊菜，这种吃法具有典型的家乡风味。

要想品尝到这具有浓郁家乡味的团子，总是离不了蒸笼，可蒸笼又是个冷僻的用具，也是长辈们留传下来的稀罕物，那天哥哥肩上挑着的那副，还是十几年前父亲置的。

有一年的寒冬腊月，爷爷做的那副蒸笼已经跑遍了全村人家的灶台，村里想蒸团子的都已经蒸过了，蒸笼到了休息的时候了。父亲和往常一样，先彻底清洗蒸笼，边洗边检查蒸笼的榫头情况，因为这蒸笼已经是“廉颇老矣”了，年代久远了，检查出问题，如果是小毛病，可以修；如果问题大了，真的到了“朽木不可雕也”的地步，就得另起炉灶——重新打制，如果发现榫头有“松动”，那样的破蒸笼上灶台，仍然能工作，但一定会漏气，漏了气，笼内温度降低，就容易蒸成“生团子”，那生团子是巨大的浪费，为什么？生团子，不容易判断，倒在晒箕里是分辨不出的，只有在烧热了吃在嘴上才知道，那生团子很烂，很黏糊，吃在嘴里，粘在上下颚上，让人无法咬合，难以下咽，要是大水缸养的都是这样的团子，那只能倒给猪槽里，有时猪都懒得吃，那样，浪费了人工，糟蹋了糯米，烧掉了干柴，都是蒸笼惹的祸，所以父亲在洗蒸笼时是格外谨慎的。

父亲的细心检查，这次还真的发现这蒸笼实在修补不起来了，特别是第二笼（上蒸时，那笼屉的顺序是固定的，木匠在打制时，在笼屉某一面上分别雕刻一、二、三直至八的序号）的拐角处木质腐烂，上蒸时，要塞湿布，还要多烧些干透的松柴，否则就会蒸出生团子。

父亲看见这样的情况，决定重新制做一副蒸笼。

第二天，父亲就乘船赶到市里的羊毛埂木材市场买来江西杉木，回家后叫来手艺最好的木匠打制了一副新蒸笼。

新蒸笼置成之后，父亲一再跟哥哥说："我家有蒸笼替村里人蒸团子，一年要蒸数千斤糯米也不能收一分钱的租金，借用蒸笼的人家都是本家，是一家人一样，有东西借给人家使用，这是在做善事，是积德啊。"

一晃，十几年的时间就如一眨眼从我们身边走过去了，蒸笼还是半新，那天还挑在哥哥的肩上，可父亲已永远地离开了我们，今年4月18日，父亲安详地走了，但父亲的教诲还响在耳边一样，父亲的音容笑貌还时时令我难忘，我在心里默默地说：我将永远铭记父亲那宽厚待人和诚信做人的人生理念，哥哥会保管好这副蒸笼的。

三下水碓

◇汪福绥

作者简介：汪福绥，安徽繁昌人，作家。

我老家在皖南山区。父母去世后，我辍学在家，家里还有年迈的祖母，祖孙相依为命。那时乡下还没有机器加工粮食，家家户户都少不了要和水碓打交道。

水碓房大多沿河修建。在上游筑一道水坝、一条水渠，将水引入水碓房边，渠水沿着石板砌成的斜坡冲动碓房里的水叶轮，水叶轮的大轴带动杵杠，石杵就像小鸡啄米似的，一上一下有节奏地将石臼里的稻谷加工成大米。祖母年迈，这份活自然落在我身上。记得第一次下水碓房是跟堂婶一道去的。刚进水碓房时，面对那一上一下飞动的石杵，心里好生害怕，万一石杵砸到身上，那还得了？堂婶看我呆呆地站着，便说："看人家姑娘都会舂米，你一个男子汉怕什么？"我才发现有个十八九岁的姑娘也在碓房里忙活。此刻她正一手托住石杵，将它挂在梁上垂下的粗绳套上。我不由地暗暗惊奇，上下飞动的石杵在她手里竟服服帖帖，好胆大！堂婶因家里还有小孩，忙过一阵先走了。姑娘瞧我是“生手”，主动过来，教我挂石杵，又教我筛筛子。在她的帮助下，我学会了这些技术活。

干完活，我与她攀谈起来。“你是哪个村的？”我问。“油坑口。”她说，“你外婆家不也是油坑口？”“你怎么知道？”“我家就在隔壁，我还见过你呢。”小时候，我是常到油坑口外婆家去，后来外婆去世，母亲也不在了，便很少去走动，亏她还记得。

彼此熟悉了，于是互通了姓名，我还知道她小学未毕业，因父亲去世，辍学在家务农，成了母亲一条臂膀。她落落大方，是个难得的好姑娘。

分手时，她挑着两箩白米，迈着轻盈的脚步，两条辫子晃悠晃悠的，消失在苍茫的暮色里。

我回到家，心里若有所失，向缸里倒白米，竟泼了一地，被祖母数落了一番。于是，我天天盼着去舂碓。终于，缸里白米吃完了，这回不用祖母吩咐，我兴冲冲地挑着两箩稻谷下水碓。不巧，那天碓房里除了个缺门牙说话不关风的老太婆，什么人也没有。我一边舂碓，一边往碓房外眺望，可是，哪有姑娘的影子？

第三次下水碓，是半年后的事了。那是个秋末冬初，阵阵凉风，寒意渐浓。堂婶可能是受了风寒，有点咳嗽，走路极慢，我挑着稻谷在前头走，到了碓房，忽然眼前一亮：这不是半年前那个姑娘吗？然而辫子已剪去，齐耳的短发衬着红扑扑的圆脸，更加成熟了！我欲上前打个招呼，谁知她身边站着个小伙子，看到他俩那亲昵的样子，我不由往后退缩了。等堂婶迈进碓房，便忙着舂碓，各忙各的，直到离开碓房，我们没有说一句话，谁知道她有没有认出我呢？

从此，我再也没有下过水碓，那个曾教会我舂碓的姑娘却一直还记得，怎么也忘不了。

舌尖上的校园春天

◇潘晓凡

作者简介：潘晓凡，作家，现居繁昌。

春风拂处，校园内外渐渐绿意葱茏。春天的校园，总有惊喜在等着我们。门卫阿伯在操场墙角撒下的种子已长成绿油油的蔬菜，里面间杂着长起来的水灵灵的荠菜最让人爱。没课的上午，我们几个老师沐浴在春天的阳光下挖荠菜。年轻的体育老师小严上完学生的体育课也过来帮忙，有一把力气的她用劲一挖却硌到石头，门卫阿伯的小镰刀应声而断。我们面面相觑，哈哈大笑，不愧是体育老师，挖个野菜的动静都这么大。刚从师范大学毕业的小严活泼开朗，学生们都很喜欢她，经常在过生日时去她宿舍包荠菜饺子一起聚餐，小小荠菜承载着师生之间许多的欢乐。

一番春雨过后，学校绿茵茵的草地上就布满了乌油油的地耨子。这是真菌的一种，可以食用。地耨子洗干净后放点红辣椒大蒜瓣用油炒一炒，或者单独做汤，味道别提多鲜美。捡地耨子和择地耨子要人多。于是乎，雨后的草地上常见几个老师结伴猫着腰捡地耧子，一会儿就捡到了一大塑料袋。拿到办公室，有改作业备课累了的老师一拥而上，三下两下就把一堆地耧子择洗干净。然后见者有份，各人都带点回家烧烧，大家都来尝个鲜——哈哈，最后，吃地耧子的人也多。

到了清明前后，校园院墙旁的河滩上的芦蒿和马兰头就鲜嫩可食了。芦蒿和马兰头是王老师的最爱。她是学校干了几十年的老教师，见证着学校从交通不便、简陋荒僻的小学校变化成现在这样环境优雅设施良好的园林式学校。她热爱自然喜欢绿色天然食品。在她的影响下，办公室的老师们全体变成了《喜羊羊和灰太狼》中的羊村里食草一族的羊羊们。课下，她领着我们去采芦蒿和马兰头，教我们辨认绿梗子的毛马兰和紫梗子的铁马兰，教我们采撷芦蒿时只掐上面的一点嫩头。在田野里，王老师矫健的身影和茂盛的草丛融成一片，在我们眼里，两者都不择土壤扎根荒野、生命力顽强甘于为尘世奉献绿色，有那么一瞬间真让人难分轩轾。野菜采回来后，马兰头用开水焯一下，拌点麻油臭干子，吃完会让你唇齿留香，回味绵长。可是芦蒿还得再处理一下味道会更好。王老师教我们把蒿子在水中浸泡一阵，再用大塑料袋封存起来捂两天，然后青紫色的梗子会被捂成白白嫩嫩的杆儿，就成了菜场上出售的野芦蒿的卖相，价格要5块多钱一斤呢。用这蒿子炒肉丝或者开水焯一下用麻油辣椒凉拌，很是一道下饭菜。

王老师总是这样的有心，不管是侍弄野菜，还是对待学生。平日里，她没少帮助过家境困难的学生，也没少给后进学生补过课，甚至还不辞辛劳让路远不能回家吃饭的学生中午在她家搭伙。就这样她把许多如果没人呵护也许会像野蒿子似的自生自灭的孩子一个个督教成有用之才。因为王老师的口碑在外，所以跟着她去校园附近的田园里采桑葚，见到的附近的住户对她都很尊敬和客气。采桑葚的时候，当地的人就过来帮忙，用工具帮我们够树枝，或者身手敏捷的直接爬上树摘下桑葚往下扔。我们只管在树下捡、洗和吃。新鲜采新鲜摘的桑葚酸酸甜甜的口感说不出得好，我们个个吃得肚子饱饱的嘴巴紫紫的回校。回校的路上，我们还在讨论接下来该有什么好吃的野味等着我们去品尝，而满世界金灿灿的油菜花和路边的北方养蜂人的帐篷又提醒着我们新鲜的油菜花蜜又要上市了……

一整个春天，课余生活都是这么有滋有味的。自然宁静的校园和校园周遭淳朴亲切的民风就这么让人久久依恋。依恋的同时，也让我们隐隐感到肩上担子的沉重：为人师者，我们要像春风化雨般地用教育的力量滋润和培育这爿土地上一代一代成长起来的孩子，让他们更文明更具有智慧，让这爿土地的未来变得更有生机。

来自北方的婆婆

◇潘晓凡

“卖老面大饼嘞——”街上响起老面大饼的叫卖声，婆婆每次听到就忙忙地迎出去，这位北方老面大饼师傅跟婆婆约好给婆婆捎带老面头来了。只有老面头发的馒头婆婆才觉得最地道，只有和北方老乡亲切热乎地聊上几句，婆婆心里才最舒坦。这时候，大家就笑话婆婆：“老乡见老乡，两眼泪汪汪啦。”

我的婆婆从小在淮河边儿上长大的。在她的孩子快要上初中时，她才跟随南方籍的丈夫举家迁徙回到我们这个长江边儿上的江南小城定居。结婚后我住进婆家，婆婆一口的北方方言让我恍惚一脚踏入的是北国地界。婆婆说吃饭是“尅饭”，问事情行不行，叫“可管”，买衣服试一试，叫“样样”，去邻居家串门聊天叫“拉呱”，惊讶时，她会惊呼：“我滴个孩类！”在我听来简直和《武林外传》里的佟掌柜的“偶滴神呐”一样有趣经典。天天被这些北方方言包围着，我也是醉了。

虽然生活在南方了，可是婆婆日常饮食还是以面食居多。包子馒头那是家中常吃的了，婆婆还经常变换花样，做些柔韧而有嚼劲的死面饼（未经发酵粉发酵的面团做成的饼）、煎饼、韭菜盒子、锅贴饺子等等。在饮食上婆婆不但保留故乡习惯，而且还坚守故乡的禁忌习俗。我有一次口水直挂三千尺地游说婆婆做酸菜黑鱼，婆婆却很为难。她虔诚而又严肃地告诉我，说在她们老家风俗里是不怎么食用黑鱼的。据说母黑鱼产过卵后眼睛就会变瞎而找不到食吃，小黑鱼就纷纷以身饲母，所以黑鱼在她们老家被尊称为“孝鱼”。听完这个故事我真是长知识了。待到我生孩子坐月子的时候，婆婆给我吃馓子打鸡蛋和马齿苋。北方妇女坐月子作兴吃馓子打鸡蛋，就跟南方妇女坐月子作兴吃糖开水泡炒米团一样。马齿苋是北方南方都有的野菜。但北方农村风俗里认为马齿苋能补身体，所以月子里婆婆没少给我吃马齿苋红烧肉。我的同事来家里看我，见我顿顿吃野菜，直接以为我在婆家受虐待呢。哈哈，其实不然。有我的北方婆婆伺候着，我的月子也坐得很有北方风味了。

闲下来的时候，婆婆会不厌其烦地跟我们讲她的北方故乡往事：她们老家庄子在淮河边上，那时的淮河水还没有被污染，水质很清澈。村里哪家来客人没菜了，就拿渔网上淮河捕鱼待客。一网上来，一大堆又肥又大的鱼儿在上面欢跳呢。她们村子里的妇女大多强壮能干，有的生孩子前一刻还在田里干农活，孩子突然生了来不及请产婆，就自己动手剪脐带，生个孩子跟母鸡下个蛋似的。婆婆的哥哥六七十年代在北方山区的疗养院工作，那里有狼群出没。下夜班回家的医院工作人员一不小心就会跟狼撞个正着。傍晚时分有落了单的小孩在家门口玩耍，饥饿的狼会衔着小孩就跑，小孩家里人点着火把就跟在狼后面猛追……

不过，婆婆跟她故事里的彪悍粗犷的北方妇女却一点儿也不相似。婆婆身材娇小，性情温柔，待人和气，人缘极好，看上去就像是我们江南水乡的寻常妇女。倒是公公脾气暴躁，性情刚烈，说话直来直去，和大家印象中的北方人一般无二。这些年跟着丈夫携一双儿女来南方定居的婆婆也没少吃苦。公公脾气不好，一语不合就爱跟婆婆吵，婆婆总是百般忍让。因为生活困难，文化程度不高的婆婆白天去商店做售货员，晚上回来还要忙家务，拾起缝纫手艺做些衣裳来贴补家用直到深夜。她身体也一直不太好，眩晕症、关节炎纠缠了她大半辈子……

有时候我想这些年里当婆婆累了，病了，受委屈了，她心中的苦楚又能跟谁去说呢？在异乡举目无亲，娘家人隔得又那么远。那时的江淮之间通讯、交通还远不似现在这么发达便利……可是在婆家生活得久了，看婆婆执拗地乡音不改、饮食不变、故乡往事依旧在脑海里清晰如昨，我忽然就明白了什么。我想婆婆就是凭借着这些在精神上始终和故乡血脉相连的吧，在异乡的日子里给她带来莫大的精神慰藉，好让她继续在她的现实人生里踏实地做贤妻良母。

我不知道婆婆现在是否真正适应了南方的生活，但是她扎根在南方的土壤上，生命之树却已经结出了丰硕的果实：一双儿女长大成人，各自成家立业，工作都很稳定。晚年的婆婆现在在家忙忙家务，带带小孙子。她的一腔乡情乡思又倾注在小孙子身上了：喝长江水长大的小孙子南方北方食物通通能吃，但最爱的还是奶奶做的北方风味的面食。不听话的时候，奶奶就用曾吓唬过她儿子的传说中的北方妖怪来再次吓唬小孙子："猫叽子来了。"宝宝小裤子没穿牢，吱溜滑掉下来了，小人儿就很欢快很应景地用奶奶教的北方童谣奶声奶气地唱着："裤子掉了有人请，不吃馒头就吃饼……"

古书上云：橘生于淮南为橘，生于淮北则为枳。可是婆婆从北方来到南方，克服水土不服，生命之树一样结出了甜美的果实。婆婆的人生实在是许多离乡远嫁的女性的生活的真实写照：只要给她一个爱的理由，她就会义无反顾地随风奔向远方，落在异乡自己命定的土壤上，扎根下来，开枝散叶，一样把日子过得欣欣向荣。只是没有人知道，孤身在外的她们付出有多少。也没有人知道，即使扎根在异乡，她们的躯干还是怎样执着地向着故乡的方向生长、伸展和遥拜。当微风吹起时，她茂密的枝枝叶叶是在摇曳着怎样的一份思乡的浓情……

幸福其实很简单

◇杨才星

作者简介：杨才星，繁昌县人，芜湖市作家协会会员。

“三八”妇女节这一天，妻子在单位要参加活动，可能要迟一点回家，早上临出门前，再三叮嘱我下午别忘记接儿子。下午，儿子见是我接他，感觉有些突然，便一个劲地问妈妈怎么没来接，晚上吃什么呀？我说，今天是妈妈的节日，妈妈单位有庆祝活动。今晚，我们为妈妈过节好不好？请她吃饭，给她一个惊喜！对到饭店吃饭的提议，儿子没有理由不举双手赞成。

回到家，我倒在沙发里看报纸，儿子在书房写作业，都在静等女主人回家。大约6点，妻子急急赶回家，一进门就急促地说，比赛搞晚了，来不及做饭了，一边说着，一边招呼儿子，赶快换鞋，去外婆家吃饭。岳母家就住在城郊，很快就到，我们隔三岔五总喜欢去蹭一顿。我说，今晚不去了，有点迟了，我和儿子晚上请你吃饭，共同庆祝你的节日！妻子瞪大眼睛，似乎不相信我的话，因为我根本不是这样浪漫的人。别人过“情人节”“七夕节”什么的，我总会忘记，从未买过鲜花、巧克力这类礼物送她。

当确信我是认真的，妻子立即开心地笑起来，对着儿子说，今天爸爸是不是得什么大奖了呀，可他从不买彩票呀？是不是发表什么文章了，有稿费了，怎么这么大方呀？因为不用直奔厨房了，她立即坐下来，开始兴奋地说着单位在南门烈士陵园所开展的登高比赛活动。虽然有点饿，但见她说得很起劲，我和儿子遂表现出极大的耐心，听得兴致勃勃。儿子还时不时地插话表扬几句妈妈的出色表现，哄得妈妈眉飞色舞兴致超高。

我们走出家门，发现街上的行人真多，三三两两的，遇到几个同事，都是一家子逛街，有说有笑，其乐融融。我请客，吃什么，你做主，我一再向妻子表明，今晚她才是主角。一向铁定主角的儿子似乎有点不习惯，他一会儿要吃火锅，一会儿想吃牛肉汉堡，都被我一句“今天谁过节呀”，轻描淡写地将他打发到配角地位。妻子说，几个月前，与同事吃过烤鱼，味道不错，感觉到余味无穷。我这才想起，自去年从事食品安全工作以来，在对城区餐饮业检查时，竟发现仿佛一夜春风来，千家万家烤鱼开，街上一下子多了数十家烤鱼店。见妻子提议，我便愉快地说，就到我朋友开的烤鱼店去，听说味道正宗生意很好。当我们在二楼找了一个位子坐下后，才发现已有三拨客人正在津津有味地开吃了。没等多久，烤鱼就溢着浓香摆在了面前，我们喜欢吃的年糕、生菜、海带等几个烫菜也随之上来了。我们有滋有味地吃着美食，有说有笑地说着趣闻，笑容始终绽放在脸上，心情无比轻松愉悦。

看着他们很快乐很满足的神情，我突然觉得，作为“组织者”的户主，我平时是否忽略了些什么，在营造家庭和美氛围方面是否做得太不够了？身在乡镇工作，由于本职工作就已经够多够麻烦的了，还要参加重点工程，直接与群众面对面打交道，一个征地对象户，往往不知要跑多少趟，磨破了嘴皮子，宣传相关政策，做耐心细致的思想工作，理解的还好，不理解的，就当是对空气说话了。说不烦是安慰自己的，说不累是骗别人的。回家后，哪里也不想去，甚至什么都不愿意去想。什么看书的爱好，什么写作的激情，都渐渐远去，慢慢消失！

吃饭时，见一个朋友和家人在服务员的引导下找到了自己的位置，我们举手示意，算是打了招呼。待我的一瓶啤酒喝完，儿子的饮料也宣布消灭时，我们的肚子饥荒问题已得到了妥善解决。儿子坚持要将剩余的菜肴打包带走，督促我们要自觉参加“光盘行动”。见儿子说出“光盘行动”这么一个时代感极强的流行词汇来，我不禁感觉到倡导厉行节约不但是我们成人的自觉行为，也应该从娃娃抓起，看来这餐饭对儿子而言，其意义远不止于解决了肚子的饥饿问题。

“其实是出去吃饭，还是送礼物什么的，都不重要，一年能有几个节日呀？只要你和儿子能体谅我为你们、为这个家付出了多少就行了，这就是送给我最好的节日礼物，对我来说就是最幸福的事情。”回到家，妻子对今晚我们父子俩的表现感到既欣慰又满足。是啊，妻子每天除了紧张的工作之外，下班后还要照顾孩子、洗衣、做饭、搞卫生。而我下班回家后呢，往往就是倒在软软的沙发里，一边悠闲地翻阅着当天的报纸，一边等待着美味的晚餐。日复一日，年复一年，渐渐地，妻子习惯了我的懒惰，而我似乎并没有觉得有什么不妥来。在我们自己的心里，在外人的眼中，我们这个家庭是无比幸福的。

我们每个人一生都在不断地追求幸福，寻求快乐。那么幸福到底是什么呢？怎样才能找到自己的幸福呢？有人穷其一生，并没有得到自己想要的幸福。而有的人，在亲人、朋友和社会的关爱下，在爱与被爱中，感到很幸福。“有个踏踏实实的对象说话，是有幸福感的。”在女作家池莉看来，也许，幸福就是一种心与心的交流，是精神的至高享受。拥有高位重权、香车宝马、富贵荣华不一定就能得到幸福。竹篱茅舍、清茶几盏、棋牌寻乐，和最爱的人相视一笑，和最知心的朋友执杯在手笑谈人生，就未尝不是一种幸福！

“幸福其实就是一种感觉，你感觉到了，便是拥有。珍惜拥有，珍惜当下，便是幸福。”——幸福其实很简单，真的！

人生最美的花季

◇杨才星

那时候，我还不知道人生的花季到底是啥含意，更不知道我其实正处在人的一生中最美的时节。

十八岁那年，有两种选择摆在面前：要么跟在表哥后面去学泥瓦匠，要么跟在本村人的后面挑担茶叶去外地卖。感觉中，这两种选择好象都不适合我。我想要是能去当兵，当然是最好不过的选择。

“十八岁，十八岁，参军到部队，红红的领章映着我开花的年岁！”就这样，在十八岁的那个阳春三月，我幸运地穿上了肥肥大大的新军装，洒下一路快乐的眼泪，来到南岳衡山的脚下。我们空军气象训练团就坐落在衡阳市郊，是一个非常漂亮的“年轻”部队。我被分配到了二中队三班，一个班16人，光我们县的就有9人，所以并未真正感受到离家的辛酸和孤独的惆怅。中队有120多人，只有两个上年度的老兵带着我们训练，所以也未真正体会到被老兵欺负的感觉。虽然我们的军训比不上野战军那样艰苦，但是在练习正步时，几乎所有战友的双腿都肿得厉害，同班的战友有哭鼻子的，有说想家的。我没有将眼泪流在战友们的面前，故作坚强的我却在凌晨机场站岗时，因为孤独，因为害怕，因为想家而哭得一塌糊涂！

新兵连最难忘的还是紧急集合，至今想起来仍心有余悸。一天的操练，早已人困马乏，即使躺在硬床板上，也很快进入了梦乡。正在梦见家乡红烧鲫鱼和板栗炒仔鸡端上桌时的幸福时刻，一声哨响，全班战友迅速“蹦起来”，摸着黑（紧急集合不准开灯）抢衣服、抢鞋子、抢背包绳，在班长低声催促下，我好歹在规定的三分钟内从三楼“蹿”到了一楼，挤进了队列中！“立正！”中队长一声低喝：“有紧急情况，不准讲话，一个跟着一个，听口令，向右转，跑步走！”在漆黑的夜里，我拼命地奔跑，穿过了村庄、越过了树林、跨过了河道，脚下尽是坑洼不平的小路。不知何时，身后的背包散了，只好抱在怀里，腰间装满水的水壶不断地敲打自己，一路跌跌撞撞，好不狼狈，心中却只有一个信念，紧跟前面的战友，决不能被落下！

“解散！”大约跑了2个多小时的样子，终于又回到了中队部。随着中队长的一声命令，我们如释重负，一头栽在床板上，却毫无睡意。在明亮的灯光下，大家突然开始放声大笑起来，笑别人穿错了我的裤子，笑自己将别人的鞋子穿在了脚下。爽朗的笑声在黎明中久久回荡，那是多么开心的时刻呀，一群毛头小伙，远离亲人，从祖国的四面八方走到了一起，像亲兄弟一样相互照顾，团结友爱，心无城府，战友情深。

七个月紧张愉快的训练团生活结束了，我是繁昌唯一一个被分配到位于吉林长春南郊的原沈阳军区空军第七飞行学院一团气象台的气象观测员。十月下旬的长春，气候早已很凉，初到大东北，一切都很不适应，一日三餐，几乎看不到绿色！土豆、萝卜、大白菜是长春秋冬之季餐桌上的三大菜。早餐面条、中餐米饭、晚餐馒头也是永恒不变的主题！所有的菜里面没有我最酷爱的辣椒，所以每顿饭都味同嚼蜡，草草结束“战斗”。一个月不到，我明显地瘦了许多，脸上还无端地生出了两个大疖子，致使整张脸都肿得变了形。天生爱美的我，那时的心情简直坏到了极点，也特别地想家，经常偷偷流眼泪。细心的孙预报员就像大哥哥一样经常安慰我，告诉我这是水土不服，过两个月就没事了，还想着法子让其家属为我做可口的饭菜。张预报员还将我从战士房间调到了干部房间，使我感受到了家的温暖亲人的关怀。大约三个月后，我完全适应了东北人的生活。零下20多度的严寒里，我也敢光着头到户外跑步、打篮球，我的身体素质明显地强壮起来，一餐就着一盘“酸菜炖粉条”也能啃上三个大馒头！

部队流传着这样一句“顺口溜”，曰：“老兵病多，新兵信多。”那时最盼望的就是亲友的来信了。当时与我们一同分配到这个气象台的还有两个来自广东农村的新兵。令我羡慕不已的是，他们小小年纪却都有了对象。他们经常拿着对象寄来的信和照片，在一旁偷偷地看，脸上抑不住幸福喜悦之情。每当见他们美滋滋地看着女朋友的来信时，我都会嫉妒得要死，暗想若哪个女同学有一天主动给我来信，我会一辈子记住她的，并也要在两个“小老广”面前炫耀一番。只可惜，在学校时，我只顾了去念书，见着女同学就立马将头低下，跑都来不及呢，哪敢去主动结交女同学呀！如今想来，那时的18岁是多么单纯呀！

那时最快乐的莫过于发津贴费和照相了。一次在领到21元津贴费后，我就主动要求陪班长到院部气象室去取探空气球，在市中心的人民广场，我好好地玩了一上午。这是我自参军后，第一次这么痛快地玩了。广场上有好几个照相的摊位，我也摆了一个又一个标准的军姿照了几张相，回来后，立即分寄给了远在万里之遥的亲人和朋友。相片收到后，几个同学一再来信向我要底片，他们要多洗几张分送给其他同学。当时，我很不以为然，以后照相的机会多的是呢，可不知为什么，我以后却再也未穿着笔挺的军装照张很标准的相片了。

后来，我学会了写作，在部队专门搞宣传报道。每年的新兵下连时，我都要去采访，写过很多新兵的故事。从他们的身上，我才真正体会到了18岁那年，正是我的花季！

体会伟人的平凡生活

◇汤　蓉

作者简介：汤蓉，繁昌县人，作家。

鲁迅在我们心中是什么地位？说“神”是夸大了，但是对于我们中国人来说特别是文学爱好者，肯定是重量级人物，倘若有人说你的文章有鲁迅的味道，那绝对是至高的评价。之前鲁迅先生在我的心目中，就是遥远、不可企及、高高在上的大文豪，我们的共同点只有一个——我们都是爱国的中国人。但是游玩了鲁迅故里后，我改变了一些想法，原来我们都一样——都是普通人，但他又是我们高山仰止的伟大的普通人！

小时候读课文《从百草园到三味书屋》时，在脑海里默默刻画很多场景，想象是怎样的学堂才能教育出先生这样的人？先生的童年是不是和我们特别不一样？百草园是多么神秘的园子？然而我所看到的三味书屋就是一个普通的旧时的私塾，中间是老师的位子，四周是学生的桌椅，似乎也没什么特别。导游说了个鲁迅在桌上刻“早”的故事，这个故事我们耳熟能详，但是站在三味书屋面前，我仿佛看见了严厉批评鲁迅为什么会迟到的寿镜吾先生，以及羞愧的十几岁的鲁迅，只是低头沉默不辩解。第二天他早早地来到学堂，在桌上刻下了“早”字，从此再也没迟到过。真是个普通的小孩，小时候任谁被老师批评了都会在意，有上进心的小孩一般都会以此为戒警醒自己，所以说13岁的先生只是个普通的可爱小孩。但是鲁迅之所以迟到，是因为父亲病重，他一大早就去当铺卖掉家里值钱的东西，然后再在药店给父亲买药。现在我们迟到了，编都要编一个理由给老师，何况鲁迅还真有特殊原因，但是先生不去解释，无论什么原因迟到了就要承担责任，这大概就是鲁迅先生的伟大之处吧。

我们批评封建文化，但是站在三味书屋门口，看着里面的陈设，我感受到了前人对老师的尊重，对知识的崇尚，这是否是越来越现代、越来越开放的我们所缺少的呢？

“三味书屋”让我陷入了沉思，“百草园”又瞬间把我拉到了现实生活中。还没进园就听见了很多小朋友的声音，一进去就看见很多小学生在春游，他们几人一组坐在桌布上玩耍分享零食。突然很羡慕他们，很想加入其中，你想，在百草园体验童年的鲁迅做的事情，是多么惬意啊。其实百草园就是个菜园，很多油菜花、野草等，不知道到底有没有皂荚树，我自然也没有看到美女蛇，这似乎就是个农家小院，应该全国各地都有，就是普通人家的菜园地，有瞬间的失望，不过转念一想这不正是鲁迅先生和我们一样的地方吗？似乎这个园子拉近了我们和这个伟大的文豪之间的距离。看着快乐的小孩子，他们是否在欢笑声中想到，脚下的这片土地曾经也是鲁迅童年的乐园呢？不知道每个绍兴人是否都体会过和鲁迅先生一样的童年，但是沐浴在这样的文化氛围中长大，是多么令人神往的事情啊。

参观完鲁迅故里，总觉得先生的童年就是一个普通人的童年，但能够让人有着无限遐想，难怪鲁迅先生的小说写的是平凡人的平凡的生活，没有离奇的故事，没有引人入胜的情节，却能充满无穷的艺术魅力。文学源于生活又高于生活嘛！

乌柏被风霜染红的时候
她眸子里泛着秋波
每根睫毛都是相思的诉说

诗歌

SHI
GE

王雀轩

◇白　鸦

作者简介：白鸦，安徽繁昌人，诗人，诗歌评论家。

七十二小时前，我的侄女光临人世
在北京复兴医院
穿过纸片一样飞舞的杨树毛，以及一阵阵
操着卷舌音的普通话
我看见她通红的小脸，右手背上的胎记
一百米开外，木樨地桥南地铁口，人流如啃骨头的蚂蚁
我的侄女，在北京伟大的噪音里
高傲地睡着了
“给她重新取个名吧”
其实去年秋天，母亲的墓碑上，她已经有了一个名字
是预先刻上去的，叫王胄
她被习惯性地想象成一个男孩，听奶奶说
“墓碑上孝子孝孙多，才能镇得住”
不知道究竟要镇住什么
但我想，该把名字取得响亮一些，比如叫王胄

七十二小时前，王胄真的出生了
出生在最该叫王胄的城市
但她却是个小姑娘
她突然一声啼哭
让我听见故乡的油菜花，正在三千里之外怒放
翻开一本旧书，为她重新取名的时候
北京的春天正接近尾声
雀轩，就叫王雀轩，小名叫苗苗
“这名儿真好听”
可是王雀轩和王胄，谁才更是她呢？
其实去年秋天，为了镇住什么，我也有一个儿子的名字
刻上了母亲的墓碑
他叫王乘，去年下大雪的时候，我猛地想起
他还没有来到人世
其实他根本就不可能来到人世
一个虚构的儿子，一个叫王乘的男孩，让我养成
暮色中散步的习惯
他或许真的在某个地方，镇住了什么
他比我高傲多了，他甚至高傲到不再出生
不再与我人世相逢
仅凭这一点，我的儿子
一直在我找不到的地方，教育着我

2009年4月8日，北京

刺　猬

◇白　鸦

晚上，刺猬爬过的地方落叶翻起来
有一小片湿土
它们留下自己独有的气味
但我嗅不到
直到昨天下午，一个小学四年级的男生捉住它
把它投到沸水里
它婴儿一样的叫声让我突然想起
我住在它的附近
已经三十多年了
校园后面的树林子，我走过很多次
那些小洞穴
一直住着与我有关的东西
昨天下午，这个小镇上很沉闷
有一场阵雨
帮我忘记了很多事情
晚上的时候，月光十分浑浊
落叶松动

我想刺猬已经缓缓地爬出了洞穴
有细微的喘息
肯定还有一些冰凉的想法
只是我听不见

2006年3月24日，芜湖

假扮伊阿宋

◇莱　马

作者简介：莱马，安徽繁昌人，诗人，词作家，现居芜湖。

坐在无聊的时刻，闲着也是闲着
假扮伊阿宋，去偷金羊毛
偷一片云。偷一场雨。再年轻一回
从九华山路，到文化路。从中山路，到北京路。再到沿江路
来到八号码头
码头像一只鹅拔光了毛，像一只豪猪射完了箭
没有人在等船
再也看不到白鳍豚
一座豪华餐厅，和老海关的钟楼并排站着
餐厅是自助的，据说很贵
回廊通江，没有谁比黄花瘦
突兀的，江上有游轮，在唱一首歌
《半城山半城水》。十年前我写这首歌，现在我听着，一头雾水
江对岸在建化工厂
想当年，金羊毛——青弋江上月如钩

我钻进夜幕，去看老电影《地道战》，那里有经典台词，教我写诗
——各小组注意
你们各自为战
打一枪换一个地方
不准放空枪

甲壳虫

◇莱　马

昨夜窗户大开，风很爽
一只丰满的甲壳虫，乘风飞进了我的鞋子
我不知道
早上走在上班路上
总觉得脚趾头不舒服，左边的
为了赶时间，继续走，速度更快
我以为新买的鞋垫有问题
坐在办公桌边，打开电脑，还是不舒服
忍不住脱鞋一看，怪了，一只甲壳虫滚出来
气息奄奄
我看着它静止，不再醒
我的致命的惰性，戕害了它这一生
用新闻语言说
——今天早些时候，银杏路上，一只甲壳虫意外身亡
肇事者莱马，事故发生在他的左脚的鞋子里
他的左脚在他身体的带动下，一直在现场

彼岸情绪（组诗）

◇陈东吉

作者简介：陈东吉，安徽繁昌人，安徽省作家协会会员。

丹麦小镇

洛杉矶北，位于
圣塔那滋谷地的小镇
一百年前，几位来自丹麦的移民
买下了这块宝地，建起了乡村学校
让这里，第一次
响起了琅琅书声

索夫昂，阳光明媚的地方
是你的别名，如今
你已经铅华洗尽
处处充满北欧风情
花砖地，小木房，大风车，
还有房顶上的鹳鸟窝
象征着为人带来好运

尽管游人如织，你依然
安详恬静，宠辱不惊
好像，谁都可以享受这
难得的宁静
街边，老人傍着安徒生铜像
悠闲地度过慵懒的傍晚时分

刚刚出炉的甜面包
小巧别致的圣诞饰品
还有美人鱼，还有豌豆公主
丑小鸭与白天鹅，还有
世界上最大的蛋卷冰激凌
你哟，就是我儿时万般憧憬的
浓缩的，哥本哈根

渔人码头

旧金山，圣诞的早晨
那天有阳光，天气不算冷
我来看你，在渔人码头
呼吸着，你略带咸味的风情

青铜爱心蟹，随意的爵士艺人
海特街的嬉皮士，彩虹色的同性恋
叮叮当当的有轨电车，和
刚刚路过的九曲花街小品
海狮倦怠地享受着日光浴
觅食的海鸥，惬意地舒展着羽裙

游艇，像一部老式影机
将岸边风景，和历史的胶片
古老的魂灵，一一拉近
恶魔岛，金门大桥，六姐妹建筑
还有华人梦里的淘金

三藩，圣弗朗西斯科
多元，混搭，随意与包容
休闲，古朴与繁华
以及不修边幅的散淡
都是你漫不经心的图腾

拉斯维加斯

原本，你只是加利福尼亚
戈壁滩上的一片蛮荒山谷
当年，西班牙探险队发现了
你这片丰美的青草地
于是，似乎是一夜之间
人们纷纷来到这里
追逐金钱、美女，利禄功名
梦死醉生

记忆里，你有着
稍嫌尴尬的别称
尽管汇聚全球奢华
昼夜活色生香，但
罪恶之都，自杀之城
始终是你，带有

胎记的烙印

有多少人了解，其实
你还是，声名远扬的
浪漫圣地，结婚之都城
喜结连理的，有富豪，政要
也有流浪汉，和好莱坞影星
莫非，那些可以
抗拒金钱押注的新人
竟愿意在这里，孤注一掷
豪赌一场自己的人生

告别了华贵与奢靡，
告别了梦想与诱惑
拉斯维加斯，我始终
忘不了，离开你的时候
大巴窗外，灯红酒绿渐渐远去
浩瀚的墨哈维沙漠上，点缀着的
那一株株约书亚树，茕茕孑立
形单影只的凄凉风景

听母亲说

◇图　雅

作者简介：图雅，安徽繁昌人，诗人，现居天津。

我从来没有见过人怎么断气
亲人死了三个
一个也没有送到终
我并不遗憾
只是老是不能忘记母亲说的
她说，外婆最后的日子是她陪的
外婆死的时候她俩睡一床
早晨她才知道外婆死了
说明外婆死得很安静
但是有些生命知道外婆怎么死的
它们啃外婆啃了一夜
它们是老鼠

2009年8月3日

春暖花开

◇图　雅

你躺着的地方
没有海

能让一万只鸟儿亮瞎眼的油菜
给你
一片黄色的海

2014年3月10日

故乡的冬天

◇如　是

作者简介：如是，诗人，安徽省作家协会会员。

晚上，我白天
走过的地方开始变冷
故乡的村庄四散开来
时间自负地离去
一小片榆树林
有着固体的雾气
让我看见，我八岁时
躲在里面的
小小的身体

二十多年了，每一次
背转身，故乡的天空总会下雪
我已经说不清
祖父和祖母死后
这个让人怀念，又有点
沉闷的小镇，那些属于他们的
微弱而又松动的部分

是不是还活着

从这里向北
是夜晚，河堤下
有草本和木本的植物
高高低低的
它们不开花，现在
它们都很安详
它们沉睡的样子
让我想起我1997年遇见的
过去的堂妹

离开老家已经十多天了
我知道蝴蝶还在泥土里
它们五彩斑斓的翅膀
还没有长出来
今年，一个不太完整的冬天
似乎就这样匆匆过去了

这世界在一场雨后安静下来

◇如　是

这世界在一场雨后安静下来
从雨水中溢出的鸟鸣、干净、明澈
像我返照中善良的心念

我多么信任这一刻
也请你相信，哪怕是我的无言
还请珍惜，并遵照执行
这午后群树的寂寞
天空下孤独的自我
多么熟悉的生活

我愿意看得更远一点
或是，更近一点
在内部，触及被长久遗忘的隐痛，然后
去安慰那些跪在土地上的人
肯定他们对未来的仰望

这是在一场雨后
那些习惯中被篡改的事物
一如低矮的红柳
散漫地布满河流的两岸

空房子（组诗）

◇张　军

作者简介：张军，安徽繁昌人，诗人，安徽省作家协会会员。

那一次去外婆家
我窥视过一座老房子
它年久失修锈迹斑斑

一座空房子　掩映在竹林里
我迷恋它那张淹没在黄昏中的脸
迷恋开在它头顶的金菊花
身边的杂草　寂寞的树叶
和上下飞舞的彩色蝴蝶

小心靠近它　它多么富有
一张八仙桌舒适地待在堂前
一把温暖的小桌椅泛着紫色的光
一只小花猫独自徘徊在墙角

我试图推开那扇门
去窥探黑暗中的秘密

可它太沉　在岁月里封闭得太紧
怎么也推不开
透过门缝　我睁大眼睛朝里张望
直到暮色降临

我儿子出世的那座老房子
如今也变成了空房
只有在夜深人静的时候
我才离它们更近　才听见
它们从黑暗里传来的回声

风　筝

整整一个下午
风筝都待在天上
像一只游荡的小精灵
一小片飞过记忆海洋的绿树叶

它多结实　和三十年前
父亲给我的那只一模一样
它曾扎伤过我的手
一根又尖又细的竹针深深陷进手心

现在它高高在上　懒洋洋的
快接近云端　绳子的另一头
牢牢缠住了儿子的小手

我卧在草丛里
轻轻吮吸手心

吮吸沾在伤口上的血迹
我喜欢它的咸味
喜欢针尖扎进肉里的紧张
和拔出竹针后的舒服劲儿
并为之着迷

风筝飘过头顶
透过那长长的黑线
我还能感到当年的震颤
感到父亲那蹲在草丛里的忧伤

征　兆

爱人告诉我看见双亲了
一个在妆奁前梳头
一个站在镜子旁整理衣襟
她说这话时眼里饱含泪水

我安慰她明天去上坟
买大号的衣箱　大额的钱币
最响的鞭炮　好让他们在冬至前
收到我们的问候

自由人

今天我去银行取出存款
去银行注销了工资卡
去单位退还了工作证
我想做一个自由人

当我来到公安局
申请注销户口时
那位散发海藻气息的漂亮小姐
一边敲打键盘
一边羡慕地对我说
这样你才是一个真正的自由人
最后我变成
一只没有颜色的甲壳虫
在人群中挤来挤去

姐　姐

我有个姐姐
在我没出世的时候
就死掉了
有人说，是饿死的
也有人说，是病死的
那一年，隆冬的巴茅草
盖过了头

这一桩伤心事
母亲只字不提
她小心捂着它
像捂着自己
多年不愈的心口病
她是我陌生的姐姐
十岁那年
我跟在父亲身后
去看她

空旷的山谷里
一座似是而非的小坟
让我突然记住
死有多么可怕

她是我唯一的姐姐
如果还健在
该有我的相貌
微微发胖的身子
也许正坐在稀薄的太阳底下
谈论她很少见面的儿女

五月，一棵粗壮的稗子

◇崔后明

作者简介：崔后明，安徽繁昌人，芜湖市诗人协会理事。

故乡的五月
早已被推土机碾碎
冰冷的铁轨
切断了来时的路
布谷声声　杜鹃啼血
仿佛永难愈合的伤口
揪心的谚语
在无尽的梦里疯长
遮天蔽日的大树
需要钢筋水泥浇灌
我在点灯的方格里
窃取黯淡的光阴
虚度了三十几载
我已长成一棵粗壮的稗子
渴望父亲再来拔一回
然后扔向故乡的泥土

草　垛

◇崔后明

一定是初恋的感觉
让它们安静下来
一朵朵秋天的音符
停泊在故乡的空里
有谁，能打破它们的缄默
一定有种魅惑的力量
穿透山峦和乌云的缝隙
而漫不经心的野菊花，沿途
洒下斑驳的脚印
攀缘，抑或纠缠
一定——
有暗藏野心的家伙
不屑于风的挑衅，做疯狂举动
擦亮火柴，点燃自己
然后埋葬于冬天的旷野

致阿兰

◇李瘦丁

作者简介:李瘦丁,安徽繁昌人,芜湖市作家协会会员。

去年初冬
我走入你的深闺
一个月的橄榄蜜的味

我松开你的牵手
落一汪乡愁的清泪
归还我的沙洲
我无心去拣寒枝
那流光里
寂寞沙洲的凄冷
有一样的橄榄蜜的味吗

历经飘雪的冬天
一颗火热的心还贴紧你
撞击你
可你回报的
却是一个泪珠冰封的沉默

我唤不醒你沉哀的落月吗
可我祈望
你能又一次轮回
在我的晚祷里轮回

落叶飘零

◇李瘦丁

落叶飘零
凄厉的鸿声远了
这是你秋天的歌吗

乌桕被风霜染红的时候
她眸子里泛着秋波
每根睫毛都是相思的诉说

古俗的眼里
滴出一杯鸩毒的酒
她颤抖地捧起
颤抖地放下
颤抖地离去
只留下绵绵
猩红的　颤抖的思念

静水悠悠

◇孙　勇

作者简介：孙勇，安徽繁昌县人，诗人。

或许这个年龄
旧怀的感慨寻找
适合表达的一条河
“唰”的一下被风抚平拉直
沿岸的倒影青青
天光渐暗时一盏灯
划动了当年的记忆
都说淡看流年
我什么也不看行吗
把自己的影子浸在水中
感知遥远的温度
岁月是一只空舟么
野渡寂寂自由的鱼
荡一圈漂亮的涟漪
芦花是秋天的杰作
月色空蒙井然有序地起伏
继续着情感的徘徊

剩下的只有我了
在这样的夜晚迷恋舒阔
除了青草有拥抱的欲望
静谧一直闪熠微光

莲花湖

◇张宏树

作者简介：张宏树，安徽繁昌人，安徽省作家协会会员。

莲花套
这个在乡人耳朵里长出茧子的名字
如今改名了，改名为莲花湖
仅仅一字之差呀
名改了，容颜也改了
一望无际的碧荷不见了
迎风摇曳的芦苇不见了
盘旋歌唱的野鸭不见了
捕食小鱼的鹭鸶不见了
眼前是碧波荡漾的人工湖
湖畔伞形的遮阳篷彰显着现代气息
怀旧的风不习惯地穿过新筑的桥孔
和往日一样的阳光梳理着
未被改造的田野和新建的幢幢楼宇
霓虹灯和喷泉的光柱
在宁静的夜色中炫耀富足和奢华
一只青蛙提心吊胆地在岸边伴奏

情侣们的呢喃私语
见到此情此景
我想到物是人非
想到沧海桑田……
莲花湖啊莲花湖
人们改变了你的容貌
你改变了人们的观感

冬 夜

◇张宏树

下弦月
孤单地悬在夜空
向大地泼洒着清冷的光
疏星眨着冷峻的眼
少了些迷人和妩媚
思维如翅
已冻僵
残缺了张力和想象
陋室的灯
点燃暗夜
饮一杯茶香袅袅
思想开始飞翔
独倚窗前
听风与寒枝轻轻絮语
讲关于秋虫夏草
聊关于春天的花事

姐　姐

◇张　玲

作者简介：张玲，安徽繁昌人，芜湖市作家协会会员。

这春日是谁的替身？姐姐
为何，我手里最后一束花也被风吹走
站在凄凉的山冈上
姐姐，我只剩下我自己

雨一直一直在下
我浸泡在雨水里，姐姐
雨水偷走了我的鞋子，一双
与世无争的鞋子
树枝却打捞起我的肉体
它是多么多余，姐姐

姐姐，别梳理我的头发
含着雨水的头发痛得泪流满面
空荡荡的石头保持缄默
姐姐，我被晾晒在石头上
像一粒，软弱的稻谷，正偿还善良

我金黄如稻穗一样的长发

◇张　玲

我金黄如稻穗一样的长发
大地喘息时优雅的气息
太阳底下漂泊

风声四起，风声暗示水声，纷纷凝神
手指引渡，枝条化为火焰
呼应远方的云

远方，白鸽子是眼睛自由坠落
清澈的水罐
朝着金边和狂野的逆光
微笑，美丽没有预兆